어른들을 위한 **가장 쉬운**
인터넷

KB048542

어른들을 위한 가장 쉬운
인터넷

어른들을 위한 **가장 쉬운**
인터넷

어른들을 위한 가장 쉬운 인터넷

어른들을 위한 가장 쉬운 인터넷

초판 인쇄일 2021년 1월 18일
초판 발행일 2021년 1월 25일

지은이 구홍림
발행인 박정모
등록번호 제9-295호
발행처 도서출판 **혜지원**
주소 (413-120) 경기도 파주시 회동길 445-4(문발동 638) 302호
전화 031) 955-9221~5 **팩스** 031) 955-9220
홈페이지 www.hyejiwon.co.kr

기획 · 진행 김태호
본문 디자인 조수안
표지 디자인 이영은, 조수안
영업마케팅 황대일, 서지영
ISBN 978-89-8379-562-5
정가 13,000원

Copyright © 2021 by 구홍림 All rights reserved.
No Part of this book may be reproduced or transmitted in any form,
by any means without the prior written permission on the publisher.

이 책은 저작권법에 의해 보호를 받는 저작물이므로 어떠한 형태의 무단 전재나 복제도 금합니다.
본문 중에 인용한 제품명은 각 개발사의 등록상표이며, 특허법과 저작권법 등에 의해 보호를 받고 있습니다.

이 도서의 국립중앙도서관 출판시도서목록(CIP)은 서지정보유통지원시스템 홈페이지(http://seoji.nl.go.kr)와
국가자료공동목록시스템(http://www.nl.go.kr/kolisnet)에서 이용하실 수 있습니다.(CIP제어번호: CIP2020045957)

최신
개정판

어른들을 위한 가장 쉬운
인터넷

혜지원

머리말

어떤 분들은 이렇게 말합니다.

'인터넷을 할 줄 알면 인생이 바뀌고 세상이 바뀐다.'

이전에는 직접 만나고 대화를 해야만 새로운 이야기나 기술을 접할 수 있었지만, 인터넷을 통하면 직접 만나지 않고도 새로운 것들을 많이 접할 수 있기 때문에 하는 이야기입니다.

인터넷은 빠르게 변화하는 세상에 적응할 수 있는 하나의 도구입니다. 이 책은 이런 저런 이유로 아직 새로운 기술을 익히지 못하신 분들을 위한 혜지원의 '어른들을 위한 가장 쉬운' 시리즈 중 하나인 '인터넷' 편입니다. **빠르게 변화하는 세상에 적응할 수 있도록 도움을 주기 위해 집필한 책입니다.**

처음에는 이해가 안 가는 부분도 있고 어려운 부분도 있을 수 있습니다. 차근차근 읽어 보고 반복해서 따라 하다 보면 분명히 익힐 수 있습니다. 누구나 **쉽게 익힐 수 있도록 글자도 크게**, 그림도 크게 만들었습니다. 모쪼록 이 책이 여러분의 새로운 청춘에 많은 도움이 되기를 바랍니다.

이 책이 나오기까지 항상 도움을 주신 혜지원의 박정모 사장님과 관계자 분들께 감사를 드립니다. 그리고 여러 가지로 도움을 주신 김복자 여사님, 이서하, 희은, 희경이에게도 감사의 인사를 전합니다.

저자 구홍림

목차

제 01장

마우스와 키보드

인터넷의 사용법을 배우기 전에
마우스와 키보드에 대해서 알아보겠습니다.

Section
01

마우스

마우스는 볼마우스, 광학마우스 등 여러 가지 종류가 있지만 지금은 대부분 광학마우스가 사용되고 있습니다. 마우스의 명칭에 대해서 알아봅시다.

마우스
오른쪽 버튼 ❸

휠(Wheel) ❶

마우스
왼쪽 버튼 ❷

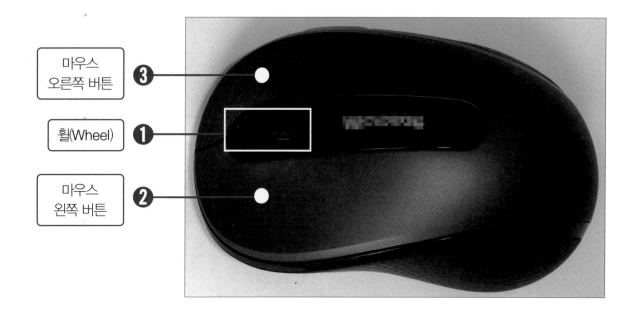

광학 센서 ❹

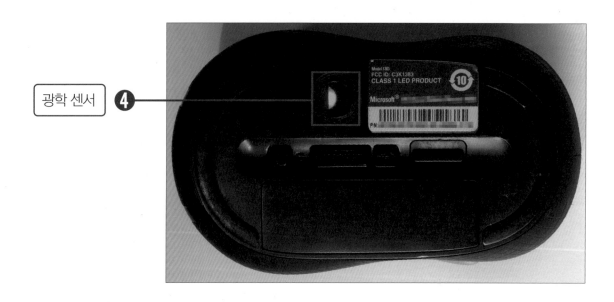

❶ **휠(Wheel)** : 모니터에서 한 번에 볼 수 없는 세로로 긴 화면일 경우 휠을 위, 아래로 돌리면 화면이 위, 아래로 이동합니다. 인터넷이나 문서를 한 번에 다 볼 수 없는 경우에 사용합니다.

❷ **마우스 왼쪽 버튼** : 윈도우7과 프로그램에서 명령을 실행하거나 특정한 그림이나 텍스트를 선택할 때 누르는 버튼입니다. 기본적으로 마우스 버튼을 '클릭한다'고 할 때는 왼쪽 버튼을 누르는 것입니다.

❸ **마우스 오른쪽 버튼** : 윈도우 사용 시 기본적인 선택이나 이외의 명령을 실행하고 싶을 때 누릅니다. 다음 그림처럼 마우스 오른쪽 버튼을 누르면 현재 상태에서 사용 가능한 명령어가 나타납니다.

▲ 마우스 오른쪽 버튼을 누르면 사용 가능한 명령어가 나타납니다.

❹ **광학 센서** : 바닥에 있는 광학 센서는 위치를 인식해서 마우스의 위치를 움직입니다.

마우스 버튼을 눌러 봐요

마우스 버튼을 누르는 방법과 횟수에 따라서 기능이 달라집니다.

1) 마우스 쥐는 법

마우스는 그림과 같이 손 전체를 이용해서 감싸듯이 잡습니다. 검지와 중지를 마우스 버튼에 올려놓은 후 사용하면 됩니다.

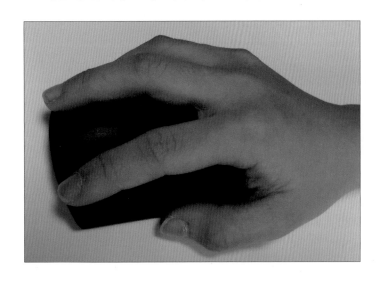

2) 클릭

마우스 버튼을 한 번 누르는 것을 클릭이라고 합니다. 파일을 선택하거나 프로그램 내에서 아이콘을 클릭하여 명령을 수행하라고 할 때 사용합니다.

3) 더블클릭

마우스 왼쪽 버튼을 빠르게 두 번 누르는 것을 말합니다. 주로 윈도우7의 바탕화면 에서 프로그램을 실행할 때 사용합니다.

4) 드래그

마우스 왼쪽 버튼을 누른 채로 마우스를 이동하는 것입니다. 바탕화면에서는 아이콘 을, 특정 프로그램에서는 파일을 이동할 때 사용합니다.

Section 03

키보드

키의 이름과 기능을 알고 있어야 컴퓨터를 사용하는 데 편리합니다.

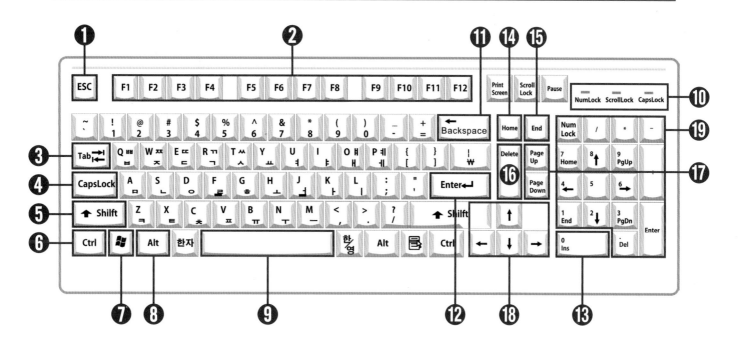

1) 키보드의 이름

키보드에서 사용하는 키의 이름들입니다. 키의 이름들을 먼저 알아 보고 사용법은 뒤에서 실습을 통해서 알아보도록 하겠습니다.

키의 위치는 키보드 제조 회사에 따라서 약간씩 다를 수 있습니다.

❶ 이에스씨(ESC) : 특정 프로그램에서 명령을 수행하는 것을 중지할 때 사용합니다. 대화창이 나타났을 때 이에스씨(Esc) 키를 누르면 대화창이 닫힙니다.

❷ 펑션(기능) 키 : F1부터 F12까지 있으며 특정한 프로그램에서 복잡한 명령을 한 번에 실행할 때 사용합니다. 펑션 키의 내용은 프로그램마다 다를 수 있습니다.

❸ 탭(Tab) : 문서 작업 시 탭(Tab) 키를 누르면 한 번에 몇 칸씩 커서가 이동합니다.

❹ 캡스 락(CapsLock) : 일반적으로는 캡스 락(Caps Lock)이 눌리지 않은 상태입니다. 한글은 상관이 없지만 영어를 입력하면 소문자로만 입력됩니다. 캡스 락(Caps Lock)을 누른 상태에서 영어를 입력하면 대문자로만 입력됩니다.

❺ 시프트(Shift) : 키보드 입력 시 시프트(Shift) 키를 누른 채 입력하면 한글은 쌍자음(ㅃ, ㅉ, ㄸ, ㄲ 등)이 입력되며 영문은 대문자가 입력됩니다. 숫자판에서는 숫자 위의 특수문자(~!@#$% 등)가 입력됩니다.

❻ 컨트롤(Ctrl) : 혼자서는 사용되지 않으며 다른 키와 조합으로 특정한 명령을 수행할 때 사용합니다.

❼ 윈도우즈(Windows) 키 : 윈도우즈() 키를 누르면 [시작] 버튼()을 눌렀을 때처럼 프로그램 목록이 나타납니다.

❽ 알트(Alt) : 컨트롤(Ctrl) 키와 마찬가지로 혼자서는 사용되지 않으며 다른 키와 조합으로 특정한 명령을 수행할 때 사용합니다.

❾ 스페이스 바 : 문서 입력 시 빈 칸을 입력할 때 사용하며 인서트(Insert) 키를 누른 후 스페이스 바를 누르면 글자를 삭제할 수도 있습니다.

❿ 키 엘이디(LED) : 캡스 락(Caps Lock), 넘버 락(Num Lock), 스크롤 락(Scroll Lock)이 눌려 있으면 키 엘이디(LED)에 불이 들어옵니다.

⓫ 백스페이스 : 현재 커서가 있는 곳을 기준으로 글자를 오른쪽에서 왼쪽으로 지워갑니다.

⓬ 엔터(Enter) : 문장 입력 시 강제로 줄을 바꾸는 기능을 합니다.

⓭ 인서트(Insert) : 문서 작업 시 인서트(Insert) 키를 누르고 글자를 입력하면 오른쪽의 글자가 지워지면서 글자가 입력됩니다.

⓮ 홈(Home) : 문서 작업을 할 때 홈(Home) 키를 누르면 문장의 가장 앞으로 커서

가 이동을 하며, 인터넷에서는 가장 위의 화면을 보여 줍니다.

❶❺ 엔드(End) : 문서 작업을 할 때 엔드(End) 키를 누르면 문장의 가장 뒤로 커서
가 이동을 하며 인터넷에서는 화면의 가장 아래로 이동합니다.

❶❻ 딜리트(Delete) : 문서 작업 시 현재 커서가 있는 곳을 기준으로 오른쪽의 글을 왼
쪽으로 당기며 삭제합니다.

❶❼ 페이지 업(PageUp)/페이지 다운(PageDown) : 문서 작업을 할 때 페이지 업
(PageUp)/페이지 다운(PageDown) 키를 누르면 반 페이지 정도 위로 올라가거
나 반 페이지 정도 아래로 내려갑니다.

❶❽ 방향키 : 커서를 사용자가 원하는 방향으로 이동할 수 있습니다.

❶❾ 키패드 : 넘버 락(Num Lock)을 눌러 키 엘이디(LED)에 불이 들어오면 숫자가
입력되고 넘버 락(Num Lock)이 눌리지 않은 상태라면 방향키의 역할을 합니다.

2) 키보드 사용법
키보드로 글자를 입력할 때는 양손의 검지손가락을 키보드에서 표시가 되어 있는 곳
(F와 J)에 올려 놓습니다. 중심선을 기준으로 왼쪽은 왼손으로, 오른쪽은 오른손으로
입력합니다.

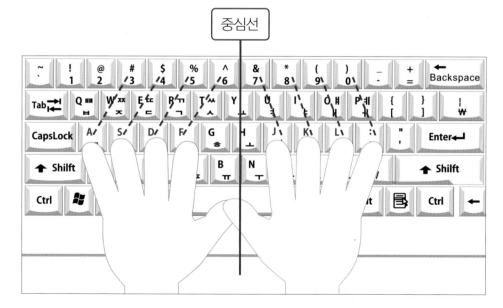

농장(Farming)과 피싱(Phising)의 합성어로, 미리 악성 코드에 감염된 컴퓨터를 이용하여 자신들의 피싱 사이트로 유도해 사용자의 금융 정보나 개인 정보를 빼내 가는 사이트입니다.

다음과 같은 경우는 파밍 사이트이므로 조심해야 합니다.

❶ 접속한 인터넷 사이트에서 보안카드 일련번호와 보안카드 코드번호 전체를 입력하도록 요구하거나 전화나 문자메시지 등을 통해 알려 달라고 요구하는 경우

❷ 전화나 문자메시지 등으로 보안카드 코드번호 일부를 요구하는 경우

❸ 인터넷 즐겨찾기나 포털사이트 검색을 통해 금융 회사 홈페이지에 접속하였더라도 보안승급 등을 이유로 금융 거래 정보 입력을 요구하는 경우 파밍이므로 주의를 요망합니다.

(출처 : 금융감독원)

제 02장

인터넷의 기초

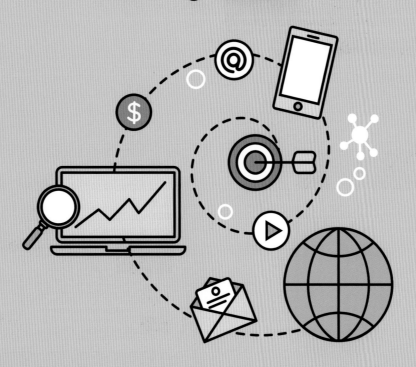

인터넷은 정보의 바다라고 합니다. 엄청나게 많은 양의 정보가 있으니까요.
정보뿐만 아니라 다른 사람과 이메일(전자우편)을 통해서 안부를 주고받을
수 있으며 같은 취미를 가진 사람끼리의 만남도 가질 수 있습니다.

Section 01

인터넷으로 무엇을 할 수 있나요?

인터넷으로 할 수 있는 것들 중 대표적인 것들을 보도록 하겠습니다.

정보 검색

전자 우편(메일) 주고받기

카카오톡

신문 보기

인터넷 뱅킹(은행)

민원 서류 보기(발급)

물건 구매하기(쇼핑)

지인들과의 의사소통(페이스북)

친목 도모(카페)

학습

지도 찾기

무료 동영상 보기

1. 인터넷을 하면서 자주 사용하는 용어에 대해서 알아보겠습니다.

① 홈페이지, 웹 사이트(web site) : 인터넷을 실행하면 볼 수 있는 화면입니다. 개인, 회사, 공공기관이 만든 것으로 정보를 저장해 놓은 집합체를 말합니다.

② 링크(link) : 인터넷 홈페이지에서 특정한 문자나, 이미지 등을 클릭하면 다른 사이트로 이동할 수 있게 하는 것입니다.

③ URL(주소) : 모든 건물에는 주소가 있듯이 보고 있는 모든 웹사이트에는 주소가 있습니다. 이 주소를 URL이라고 부릅니다.

④ 이메일(e-mail : 전자메일) : 종이가 아닌 인터넷으로 메일을 보내는 것을 이메일 또는 전자메일이라고 합니다.

⑤ 로그인(log-in) : 아이디와 비밀번호를 입력하고 특정 사이트에 들어가는 것을 로그인한다고 합니다.

⑥ 로그아웃(log-out) : 아이디와 비밀번호를 입력하고 접속한 사이트에서 나올 때 사용을 끝내겠다고 알리는 것입니다.

⑦ 액티브엑스(active-x) : 인터넷을 하면서 좀 더 쉽고 편리하게 사용할 수 있도록 개발한 것으로 해당 페이지에 접속하면 자동으로 내려받아 실행됩니다.

2. 인터넷 주소 보는 법

www . hyejiwon . co . kr
 ❶   ❷   ❸   ❹   ❺

① www : 인터넷이 거미줄처럼 복잡하다는 의미로 월드와이드웹이라고 부르며, 줄여서 www라고 합니다.

② . : 닷(dot : 점)이라고 하며 이름과 성격, 국가를 구분할 때 점을 찍어 구분합니다.

③ 이름 : 회사나 단체의 고유의 이름입니다.

④ CO : 이 기관의 성격이 학교(ac, edu)인지, 회사(co, com)인지, 국가기관(or, org)인지를 알려 줍니다.

⑤ kr : 국가명을 나타내며 한국은 KOREA의 약자인 kr로, 일본은 jp, 중국은 cn으로 표시합니다. 미국은 국가명이 없습니다.

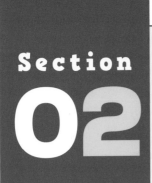

Section 02

인터넷 익스플로러
실행하기

처음으로 인터넷 익스플로러()를 실행해 보겠습니다.

01 [시작( )]을 클릭한 후 [모든 프로그램]을 클릭합니다.

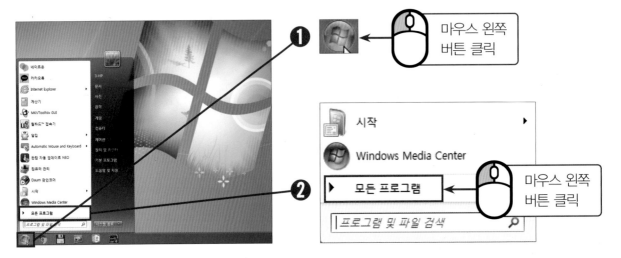

02 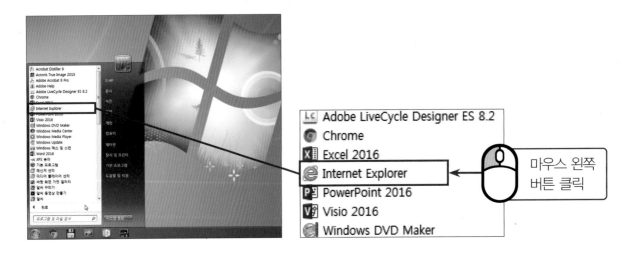 📧 Internet Explorer 를 클릭합니다.

03 인터넷 익스플로러가 실행됩니다.

참고!

인터넷 익스플로러 초기 화면은 사용자의 설정에 따라서 다릅니다.

팁! 포털사이트의 종류

포털사이트는 정보 검색 서비스, 이메일 계정 서비스, 뉴스 서비스 등 사용자가 필요한 서비스를 제공하는 사이트를 말합니다. 대표적인 것으로는 네이버(www.naver.com), 다음(www.daum.net), 네이트(www.nate.com) 등이 있습니다.

▲ 다음 화면

▲ 네이트 화면

Section

03

인터넷 익스플로러 화면 구성

인터넷 익스플로러() 화면 구성은 다음과 같습니다. 사용자의 컴퓨터에 따라서 화면이 조금 다를 수 있습니다.

❶ **주소 표시줄** : 현재 보고 있는 인터넷 사이트의 주소를 표시합니다.

–**주소 표시줄 자동 완성** : 주소의 일부분만 입력해도 나머지 주소가 자동으로 완성되게 합니다.

–**새로고침(⟳)** : 화면이 잘 보이지 않을 경우 화면의 내용을 새로 보이게 합니다.

❷ 제목 표시 탭 : 현재 보고 있는 사이트의 이름을 표시합니다.

❸ 기본 도구 모음 : 인터넷 익스플로러에서 사용하는 기본적인 도구 모음입니다.

-홈(⌂) : 다른 페이지를 보고 있다가 [홈(⌂)]을 클릭하면 인터넷 익스플로러를 처음 실행했을 때 보이는 홈페이지로 이동합니다.
-즐겨찾기(☆) : 자주 가는 홈페이지 목록을 표시하거나 추가할 수 있습니다.
-도구(⚙) : 인터넷 익스플로러에서 사용하는 옵션을 설정합니다.

❹ 메뉴 표시줄 : 인터넷 익스플로러에서 사용 가능한 명령들을 모아 놓았습니다.

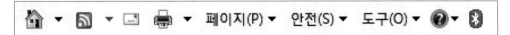

❺ 상태 표시줄 : 현재 커서가 있는 곳의 링크를 알려 주거나 현재 페이지의 상황을 알려 줍니다.

http://v.media.daum.net/v/20161012080331522

❻ 확대/축소 : 현재 페이지의 내용을 크게 보이게 하거나 작게 보이게 합니다.

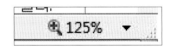

❼ 스크롤바 : 화면을 한 번에 볼 수 없을 경우 스크롤바를 클릭하여 아래, 위 또는 왼쪽, 오른쪽으로 이동하면 나머지 화면을 볼 수 있습니다.

Section 04

주소 입력해서 페이지 이동하기

자동차에서 사용하는 내비게이션을 이용해서 가고자 하는 곳을 찾을 때 주소를 입력하듯이 인터넷에서도 주소를 입력해서 해당 사이트를 찾아갈 수 있습니다.

01 인터넷 익스플로러의 주소 입력창을 클릭하면 주소가 블록으로 설정됩니다.

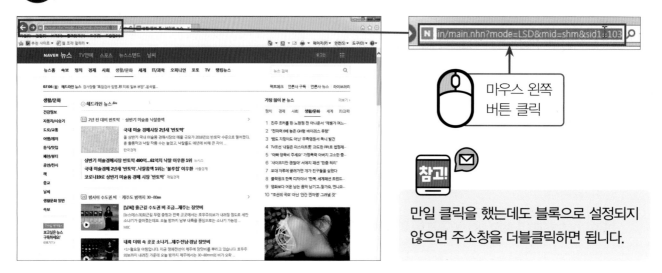

마우스 왼쪽
버튼 클릭

참고!

만일 클릭을 했는데도 블록으로 설정되지 않으면 주소창을 더블클릭하면 됩니다.

02 이동할 주소(www.daum.net)를 입력한 후 [엔터(**Enter**)] 키를 누릅니다.

〈www.daum.net〉을 입력하고
Enter 키를 누릅니다.

입력한 주소의 홈페이지가 열립니다.

링크(Link)를 클릭해서
이동하기

링크(link)는 '관련되어 있다'는 의미입니다. 인터넷 창 위에서 마우스를 움직이다 보면 마우스 커서의 모양이 화살표에서 손 모양으로 바뀌는데 이때 클릭하면 연관된 홈페이지로 이동합니다.

01 인터넷 익스플로러를 실행합니다. 보고 싶은 내용이 있는 곳으로 마우스를 이동하여 마우스 커서 모양이 손 모양으로 바뀔 때 클릭합니다.

마우스 커서가 손 모양으로 바뀌면 마우스 왼쪽 버튼 클릭

02 읽고 싶은 내용이 있는 곳을 클릭합니다.

마우스 왼쪽 버튼 클릭

다시 읽고 싶은 내용이 있는 곳을 클릭합니다.

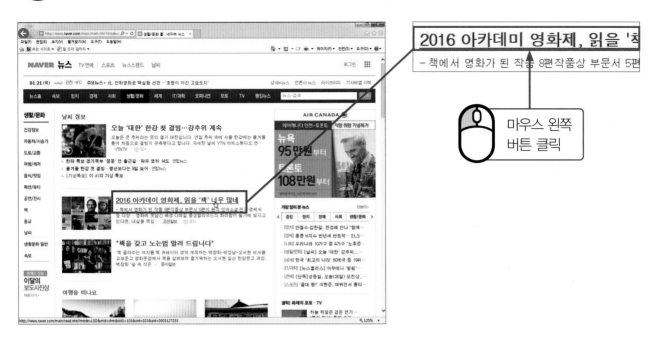

마우스 왼쪽
버튼 클릭

04 내용을 읽은 후 좀 전에 보았던 페이지로 되돌아가기 위해 [뒤로가기] 버튼(←)
을 클릭합니다.

마우스 왼쪽
버튼 클릭

05 바로 앞에서 보았던 페이지로 돌아옵니다.

한 페이지 뒤로 이동을 하면 뒤로 가기 버튼(←) 옆에 있는
[앞 페이지로 이동 버튼(→)]이 활성화됩니다.

Section

06

화면 확대하기

보고 있는 화면의 내용을 크게 확대해서 보겠습니다. 모니터의 해상도와 가독성 여부를 잘 판단해서 선택해야 합니다.

01 화면 우측 하단의 [확대/축소 수준 변경]을 클릭한 후 확대하고 싶은 배율 (150%)을 클릭합니다.

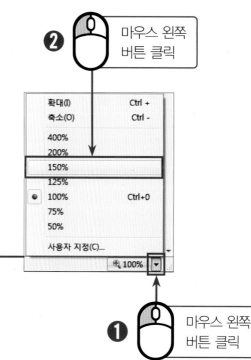

❷ 마우스 왼쪽 버튼 클릭

확대(I)	Ctrl +
축소(O)	Ctrl -
400%	
200%	
150%	
125%	
100%	Ctrl+0
75%	
50%	
사용자 지정(C)...	

⊕ 100% ▼

❶ 마우스 왼쪽 버튼 클릭

02 선택한 비율(150%)로 화면이 확대됩니다.

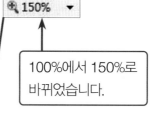

⊕ 150% ▼

100%에서 150%로 바뀌었습니다.

참고!

화면을 확대하면 내용이 크게 보이지만 한 번에 전체의 내용을 볼 수 없는 경우도 있습니다.

03 예전의 화면 배율로 돌아가기 위해서 화면 우측 하단의 [확대/축소 수준 변경]을 클릭한 후 확대하고 싶은 배율(125%)을 클릭합니다.

 화면의 확대 배율은 모니터의 해상도에 따라서 다르게 선택할 수 있습니다.

04 선택한 비율(125%)로 화면이 확대됩니다.

150%에서 125%로 바뀌었습니다.

Section 07

화면 구성 요소 보이기 / 감추기

화면에 보이는 명령 모음, 메뉴 모음 등을 감추거나 보이게 하겠습니다.

01 주소 표시줄 밑에서 마우스 오른쪽 버튼으로 클릭한 후 감추고 싶은 메뉴(즐겨찾기 모음)를 클릭합니다.

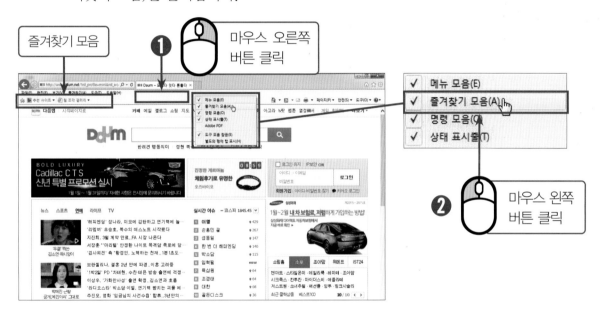

02 [즐겨찾기 모음]이 감춰집니다.

위 화면에 있던 즐겨찾기 모음이 없어졌습니다.

〈즐겨찾기 모음〉

03 [즐겨찾기 모음]을 보이게 하기 위해 주소 표시줄 밑에서 마우스 오른쪽 버튼
으로 클릭한 후 [즐겨찾기 모음]을 클릭합니다.

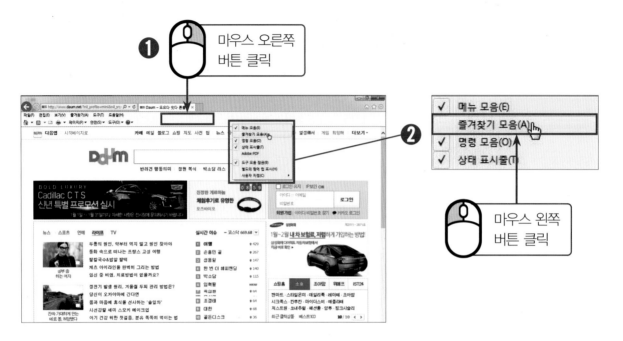

04 [즐겨찾기 모음]이 다시 나타납니다.

즐겨찾기 모음이 다시 나타납니다.

제 03장

네이버, 다음, 구글
사용법 알아보기

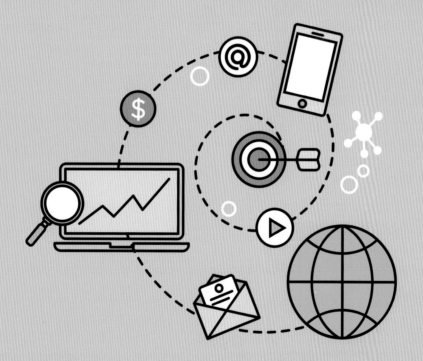

사전에서 찾고자 하는 단어를 찾는 것처럼 검색 엔진은 인터넷에서 찾고자 하는 정보를 찾게 해 주는 사이트입니다. 검색 엔진을 이용하여 내용을 검색한 후 그림을 저장해 보겠습니다. 검색 엔진은 네이버, 다음, 구글이 가장 유명하므로 이 곳의 사용법을 알아보겠습니다.

Section 01

네이버 (http://www.naver.com/)

인터넷 익스플로러를 실행해서 [네이버]로 접속하는 방법에 대해서 알아보겠습니다. 인터넷 익스플로러()를 실행했을 때 처음 화면으로 네이버가 나온다면 **05**번 단계로 이동합니다.

01 [시작()]을 클릭한 후 [모든 프로그램]을 클릭합니다.

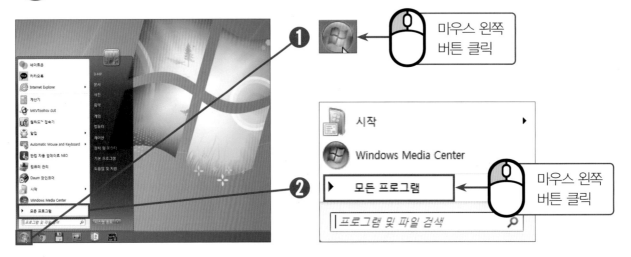

마우스 왼쪽 버튼 클릭

시작 ▶
Windows Media Center
▶ 모든 프로그램
프로그램 및 파일 검색

마우스 왼쪽 버튼 클릭

02  Internet Explorer 를 클릭합니다.

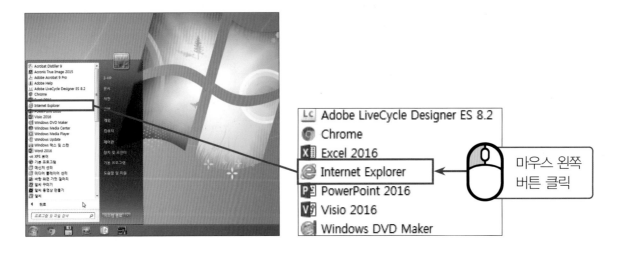

LC Adobe LiveCycle Designer ES 8.2
Chrome
X Excel 2016
e Internet Explorer
P PowerPoint 2016
V Visio 2016
Windows DVD Maker

마우스 왼쪽 버튼 클릭

03 인터넷 익스플로러가 실행되면 주소 입력란 위에 마우스를 올려놓고 마우스
왼쪽 버튼을 클릭하여 글자를 음영으로 만듭니다.

글자 위에 마우스를 올려놓고
왼쪽 버튼을 클릭

참고!

글자를 음영으로 만드는 것을 '블록'
으로 설정한다고 말합니다.

04 네이버 주소(www.naver.com)를 입력한 후 [엔터(Enter)] 키를 누릅니다.

〈www.naver.com〉을 입력하고
Enter 키를 누릅니다.

검색어 입력란을 클릭한 후 검색어(제주도)를 입력하고 [검색]을 클릭합니다.

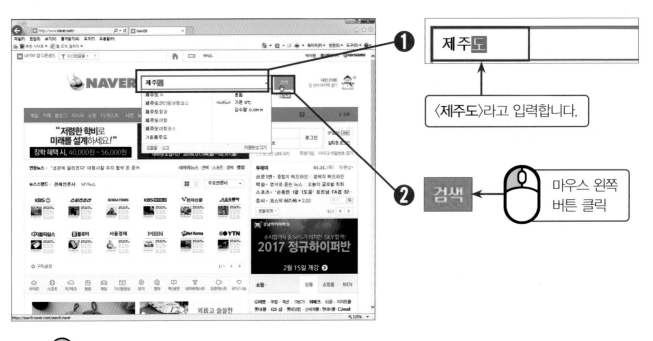

〈제주도〉라고 입력합니다.

마우스 왼쪽 버튼 클릭

참고! 다른 검색어를 입력해서 검색해도 됩니다.

06 제주도와 관련된 내용이 나오면 [이미지]를 클릭합니다.

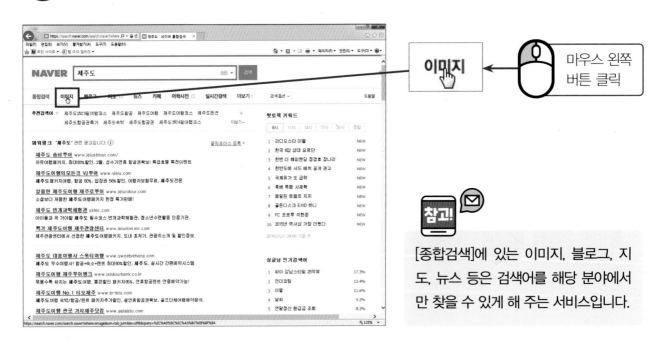

마우스 왼쪽 버튼 클릭

참고! [종합검색]에 있는 이미지, 블로그, 지도, 뉴스 등은 검색어를 해당 분야에서만 찾을 수 있게 해 주는 서비스입니다.

07 원하는 이미지를 보기 위해 화면 오른쪽의 스크롤바를 마우스로 클릭한 채 아래로 잡아내립니다.

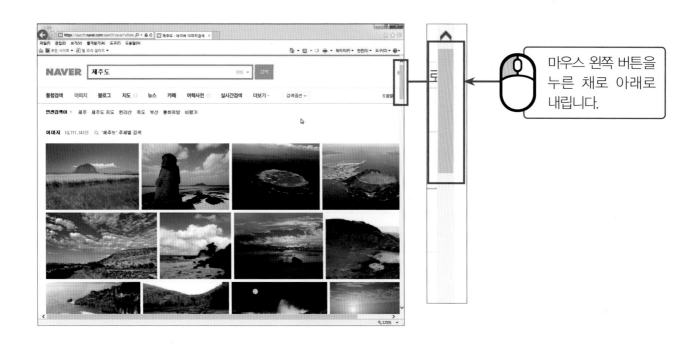

마우스 왼쪽 버튼을 누른 채로 아래로 내립니다.

08 보고 싶은 이미지를 마우스로 클릭합니다.

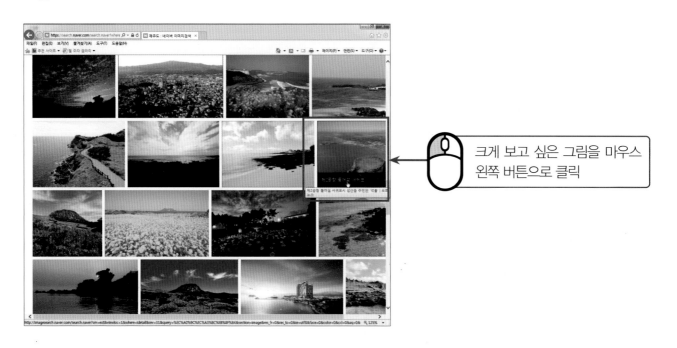

크게 보고 싶은 그림을 마우스 왼쪽 버튼으로 클릭

09 이미지가 크게 보이면 원본이 있는 사이트에 가기 위해서 이미지를 마우스
로 클릭합니다.

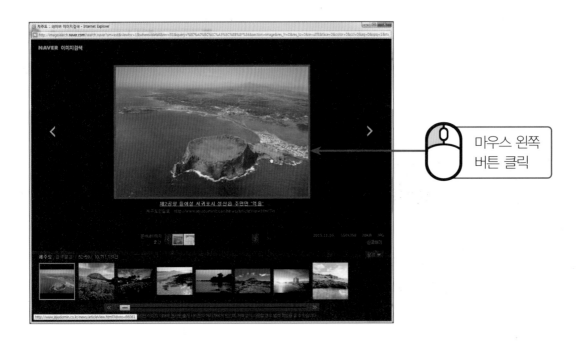

마우스 왼쪽
버튼 클릭

10 원본 사이트가 열리면 [최대화]를 클릭하여 인터넷 익스플로러 창을 확대합
니다.

최대화

마우스 왼쪽
버튼 클릭

참고!

경우에 따라서는 새로운 창이 열리지
않고 새로운 탭으로 브라우저가 열리는
경우도 있습니다.

⓫ 화면 오른쪽의 스크롤바를 마우스로 클릭한 채 아래로 잡아내린 후 이미지 위에서 마우스 오른쪽 버튼을 클릭하여 [다른 이름으로 사진 저장]을 클릭합니다.

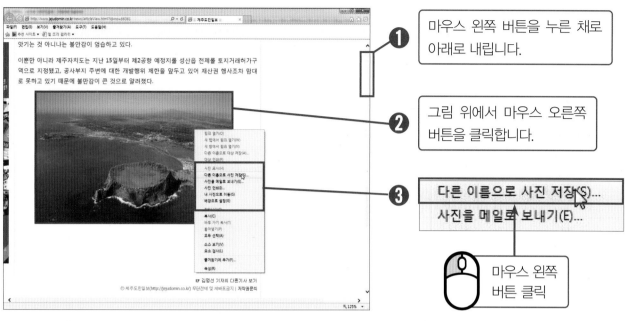

❶ 마우스 왼쪽 버튼을 누른 채로 아래로 내립니다.

❷ 그림 위에서 마우스 오른쪽 버튼을 클릭합니다.

❸ 다른 이름으로 사진 저장(S)...
사진을 메일로 보내기(E)...

마우스 왼쪽 버튼 클릭

이미지가 저장되지 않는 사이트도 있습니다. 마우스 오른쪽 버튼이 되지 않는 경우에는 **08**번에서 다른 이미지를 선택합니다.

⓬ [파일 이름]이 음영으로 설정되어 있습니다.

파일 이름(N): 66061_55826_4117
파일 형식(T): JPEG(*.jpg)

파일 이름이 음영으로 보입니다.

이미지가 저장되는 위치는 [라이브러리]-[사진] 폴더입니다. 일부 사이트에서는 저작권 보호 차원에서 마우스 오른쪽 버튼으로 그림을 저장할 수 없는 경우도 있습니다.

파일 이름을 입력한 후 [저장]을 클릭합니다.

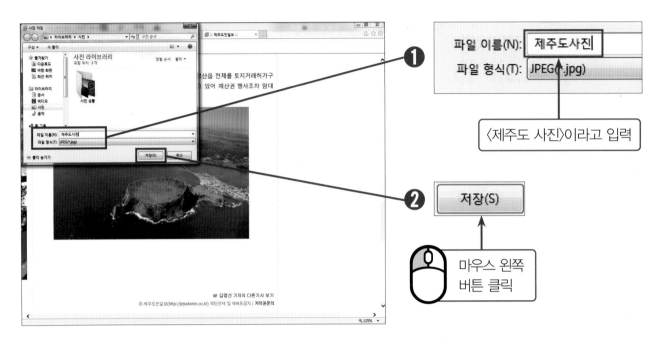

파일 이름(N): 제주도사진

파일 형식(T): JEPG(*.jpg)

〈제주도 사진〉이라고 입력

② 저장(S)

마우스 왼쪽
버튼 클릭

14 이미지를 저장했으면 [닫기]를 클릭하여 사이트를 닫습니다.

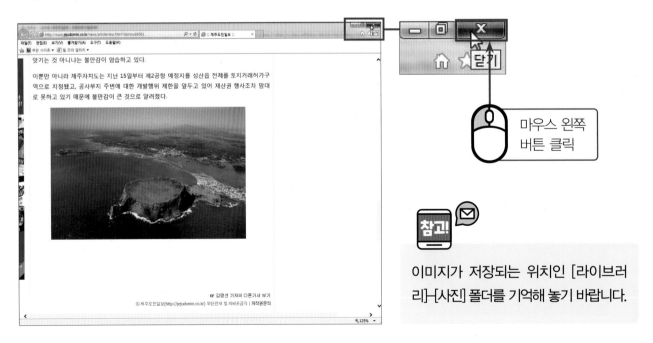

닫기

마우스 왼쪽
버튼 클릭

참고!

이미지가 저장되는 위치인 [라이브러
리]-[사진] 폴더를 기억해 놓기 바랍니다.

Section 02

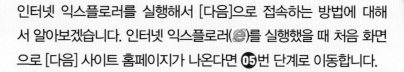

다음 (http://www.daum.net/)

인터넷 익스플로러를 실행해서 [다음]으로 접속하는 방법에 대해서 알아보겠습니다. 인터넷 익스플로러()를 실행했을 때 처음 화면으로 [다음] 사이트 홈페이지가 나온다면 05번 단계로 이동합니다.

01 [시작( )]을 클릭한 후 [모든 프로그램]을 클릭합니다.

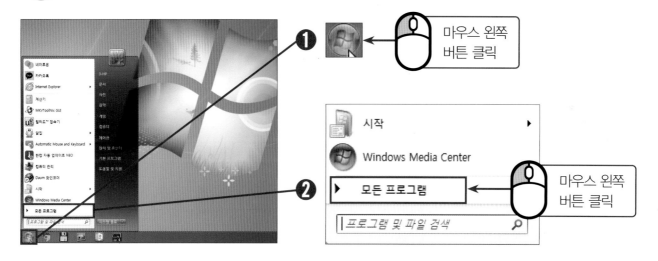

마우스 왼쪽 버튼 클릭

마우스 왼쪽 버튼 클릭

02 Internet Explorer 를 클릭합니다.

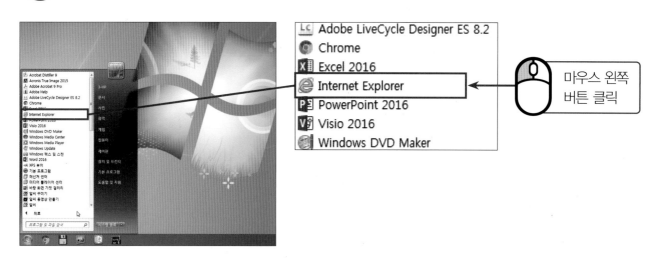

마우스 왼쪽 버튼 클릭

03 인터넷 익스플로러가 실행되면 주소 입력란 위에 마우스를 올려놓고 클릭하여 글자를 음영으로 만듭니다.

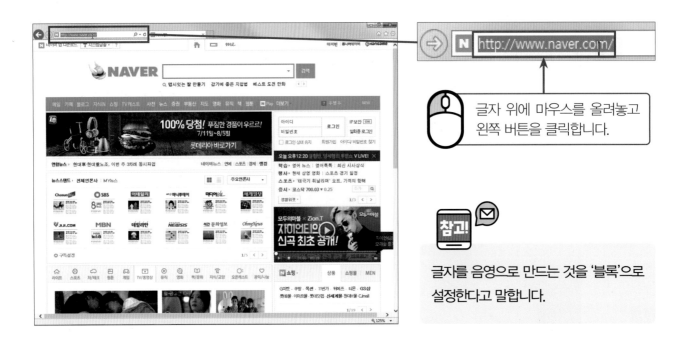

글자 위에 마우스를 올려놓고 왼쪽 버튼을 클릭합니다.

참고! 글자를 음영으로 만드는 것을 '블록'으로 설정한다고 말합니다.

04 다음 주소(www.daum.net)를 입력한 후 [엔터(Enter)] 키를 누릅니다.

〈www.daum.net〉을 입력하고 Enter 키를 누릅니다.

검색어 입력란을 클릭한 후 검색어(백두산)를 입력하고 [검색(🔍)]을 클릭합니다.

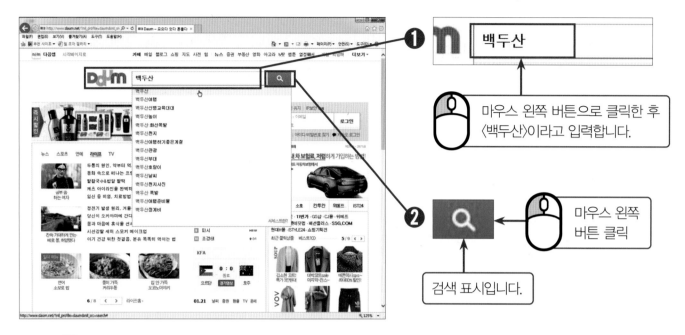

백두산

마우스 왼쪽 버튼으로 클릭한 후 〈백두산〉이라고 입력합니다.

마우스 왼쪽 버튼 클릭

검색 표시입니다.

참고! 다른 검색어를 입력해서 검색해도 됩니다.

 [백두산]과 관련된 내용이 나오면 화면 오른쪽의 스크롤바를 아래쪽으로 잡아 내립니다.

마우스 왼쪽 버튼을 누른 채로 아래쪽으로 내립니다.

참고!

화면 왼쪽에 있는 이미지, 블로그, 지도, 뉴스, 사이트 등은 검색어를 해당 분류에서 찾아볼 수 있습니다.

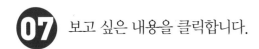 보고 싶은 내용을 클릭합니다.

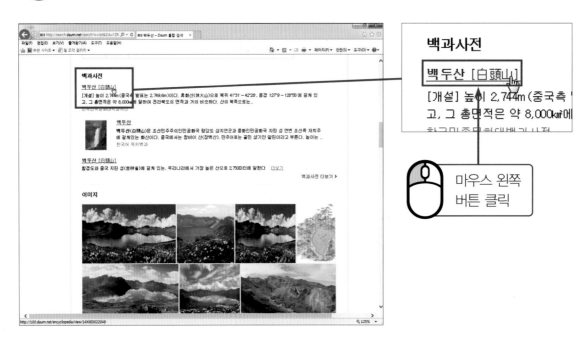

참고! 여기서는 백두산과 관련된 백과사전을 보도록 하겠습니다.

08 [백두산]과 관련된 내용이 나타납니다.

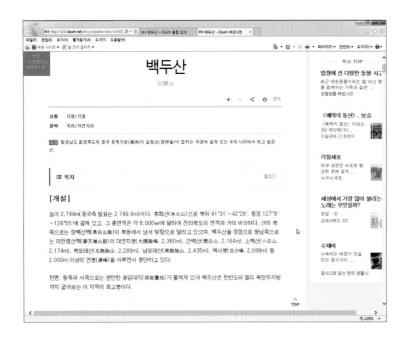

Section 03

구글(http://www.google.co.kr/)

세계에서 가장 많은 사용자들이 이용하는 [구글]에서 원하는 자료를 검색해서 내용을 아래한글과 워드패드로 복사해서 저장해 보겠습니다.

1) 아래한글로 저장하기

한컴 오피스에 있는 [아래한글]로 검색한 그림과 글을 같이 저장해 보겠습니다.

01 주소 입력창을 마우스로 클릭하여 블록으로 설정합니다.

글자 위에 마우스를 올려놓고 왼쪽 버튼을 클릭

'www.google.co.kr을 입력한 후 [엔터(**Enter**)] 키를 누릅니다.

〈www.google.co.kr〉을 입력하고
Enter 키를 누릅니다.

참고!

'www.google.co.kr'은 '구글'의 주소
입니다.

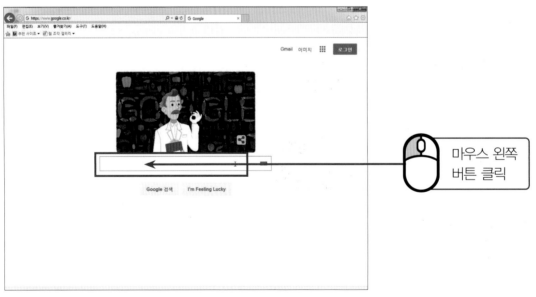 검색어 입력란을 마우스로 클릭합니다.

마우스 왼쪽
버튼 클릭

검색어 입력란에서 검색어를 입력하면 화면이 **04**번 단계처럼 바뀌면서 검색어 입력
란이 화면 왼쪽 위로 올라갑니다.

검색어(지리산)를 입력한 후 [엔터([Enter])] 키를 누릅니다.

〈지리산〉이라고 입력하고 [Enter] 키를 누릅니다.

05 [지리산]에 관한 검색 결과가 나타나면 그중에서 보고 싶은 내용을 클릭합니다.

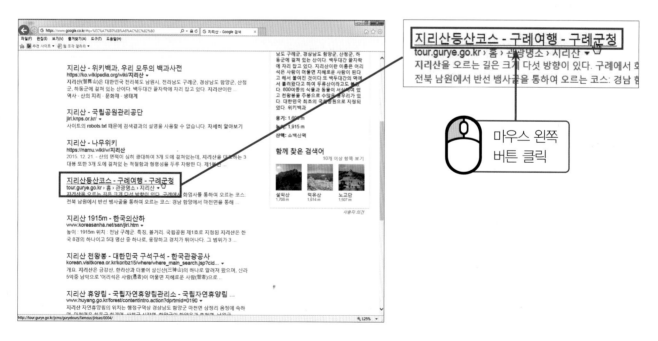

마우스 왼쪽 버튼 클릭

참고! 한 번 본 내용은 글자의 색이 보라색으로 바뀝니다.

마우스 왼쪽 버튼을 누른 채로 아래로 잡아내려서 복사하고 싶은 부분을 선택합니다.

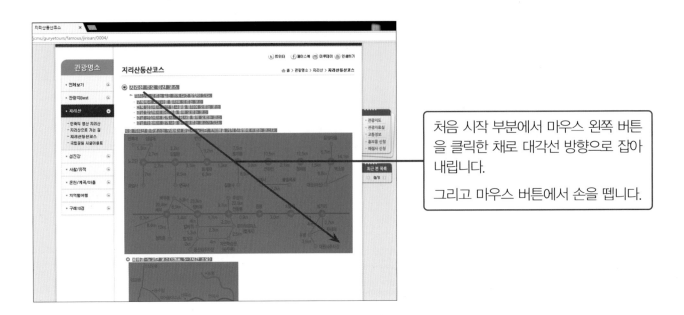

처음 시작 부분에서 마우스 왼쪽 버튼을 클릭한 채로 대각선 방향으로 잡아내립니다.

그리고 마우스 버튼에서 손을 뗍니다.

07 마우스 왼쪽 버튼에서 손을 떼고 마우스 오른쪽 버튼을 클릭한 후 나타나는 메뉴 화면에서 [복사]를 클릭합니다.

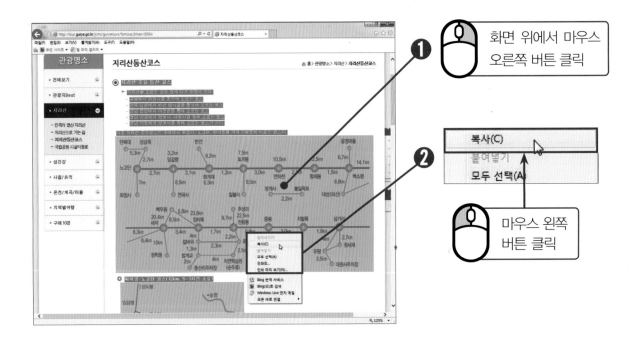

화면 위에서 마우스 오른쪽 버튼 클릭

마우스 왼쪽 버튼 클릭

08 [시작]-[모든 프로그램]-[한컴오피스 한글]을 클릭합니다.

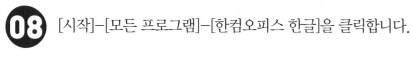

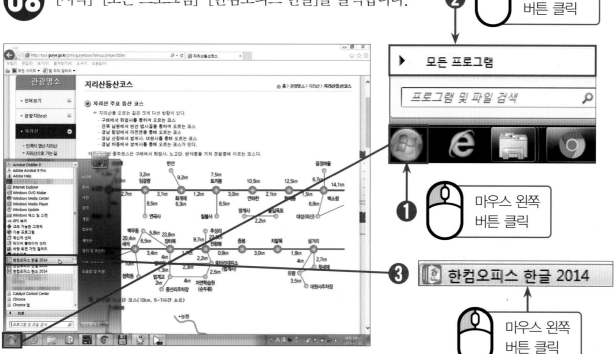

참고! 사용자의 컴퓨터에 따라서 [아래한글]의 버전이 다를 수 있으며 프로그램의 실행 위치도 다를 수 있습니다.

09 [아래한글]이 실행되면 마우스 오른쪽 버튼을 클릭한 후 [붙이기]를 클릭합니다.

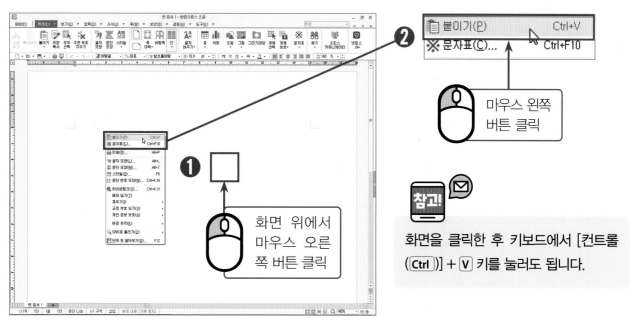

참고! 화면을 클릭한 후 키보드에서 [컨트롤 ([Ctrl])] + [V] 키를 눌러도 됩니다.

⑩ [HTML 문서 붙이기] 창이 나타나면 [원본 형식 유지]가 선택되어 있는지
확인하고 [확인]을 클릭합니다.

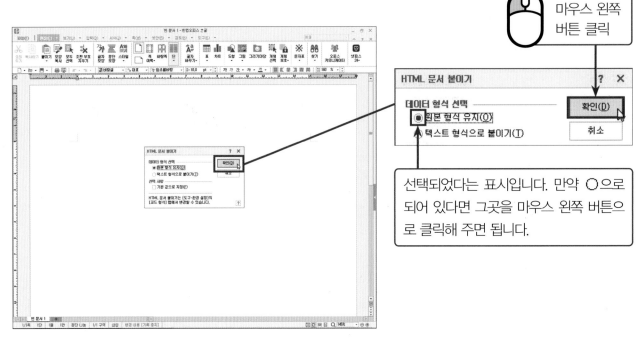

마우스 왼쪽
버튼 클릭

선택되었다는 표시입니다. 만약 ○으로
되어 있다면 그곳을 마우스 왼쪽 버튼으
로 클릭해 주면 됩니다.

참고! [원본 형식 유지]가 선택되어 있어야 그림까지 복사가 됩니다.

⑪ 내용이 한글 문서창에 복사되면 [파일]-[저장하기]를 클릭합니다.

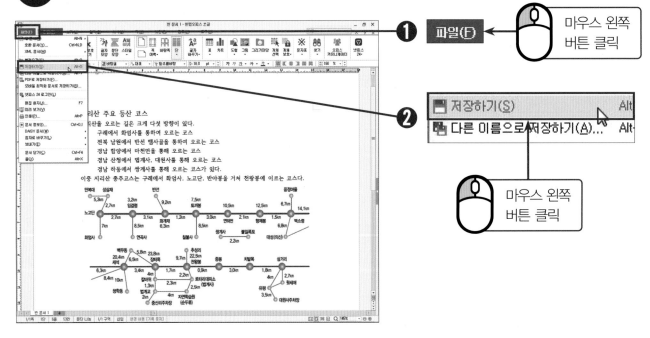

파일(F)

① 마우스 왼쪽
버튼 클릭

② 저장하기(S)

마우스 왼쪽
버튼 클릭

12 [파일 이름]('지리산 주요 등산 코스')과 [저장 위치]([내 문서] 폴더)를 확인한 후 [저장]을 클릭합니다.

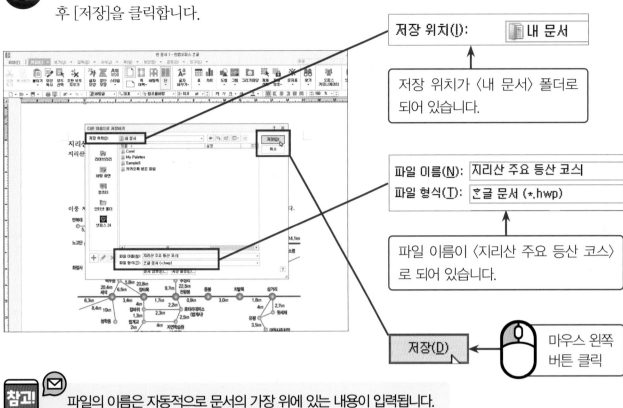

저장 위치(I): 📁 내 문서

저장 위치가 〈내 문서〉 폴더로 되어 있습니다.

파일 이름(N): 지리산 주요 등산 코스
파일 형식(T): 호글 문서 (*.hwp)

파일 이름이 〈지리산 주요 등산 코스〉로 되어 있습니다.

저장(D)

마우스 왼쪽 버튼 클릭

참고! 📧 파일의 이름은 자동적으로 문서의 가장 위에 있는 내용이 입력됩니다.

13 문서창의 가장 위쪽을 보면 저장된 파일의 이름이 보입니다.

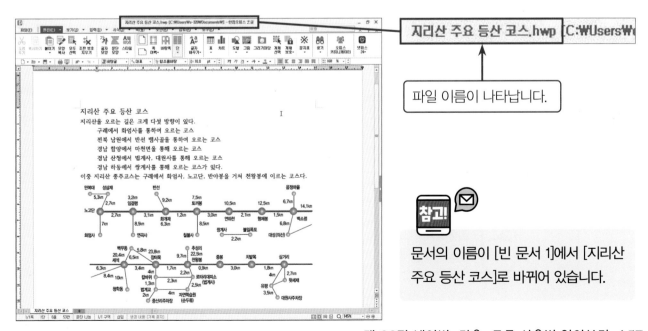

지리산 주요 등산 코스.hwp [C:\Users\

파일 이름이 나타납니다.

참고! 📧 문서의 이름이 [빈 문서 1]에서 [지리산 주요 등산 코스]로 바뀌어 있습니다.

2) 워드패드로 저장하기

복사한 내용을 워드패드로 저장해 보겠습니다. 워드패드로
복사하면 그림은 복사되지 않고 글자만 복사됩니다.

01 [시작]-[모든 프로그램]-[워드패드]를 클릭합니다.

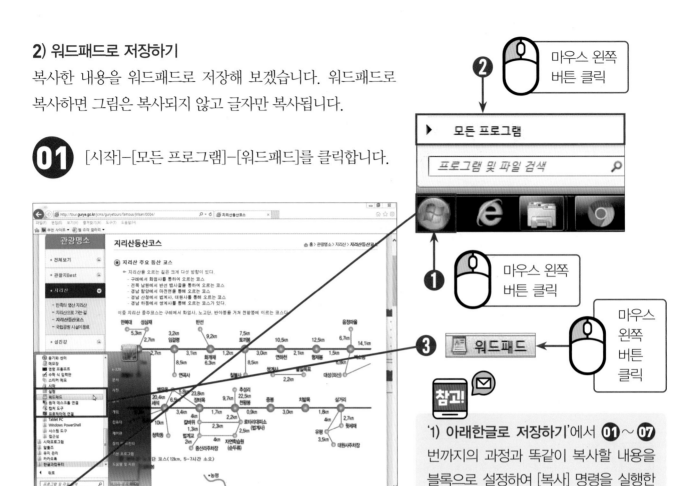

참고!

'1) 아래한글로 저장하기'에서 **01** ~ **07**
번까지의 과정과 똑같이 복사할 내용을
블록으로 설정하여 [복사] 명령을 실행한
후의 과정입니다.

02 [워드패드]가 실행되면 마우스 오른쪽 버튼을 클릭한 후 [붙여넣기]를 클릭합니다.

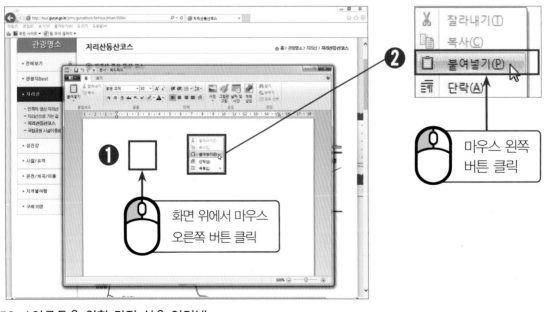

03 블록으로 설정한 내용 중에서 글자만 붙여넣기가 됩니다. 저장하기 위해서 [저장]을 클릭합니다.

마우스 왼쪽 버튼 클릭

저장(Ctrl+S)
현재 문서를 저장

04 [파일 이름] 입력란이 블록으로 설정되면 저장할 파일 이름(지리산 등산코스)을 입력하고 [저장]을 클릭합니다.

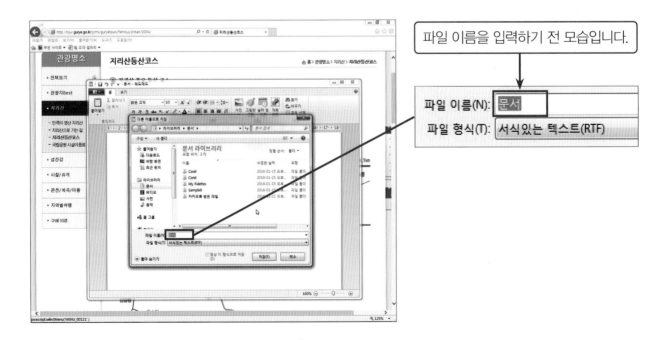

파일 이름을 입력하기 전 모습입니다.

파일 이름(N): 문서
파일 형식(T): 서식있는 텍스트(RTF)

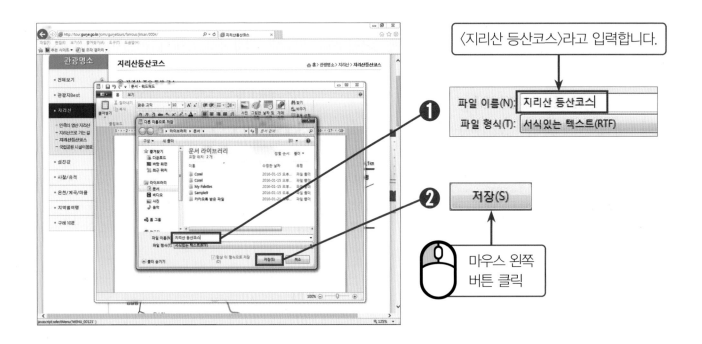

〈지리산 등산코스〉라고 입력합니다.

파일 이름(N): 지리산 등산코식

파일 형식(T): 서식있는 텍스트(RTF)

저장(S)

마우스 왼쪽
버튼 클릭

05 문서의 이름이 [문서]에서 [지리산 등산코스]로 바뀝니다.

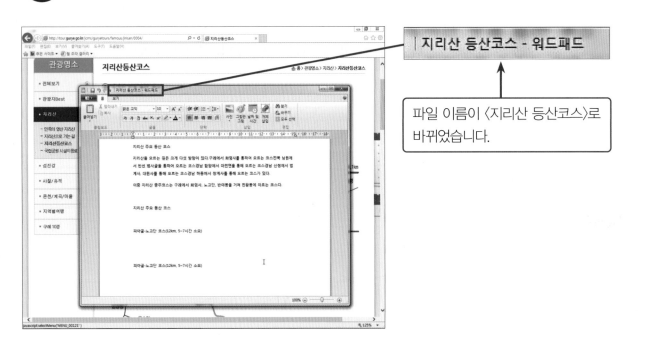

지리산 등산코스 - 워드패드

파일 이름이 〈지리산 등산코스〉로
바뀌었습니다.

제 04장

홈페이지 변경하기,
즐겨찾기 추가,
방문 기록 삭제

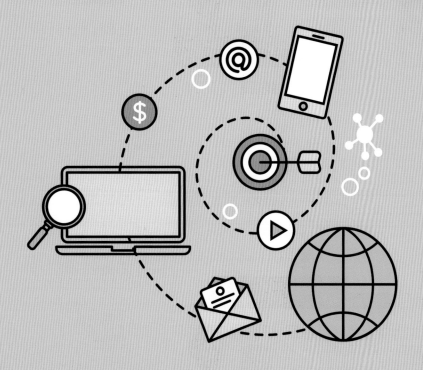

인터넷 익스플로러에서 홈페이지를 변경하고,
즐겨찾기를 추가하거나 삭제하고 방문 기록을 삭제해 보겠습니다.

Section

01

홈페이지 변경하기

익스플로러를 실행하면 처음으로 보이는 홈페이지를
[다음(http://www.daum.net/)]으로 변경해 보겠습니다.

01 주소창을 클릭하여 블록으로 설정합니다.

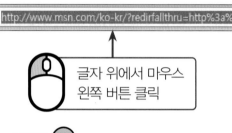

글자 위에서 마우스
왼쪽 버튼 클릭

참고!

블록으로 설정되지 않으면 마우스 왼쪽
버튼을 클릭한 후 키보드의 Delete 키
를 눌러 주소를 삭제합니다.

02 주소창에 'www.daum.net'(다음)을 입력한 후 [엔터(Enter)] 키를 누릅니다.

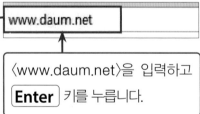

〈www.daum.net〉을 입력하고
Enter 키를 누릅니다.

참고!

현재 홈페이지가 다음이라면 www.
daum.net 대신 www.naver.com으로
입력해도 됩니다. 그러면 홈페이지가
네이버로 바뀝니다.

03 [도구]를 클릭하고 [인터넷 옵션]을 클릭합니다.

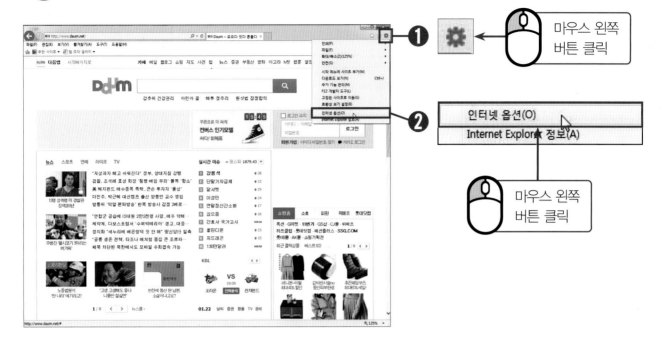

마우스 왼쪽 버튼 클릭

인터넷 옵션(O)
Internet Explorer 정보(A)

마우스 왼쪽 버튼 클릭

04 [인터넷 옵션] 창에서 [현재 페이지]를 클릭합니다.

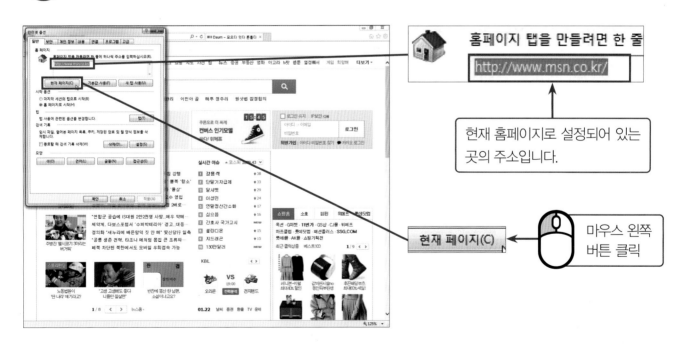

홈페이지 탭을 만들려면 한 줄

http://www.msn.co.kr/

현재 홈페이지로 설정되어 있는 곳의 주소입니다.

현재 페이지(C)

마우스 왼쪽 버튼 클릭

참고! 현재 인터넷 익스플로러에서 화면에 나와 있는 웹페이지를 홈페이지로 지정할 것입니다.

05 현재 페이지의 주소가 바뀌면 [확인]을 클릭합니다.

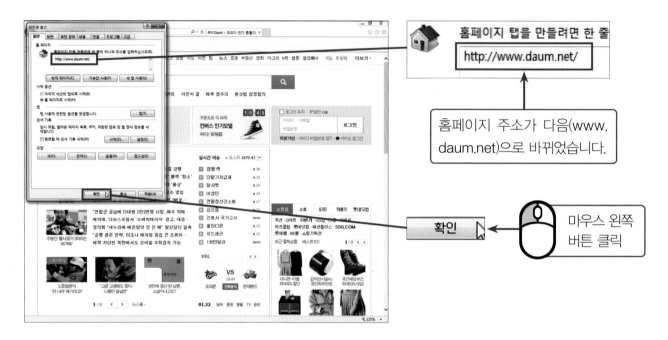

홈페이지 탭을 만들려면 한 줄

http://www.daum.net/

홈페이지 주소가 다음(www.daum.net)으로 바뀌었습니다.

확인

마우스 왼쪽 버튼 클릭

06 홈페이지가 제대로 적용되었나 보기 위해 다른 내용을 클릭합니다.

뉴스

마우스 왼쪽 버튼 클릭

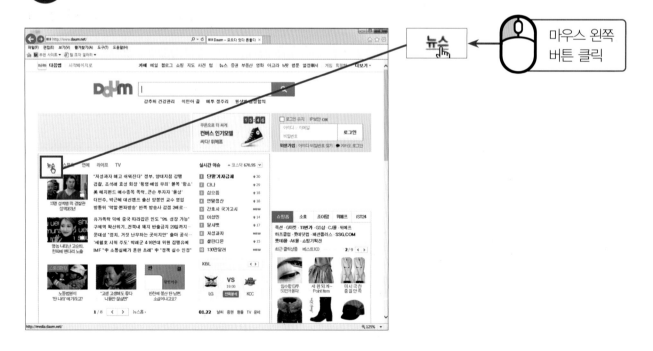

뉴스 화면이 나오면 [홈(🏠)]을 클릭합니다.

 홈페이지로 설정한 곳으로 이동합니다(여기에서는 다음(www.daum.net) 입니다).

인터넷을 하다가 어디에서라도 [홈(🏠)]을 클릭하면 홈페이지로 설정한 웹페이지 로 이동합니다.

Section 02

즐겨찾기 추가하기

자주 가는 사이트를 [즐겨찾기]로 지정해 보겠습니다. [즐겨찾기]로 지정하면 해당 홈페이지에 가기 위해서 번거롭게 주소를 입력할 필요 없이 [즐겨찾기] 목록에서 선택하면 됩니다.

즐겨찾기에 추가할 홈페이지는 꼭 여기에서 설명하는 홈페이지가 아니어도 됩니다.
자신이 자주 가는 홈페이에 접속한 후 따라 하기를 시작하면 됩니다.

01 즐겨찾기에 추가할 홈페이지에 접속한 후 추가할 홈페이지에서 [즐겨찾기]
를 클릭합니다.

위의 화면에 나오는 '실버컴퓨터 교실'은 196 페이지 카페 가입하기에서 자세히 설명하고 있습니다.

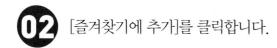 [즐겨찾기에 추가]를 클릭합니다.

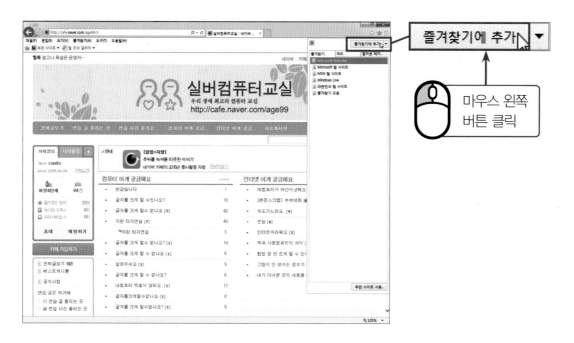

마우스 왼쪽
버튼 클릭

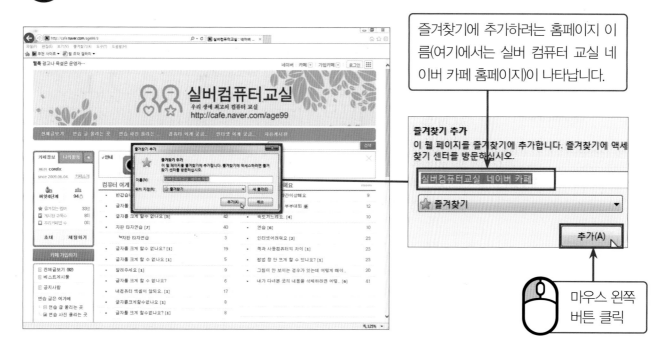 [즐겨찾기 추가] 대화상자에서 [추가]를 클릭합니다.

즐겨찾기에 추가하려는 홈페이지 이름(여기에서는 실버 컴퓨터 교실 네이버 카페 홈페이지)이 나타납니다.

마우스 왼쪽
버튼 클릭

제대로 즐겨찾기에 추가되었나 보기 위해 네이버 홈페이지를 클릭하여 이동
합니다.

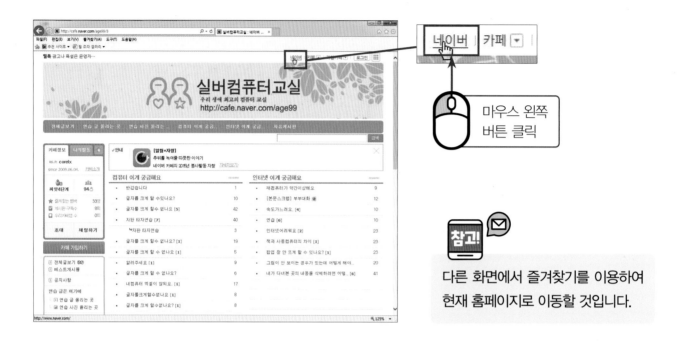

마우스 왼쪽
버튼 클릭

다른 화면에서 즐겨찾기를 이용하여
현재 홈페이지로 이동할 것입니다.

05 [즐겨찾기]를 클릭한 후 즐겨찾기 목록에서 추가한 곳을 클릭합니다.

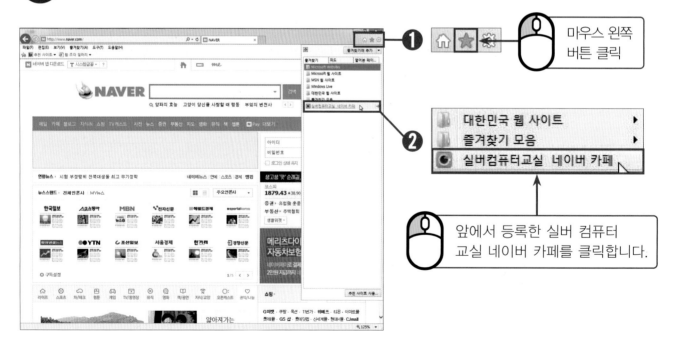

마우스 왼쪽
버튼 클릭

대한민국 웹 사이트 ▶

즐겨찾기 모음 ▶

실버컴퓨터교실 네이버 카페

앞에서 등록한 실버 컴퓨터
교실 네이버 카페를 클릭합니다.

06 즐겨찾기로 저장한 홈페이지로 이동합니다.

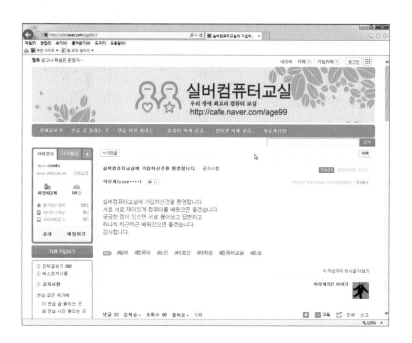

팁! [즐겨찾기] 찾는 다른 방법

[즐겨찾기]를 클릭하면 즐겨찾기에 추가된 홈페이지 목록이 나옵니다. 여기에서 선택
해도 됩니다.

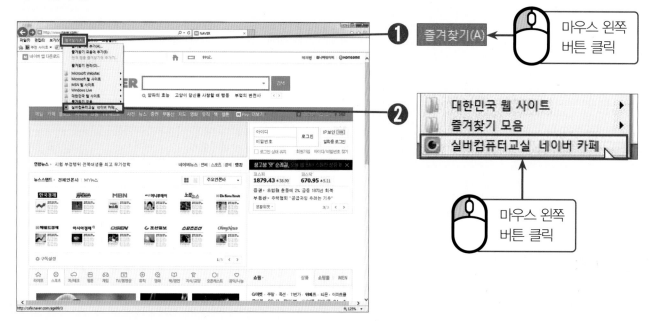

Section

03

방문 기록 삭제하기

인터넷을 사용하면 내가 어디를 방문했는지 컴퓨터에 기록이 남습니다. 인터넷 방문 기록을 삭제해 보겠습니다.

01 [즐겨찾기]를 클릭합니다.

마우스 왼쪽
버튼 클릭

02 [열어본 페이지]를 클릭합니다.

마우스 왼쪽
버튼 클릭

03 방문한 기록이 날짜순으로 기록되어 있습니다.

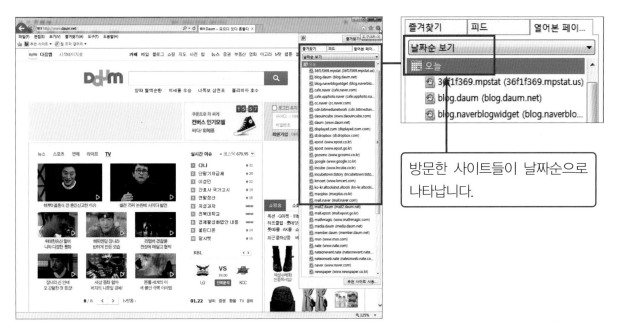

방문한 사이트들이 날짜순으로
나타납니다.

 참고! 요일을 클릭하면 그 날짜의 방문 기록이 보입니다.

04 [도구]-[인터넷 옵션]을 클릭합니다.

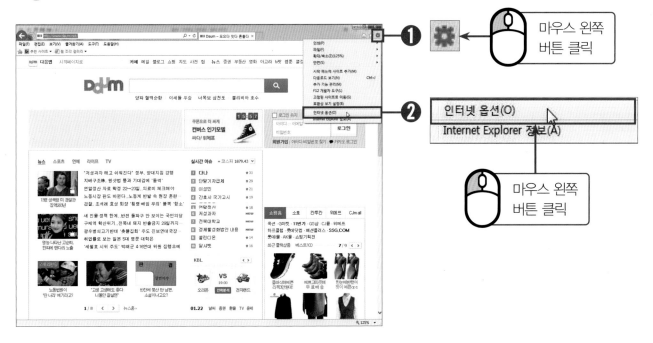

마우스 왼쪽
버튼 클릭

마우스 왼쪽
버튼 클릭

05 [일반] 탭에서 [검색 기록]의 [삭제]를 클릭합니다.

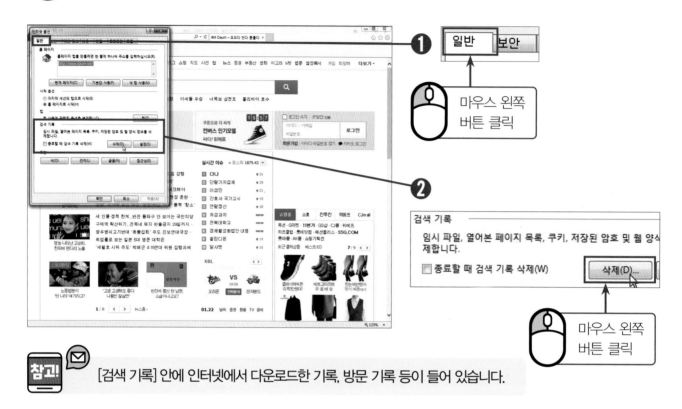

1 일반 | 보안

마우스 왼쪽
버튼 클릭

검색 기록

임시 파일, 열어본 페이지 목록, 쿠키, 저장된 암호 및 웹 양식
제합니다.

☐ 종료할 때 검색 기록 삭제(W)   삭제(D)...

2

마우스 왼쪽
버튼 클릭

참고! [검색 기록] 안에 인터넷에서 다운로드한 기록, 방문 기록 등이 들어 있습니다.

06 삭제할 내용을 클릭하여 체크(☑)한 후 [삭제]를 클릭합니다.

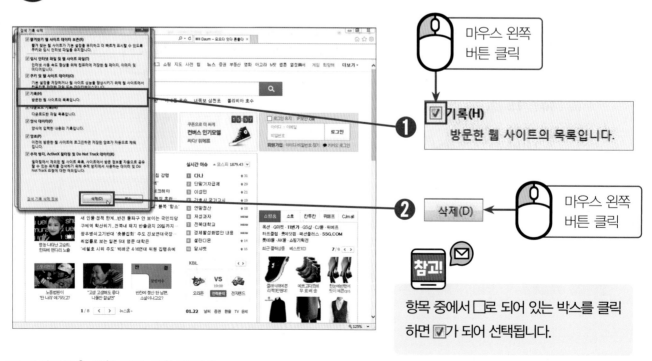

마우스 왼쪽
버튼 클릭

1 ☑ 기록(H)

방문한 웹 사이트의 목록입니다.

2 삭제(D)

마우스 왼쪽
버튼 클릭

참고!

항목 중에서 ☐로 되어 있는 박스를 클릭
하면 ☑가 되어 선택됩니다.

07 삭제가 완료되면 화면 하단에 검색 기록이 삭제되었다는 메시지가 보입니다. [확인]을 클릭합니다.

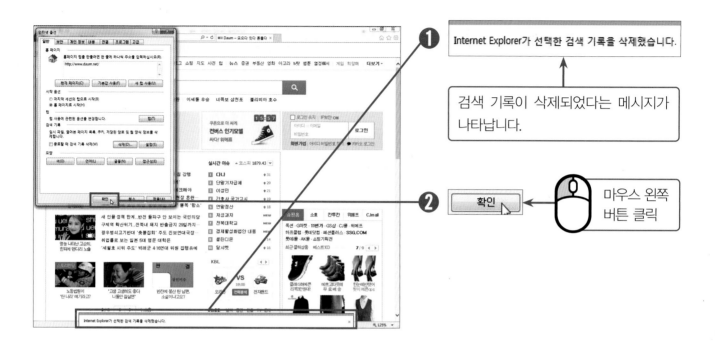

① Internet Explorer가 선택한 검색 기록을 삭제했습니다.

검색 기록이 삭제되었다는 메시지가 나타납니다.

② 확인

마우스 왼쪽 버튼 클릭

08 [즐겨찾기]를 클릭한 후 [열어본 페이지]를 클릭하면 방문 기록이 삭제된 것을 볼 수 있습니다.

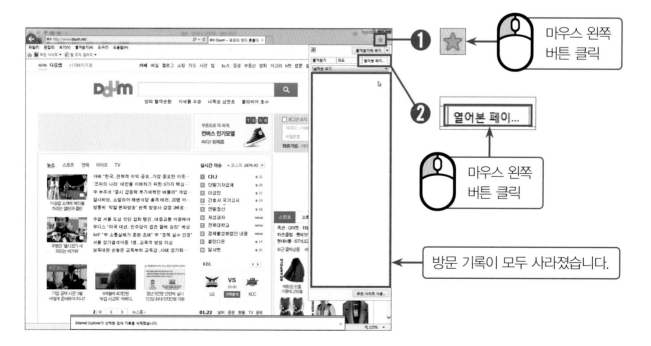

① 마우스 왼쪽 버튼 클릭

② 열어본 페이...

마우스 왼쪽 버튼 클릭

방문 기록이 모두 사라졌습니다.

팁! 열어 본 페이지 보기

열어 본 페이지에서 [날짜순 보기]를 클릭하면 다양한 방법으로 방문 목록을 볼 수 있는
방법이 나타납니다.
또한 방문한 요일을 클릭하면 그날 방문한 사이트 목록이 보입니다.

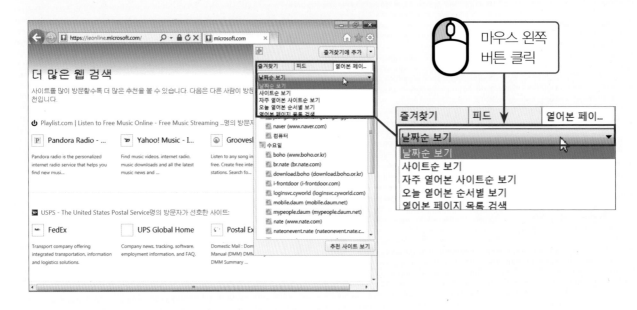

인터넷으로 신문 읽기

인터넷에서는 오늘자 신문뿐만 아니라

인터넷이 나오기 이전에 발행된 종이 신문도 읽을 수 있습니다.

Section 01

신문 읽기

네이버에서 제공하는 신문 읽기 서비스를 이용해서 오늘
신문을 보도록 하겠습니다.

01 네이버 홈페이지(www.naver.com)에서 [뉴스스탠드]를 클릭합니다.

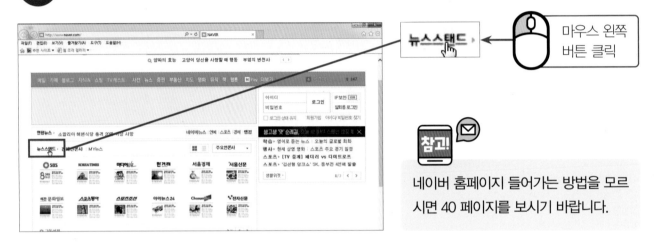

> 뉴스스탠드 ▸
> 마우스 왼쪽
> 버튼 클릭

참고!

네이버 홈페이지 들어가는 방법을 모르
시면 40 페이지를 보시기 바랍니다.

02 뉴스스탠드 초기 화면에서 특정 언론사에서 보내는 뉴스가 보입니다.
[다음(❯)]을 클릭하면 또 다른 언론사의 기사로 이동합니다.

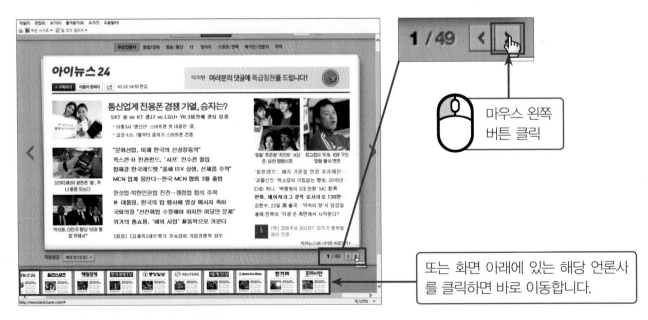

> 1 / 49 ❮ ❯
> 마우스 왼쪽
> 버튼 클릭

> 또는 화면 아래에 있는 해당 언론사
> 를 클릭하면 바로 이동합니다.

읽고 싶은 제목을 클릭합니다.

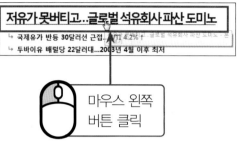

마우스 왼쪽
버튼 클릭

04 새로운 탭이 생기면서 기사가 보입니다. 기사를 읽은 후 해당 탭 [닫기(✖)]를
클릭합니다.

마우스 왼쪽 버튼을 클릭하면
지금 보고 있는 화면이 없어집니다.

05 탭이 닫히면서 뉴스스탠드 처음 화면으로 돌아옵니다.

뉴스스탠드의 종류

뉴스스탠드는 언론사를 종합/경제, 방송/통신, IT(전자기술), 영자지, 스포츠/연예, 매거진/전문지, 지역으로 구분하여 서비스를 제공하고 있습니다. 보고 싶은 항목을 선택하면 좀 더 빠르게 찾을 수 있습니다.

Section 02

신문 구독해서 읽기

뉴스스탠드에서 읽고 싶은 신문만 구독해서 읽는 방법에 대해서 알아보겠습니다.

01 네이버 초기 화면에서 [아이디]와 [비밀번호]를 입력한 후 [로그인]을 클릭합니다.

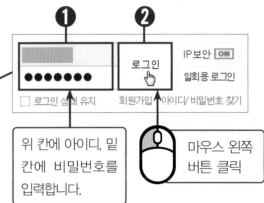

위 칸에 아이디, 밑 칸에 비밀번호를 입력합니다.

마우스 왼쪽 버튼 클릭

참고!

네이버 회원가입 방법은 92 페이지에 나오는 네이버 회원가입하기에 설명되어 있습니다.

02 [MY뉴스]를 클릭합니다.

언론사 | MY뉴스

마우스 왼쪽 버튼 클릭

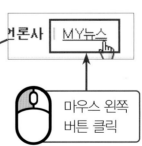

제 05장 인터넷으로 신문 읽기 / 79

03 [언론사 추가]를 클릭합니다.

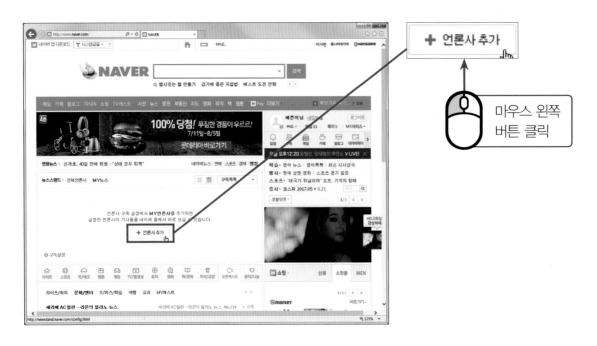

마우스 왼쪽
버튼 클릭

04 정기 구독하고 싶은 언론사를 차례로 클릭한 후 [선택완료]를 클릭합니다.

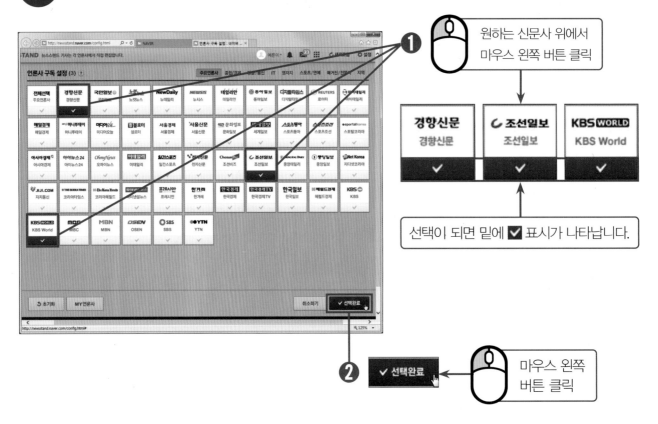

원하는 신문사 위에서
마우스 왼쪽 버튼 클릭

선택이 되면 밑에 ✔ 표시가 나타납니다.

마우스 왼쪽
버튼 클릭

05 [변경완료]를 클릭합니다.

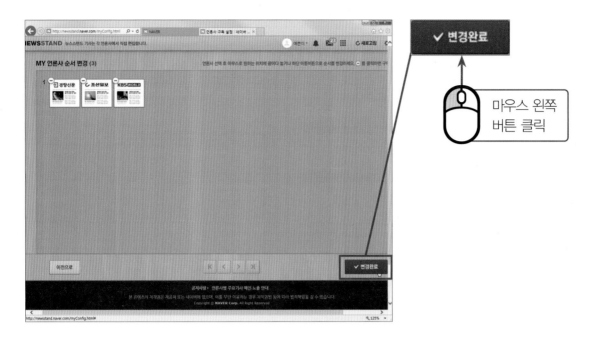

06 네이버 메인으로 이동하겠느냐는 대화창이 나타나면 [확인]을 클릭합니다.

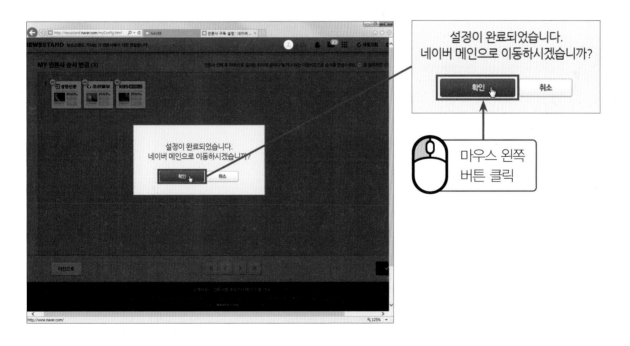

07 [구독목록]을 클릭하면 내가 구독 중인 신문의 목록이 나타나는데 이 중에서
보고 싶은 신문을 클릭합니다.

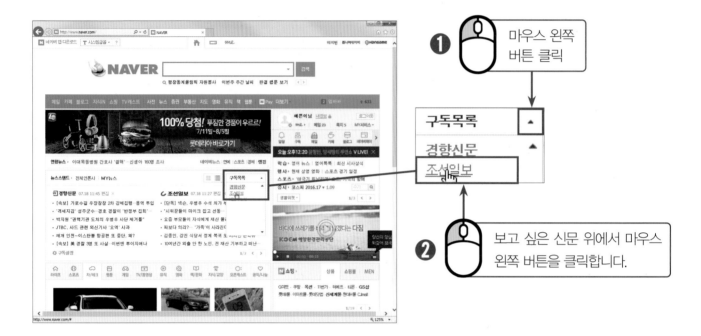

08 클릭한 신문사의 화면이 나타납니다.

Section 03

옛날 신문 읽기 (뉴스 라이브러리)

인터넷 이전에 발행된 종이 신문의 기사를 검색해 보는 방법을 알아보겠습니다. 뉴스를 검색하는 방법에는 여러 가지가 있는 데 여기서는 특정한 날짜를 지정해서 검색하는 방법과 중요한 단어를 입력해서 검색하는 방법에 대해서 알아보겠습니다.

1) 날짜로 검색하기

특정한 날짜를 지정해서 검색하는 방법입니다.

01 검색어 입력란을 클릭하여 '뉴스라이'라고 입력하면 자동 완성 단어가 나오 는데 '네이버 뉴스 라이브러리'를 클릭합니다.

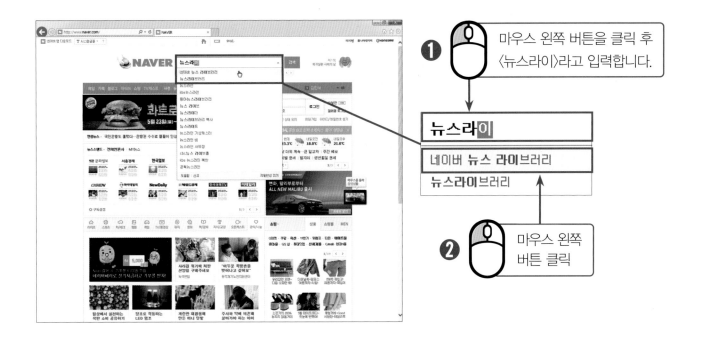

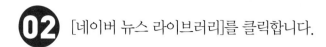 **[네이버 뉴스 라이브러리]**를 클릭합니다.

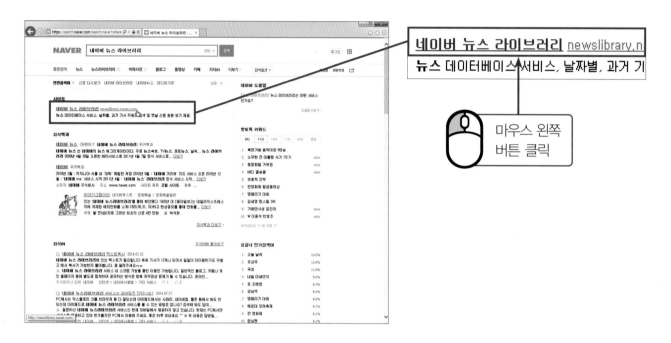

03 연도 부분을 마우스로 클릭하면 연도가 순서대로 나타나는데 오른쪽 스크롤
바를 마우스로 클릭해서 아래쪽으로 내립니다. 보고 싶은 신문이 있는 연도
를 선택합니다.

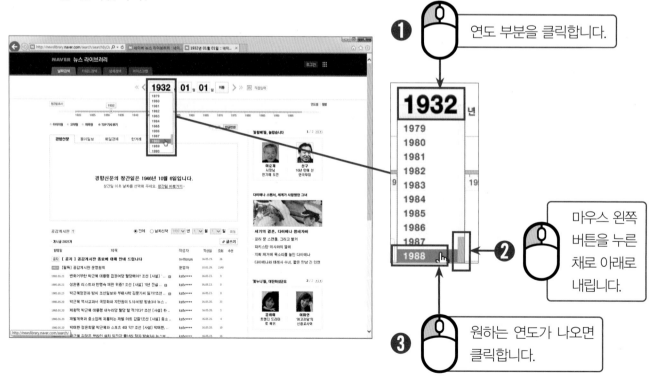

❶ 연도 부분을 클릭합니다.

1932 년

1979
1980
1981
1982
1983
1984
1985
1986
1987
1988

❷ 마우스 왼쪽
버튼을 누른
채로 아래로
내립니다.

❸ 원하는 연도가 나오면
클릭합니다.

그리고 [월]과 [일]을 차례로 클릭하여 연도 선택과 같은 방법으로 보고 싶은
신문이 있는 '월'과 '일'을 클릭합니다.

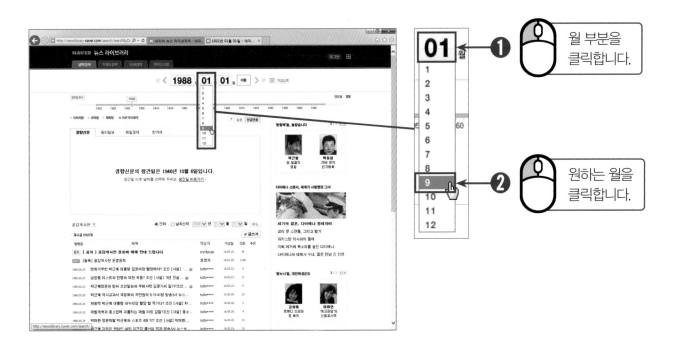

❶ 월 부분을
클릭합니다.

❷ 원하는 월을
클릭합니다.

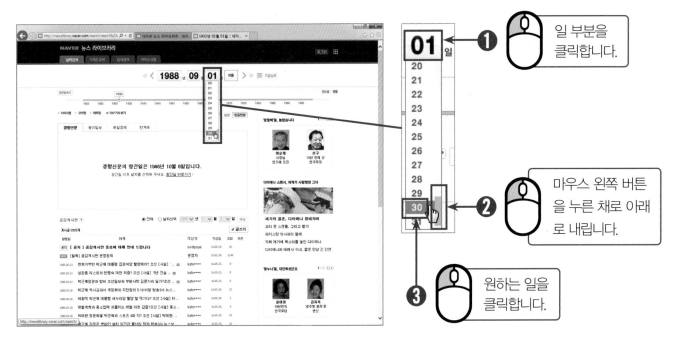

❶ 일 부분을
클릭합니다.

❷ 마우스 왼쪽 버튼
을 누른 채로 아래
로 내립니다.

❸ 원하는 일을
클릭합니다.

해당 날짜의 기사를 제공하는 신문사를 클릭합니다.

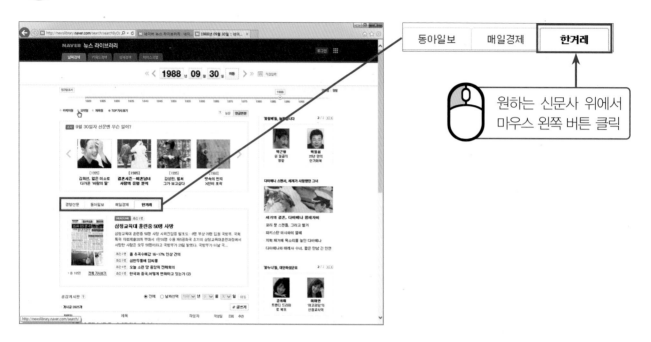

원하는 신문사 위에서
마우스 왼쪽 버튼 클릭

06 보고 싶은 신문 기사를 클릭합니다.

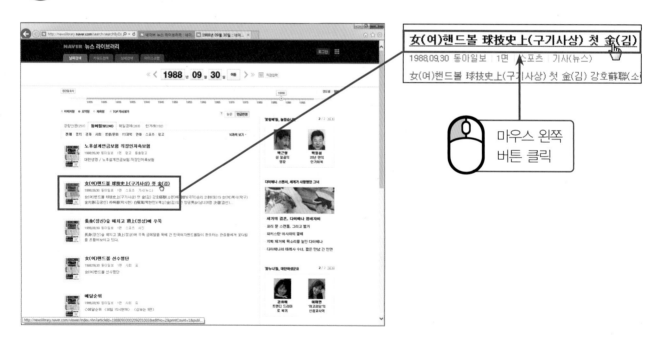

마우스 왼쪽
버튼 클릭

07 사용법을 읽어 본 후 ⨯를 클릭하여 닫습니다.

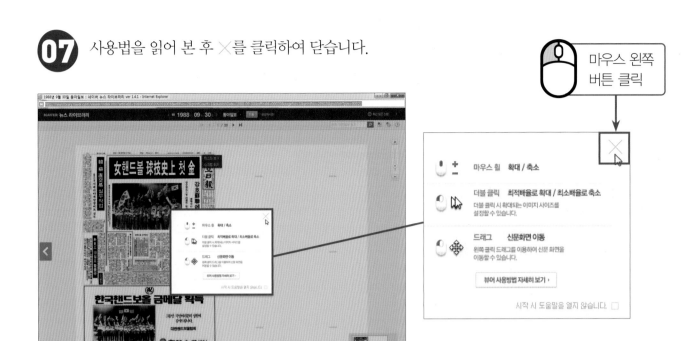

마우스 왼쪽
버튼 클릭

마우스 휠   확대 / 축소

더블 클릭   최적배율로 확대 / 최소배율로 축소
더블 클릭 시 확대되는 이미지 사이즈를
설정할 수 있습니다.

드래그   신문화면 이동
왼쪽 클릭 드래그를 이용하여 신문 화면을
이동할 수 있습니다.

뷰어 사용방법 자세히 보기 ›

시작 시 도움말을 열지 않습니다. ☐

08 텍스트로 기사의 내용이 보입니다. ⬛를 클릭하여 닫습니다.

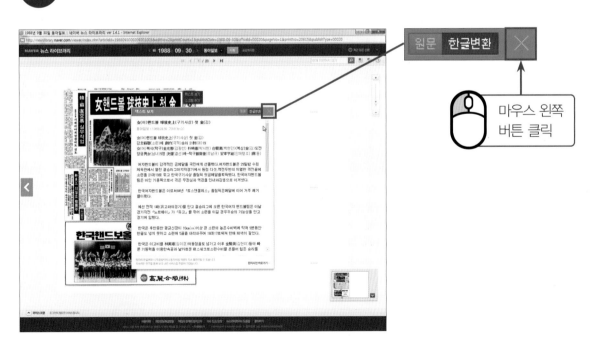

원문 한글변환 ⨯

마우스 왼쪽
버튼 클릭

참고! [원문]과 [한글변환]을 클릭하면 기사의 내용이 한자로 보이거나 한글로 변환되어 보입니다.

09 신문 기사의 원본이 보입니다. 마우스 휠을 위쪽 방향으로 돌리면 화면이 확대되고 반대로 아래쪽 방향으로 돌리면 화면이 축소됩니다. 또는 화면 오른쪽의 [확대(+)]를 클릭하면 신문이 크게 확대되어 보입니다.

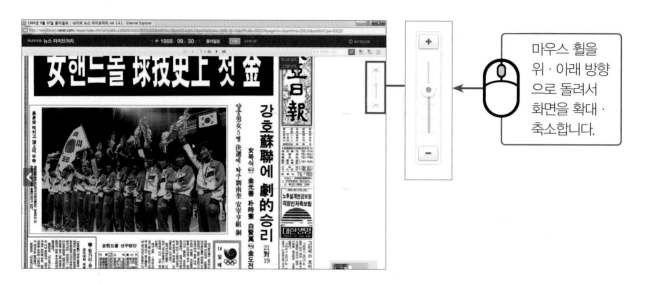

마우스 휠을 위 · 아래 방향으로 돌려서 화면을 확대 · 축소합니다.

2) 키워드로 검색하기

기사의 특정한 내용을 검색해서 기사를 찾아보도록 하겠습니다.

01 [키워드 검색]을 클릭한 후 키워드 입력란에 검색할 단어를 입력하고 [검색]을 클릭합니다.

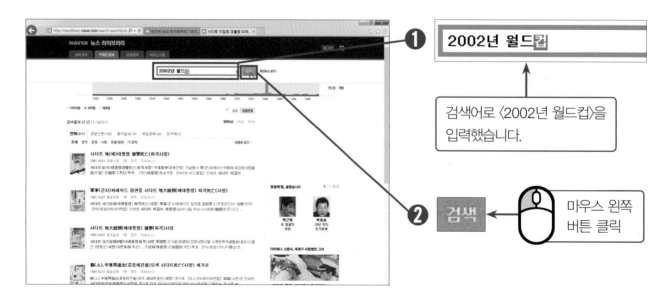

① 2002년 월드컵

검색어로 〈2002년 월드컵〉을 입력했습니다.

② 검색

마우스 왼쪽 버튼 클릭

검색어에 대한 기사 목록이 나타나면 읽고 싶은 기사를 클릭합니다.

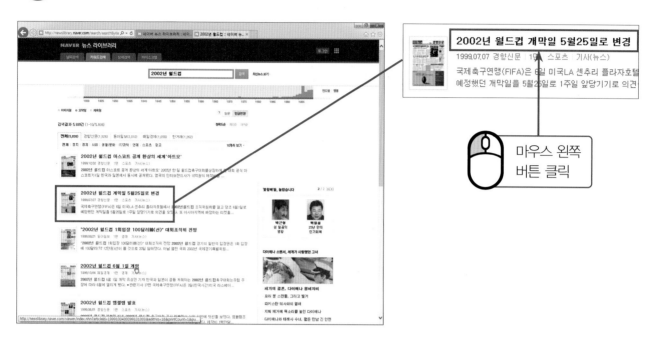

마우스 왼쪽
버튼 클릭

03 사용법을 읽어 본 후 ✕를 클릭하여 닫습니다.

마우스 왼쪽
버튼 클릭

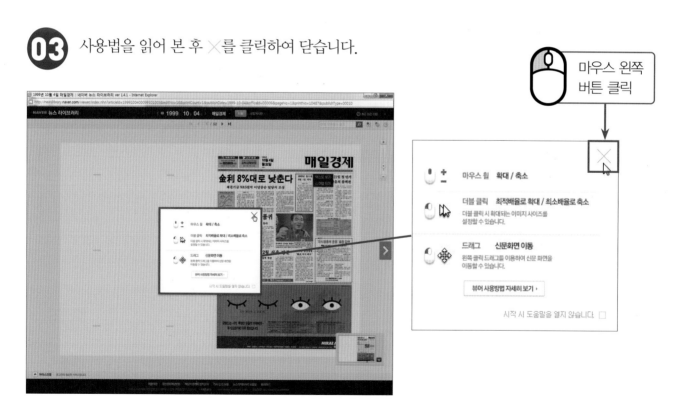

텍스트로 기사의 내용이 보입니다. █를 클릭하여 닫습니다.

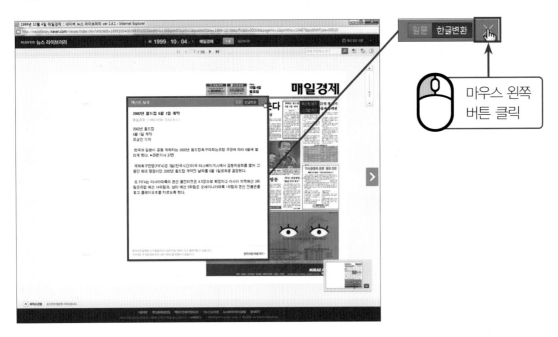

마우스 왼쪽
버튼 클릭

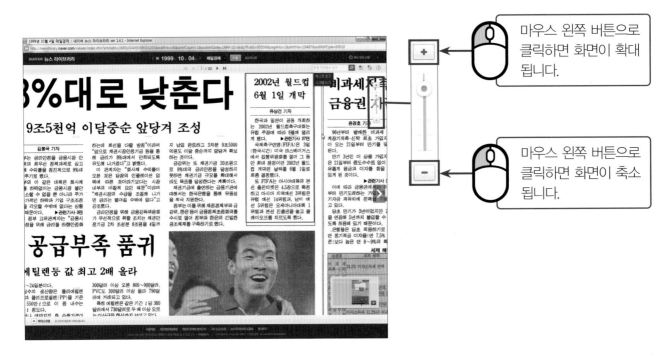 신문 기사의 원본이 보입니다. 마우스 휠을 위쪽 방향으로 돌리거나 화면 오른쪽의 [확대(+)]를 클릭하면 신문이 크게 확대되어 보입니다.

마우스 왼쪽 버튼으로
클릭하면 화면이 확대
됩니다.

마우스 왼쪽 버튼으로
클릭하면 화면이 축소
됩니다.

제 06장

네이버
(www.naver.com)
회원가입하고
메일 사용하기

네이버의 전자메일 서비스에 가입해 보겠습니다.

휴대폰으로 인증을 받을 것이므로 휴대폰이 있어야 합니다.

Section 01

가입하기

네이버(www.naver.com)에 가입을 해 보겠습니다.
이미 가입되어 있다면 이 과정은 넘어가도 됩니다.

01 네이버에서 [회원가입]을 클릭합니다.

마우스 왼쪽
버튼 클릭

02 이용약관에 '모두 동의합니다.'를 클릭한 후 [동의]를 클릭합니다.

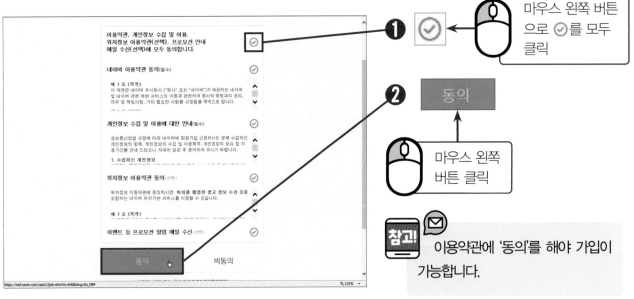

마우스 왼쪽 버튼
으로 ⊘를 모두
클릭

마우스 왼쪽
버튼 클릭

참고! 이용약관에 '동의'를 해야 가입이
가능합니다.

03 가입 양식이 나타나면 [아이디] 입력란을 클릭하고 아이디를 입력합니다.

멋진 아이디네요!

네이버에서 사용할 아이디를 입력

아이디(ID)는 네이버 서비스를 이용하기 위해서 만드는 것으로 본인을 표현할 수 있는 영문이나 숫자를 사용해서 만들면 됩니다.

다른 사람이 이미 사용 중인 아이디이거나 탈퇴한 아이디라는 말이 나오면 다른 아이디를 입력해야 합니다.

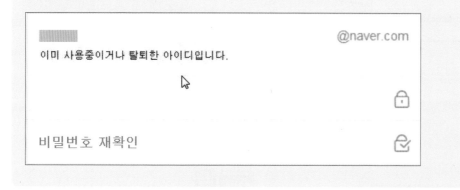

04 [비밀번호] 입력란을 클릭하여 비밀번호를 입력합니다.

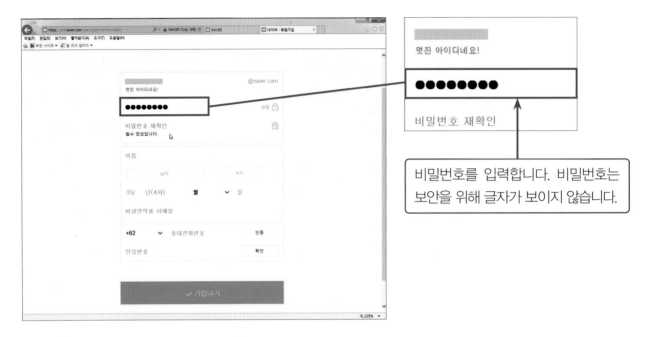

멋진 아이디네요!

비밀번호 재확인

비밀번호를 입력합니다. 비밀번호는
보안을 위해 글자가 보이지 않습니다.

참고! 비밀번호는 8~16자의 영문 대소문자, 숫자, 특수문자(!, @, #, $, %, ^, &, * ...)를 섞어
서 만들어야 하며 잊어버리지 않도록 잘 기억하거나 기록해 두어야 합니다.

05 [비밀번호] 재확인 입력란을 클릭하여 비밀번호를 입력합니다.

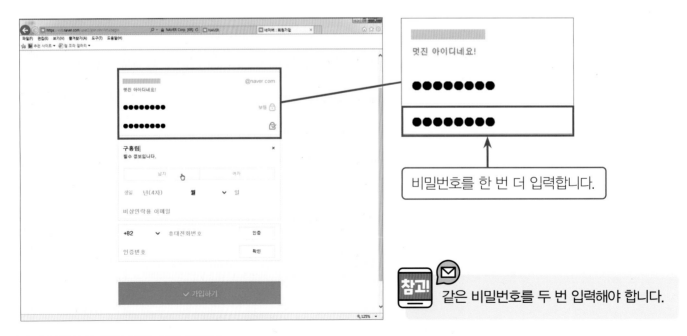

멋진 아이디네요!

비밀번호를 한 번 더 입력합니다.

참고! 같은 비밀번호를 두 번 입력해야 합니다.

06 성별을 선택하고 [생일]의 연도를 입력하고, [월]을 선택한 후, [일]을 입력합니다.

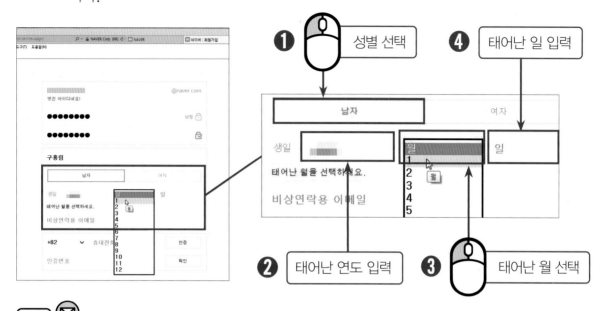

① 성별 선택
④ 태어난 일 입력
② 태어난 연도 입력
③ 태어난 월 선택

참고
[연도], [일]은 입력하면 되지만 [월]은 마우스 왼쪽 버튼으로 클릭하여 월이 아래로 펼쳐지면 그중에서 선택하면 됩니다.

07 [비상연락용 이메일(전자우편)] 입력란을 클릭하여 이메일(전자우편)을 입력하고 [휴대전화번호] 입력란을 클릭한 후 휴대전화번호를 입력하고 [인증]을 클릭합니다.

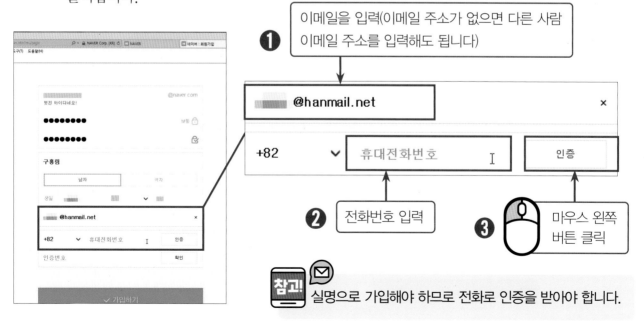

① 이메일을 입력(이메일 주소가 없으면 다른 사람 이메일 주소를 입력해도 됩니다)
② 전화번호 입력
③ 마우스 왼쪽 버튼 클릭

참고
실명으로 가입해야 하므로 전화로 인증을 받아야 합니다.

08 휴대폰으로 인증번호가 오면 [인증번호] 입력란을 클릭한 후 인증번호를 입력하고 [확인]을 클릭합니다.

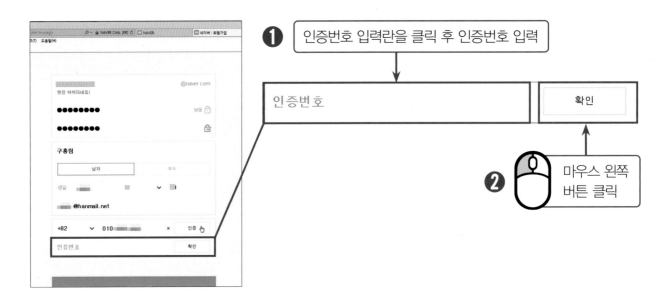

 번호를 잘못 입력하거나 하면 다시 인증번호 요청을 하면 됩니다.

09 '환영합니다!'라는 문구가 나오면 [시작하기]를 클릭합니다.

10 네이버의 초기 화면이 나타나면 [메일]을 클릭합니다.

마우스 왼쪽
버튼 클릭

참고!
가입하면 기본적으로 2통의 메일이 도착해 있습니다.

11 알림 문구가 보이면 **〉**를 클릭하여 다음 단계로 이동합니다.

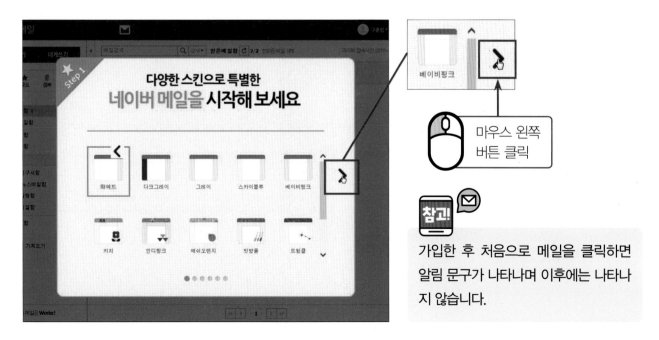

마우스 왼쪽
버튼 클릭

참고!
가입한 후 처음으로 메일을 클릭하면
알림 문구가 나타나며 이후에는 나타나
지 않습니다.

[보내는 사람 이름]에서 ＞를 클릭하여 다음 단계로 이동합니다.

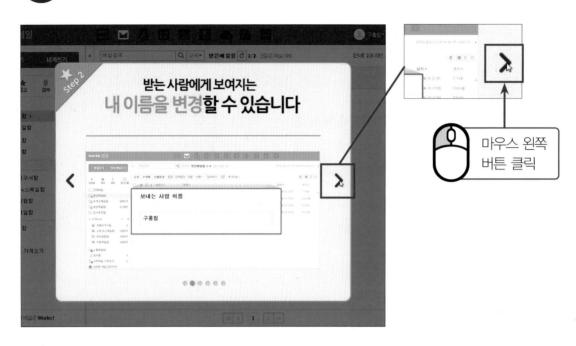

13 [받은메일함 가기]를 클릭합니다.

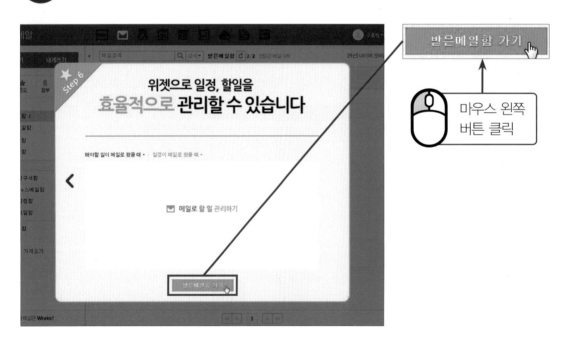

네이버에서 보낸 메일이 보입니다. 메일을 클릭하여 메일의 내용을 읽습니다.

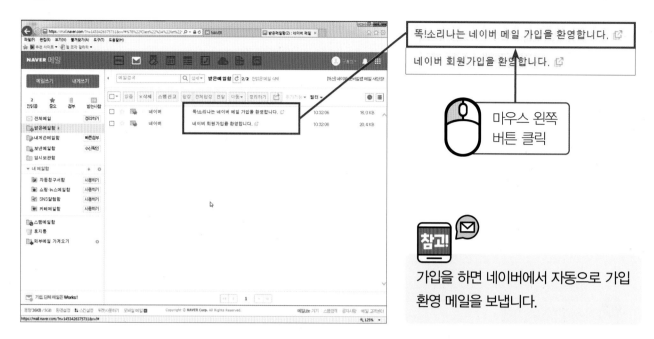

똑!소리나는 네이버 메일 가입을 환영합니다. ☐

네이버 회원가입을 환영합니다. ☐

마우스 왼쪽
버튼 클릭

참고

가입을 하면 네이버에서 자동으로 가입
환영 메일을 보냅니다.

팁! 메일에서 사용하는 아이콘 보기

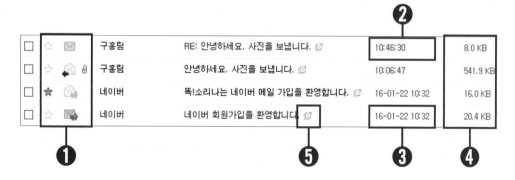

❶ ✉ : 메일을 읽지 않았습니다.

✉ : 메일을 읽고 답장을 보냈습니다.

📎 : 메일에 첨부 파일(사진, 동영상, 문서 파일 등)이 있습니다.

★ : 중요한 사람에게서 온 메일입니다.

❺ ☐ : 메일을 새 창에서 읽습니다.

❷ 내가 메일을 읽은 시간

❸ 상대방이 메일을 보낸 시간

❹ 메일의 크기

Section 02

메일 보내기

상대방의 이메일 주소를 입력해서 메일을 보내 보겠습니다.

01 [메일쓰기]를 클릭한 후 [받는 사람] 입력란을 클릭하고 받을 사람의 이메일(전자우편) 주소를 입력합니다. 제목 입력란을 클릭하여 제목을 입력하고 내용 입력란을 클릭한 후 내용을 입력하고 [보내기]를 클릭합니다.

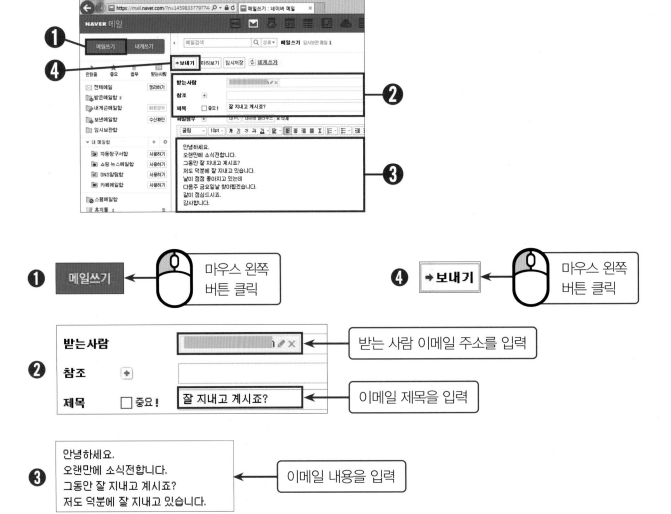

02 메일을 성공적으로 보냈다는 메시지가 나오면 주소록에 메일 주소를 저장하기 위해 이름을 입력하고 ⭐(중요 인물)을 클릭한 후 [주소록에 저장]을 클릭합니다.

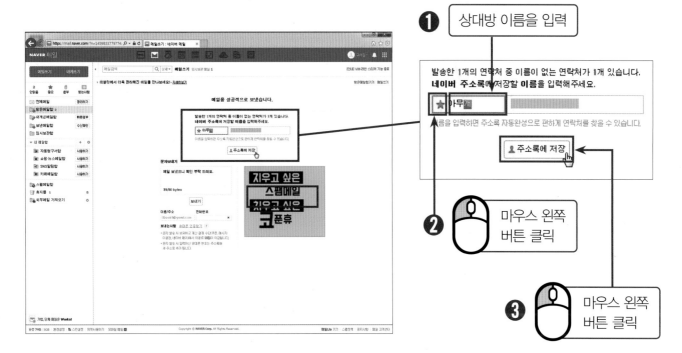

⭐(중요 인물)을 표시하면 이 사람에게서 메일이 왔을 때 표시를 해 줍니다.
[주소록에 저장]을 하면 이후에 메일을 보낼 때는 메일 주소를 입력하지 않아도 됩니다.

Section 03

메일 읽고 답장하기

다른 사람이 내게 보낸 메일을 읽고 답장을 보내 보겠습니다.

01 받은 메일함을 눌러서 나에게 온 메일을 클릭합니다.

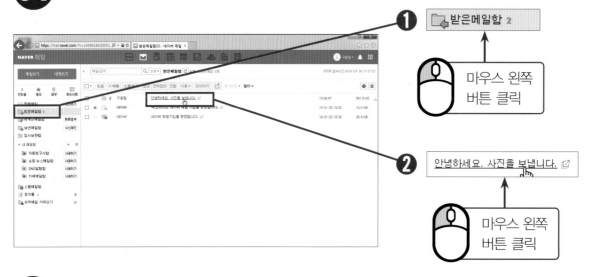

➊ 받은메일함 2

마우스 왼쪽 버튼 클릭

➋ 안녕하세요, 사진을 보냅니다.

마우스 왼쪽 버튼 클릭

02 내용을 읽어 본 후 첨부 파일로 온 사진을 저장하려면 사진을 마우스 오른쪽 버튼으로 클릭한 후 [다른 이름으로 사진 저장]을 클릭합니다.

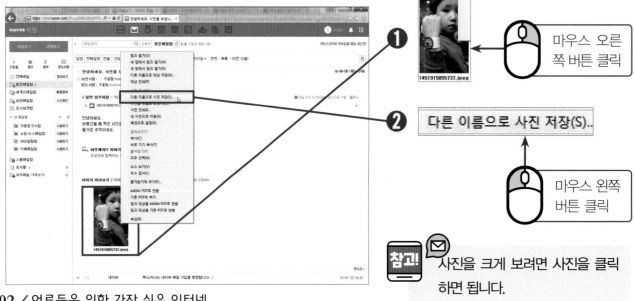

➊ 마우스 오른쪽 버튼 클릭

➋ 다른 이름으로 사진 저장(S)..

마우스 왼쪽 버튼 클릭

참고! 사진을 크게 보려면 사진을 클릭하면 됩니다.

03 [파일 이름] 입력란이 블록으로 설정되면 파일 이름을 입력하고 [저장]을 클릭한 후 [답장]을 클릭합니다.

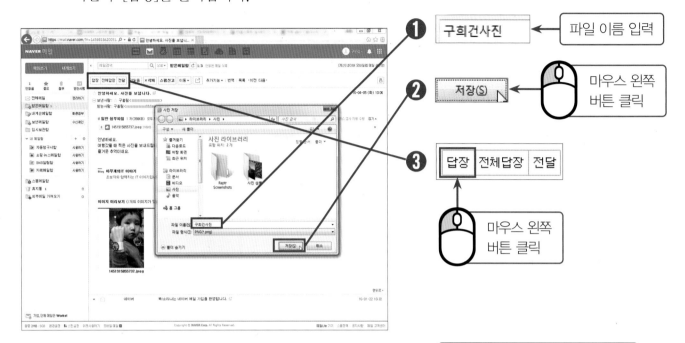

파일 이름 입력

구희건사진

저장(S)

마우스 왼쪽
버튼 클릭

답장 전체답장 전달

마우스 왼쪽
버튼 클릭

04 내용을 입력할 입력란을 클릭합니다.

내용 입력란 맨 위에서 마우스
왼쪽 버튼을 클릭하면 I 표시
가 나타납니다. 글을 쓸 수 있
는 상태가 되었다는 뜻입니다.

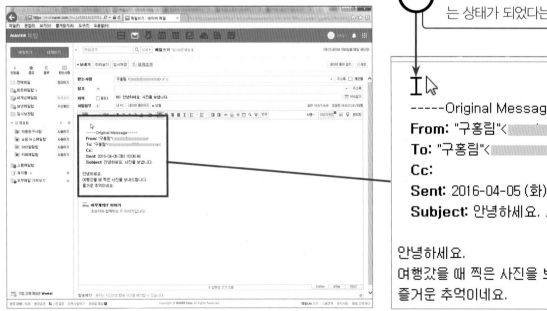

-----Original Message-----
From: "구홍림"< >
To: "구홍림"< >
Cc:
Sent: 2016-04-05 (화) 10:06:46
Subject: 안녕하세요. 사진을 보냅니다.

안녕하세요.
여행갔을 때 찍은 사진을 보내드립니다.
즐거운 추억이네요.

 참고!

제목을 입력하지 않아도 [답장]을 클릭하면 상대방이 보낸 제목 앞에 자동으로 'RE'가 붙습니다.
[답장]을 클릭하면 상대방이 보낸 메일의 내용이 그대로 남아 있습니다.

05 내용을 입력한 후 파일(사진)을 첨부하기 위해 [내 PC]를 클릭합니다.

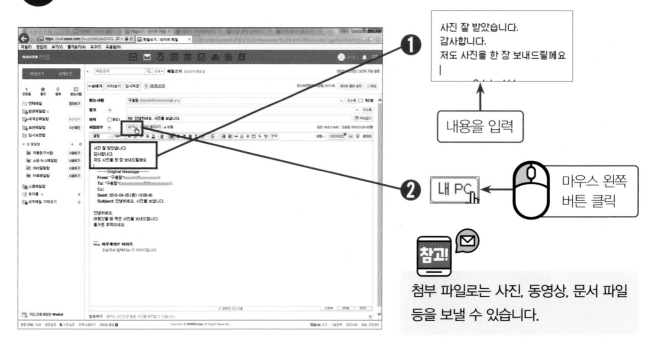

사진 잘 받았습니다.
감사합니다.
저도 사진을 한 장 보내드릴께요

내용을 입력

내 PC

마우스 왼쪽
버튼 클릭

참고!

첨부 파일로는 사진, 동영상, 문서 파일
등을 보낼 수 있습니다.

06 [업로드할 파일 선택] 창에서 파일이 있는 드라이브와 폴더를 클릭하고 첨부할
파일을 선택한 후 [열기]를 클릭하여 파일을 첨부한 후 [보내기]를 클릭합니다.

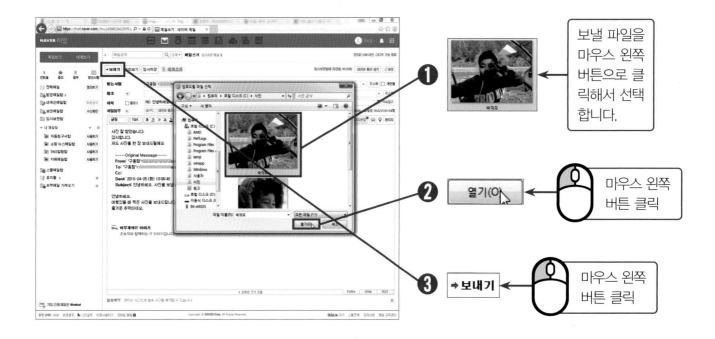

보낼 파일을
마우스 왼쪽
버튼으로 클
릭해서 선택
합니다.

열기(O)

마우스 왼쪽
버튼 클릭

보내기

마우스 왼쪽
버튼 클릭

메일을 성공적으로 보냈다는 메시지가 나오면 [주소록에 저장]을 클릭합니다.

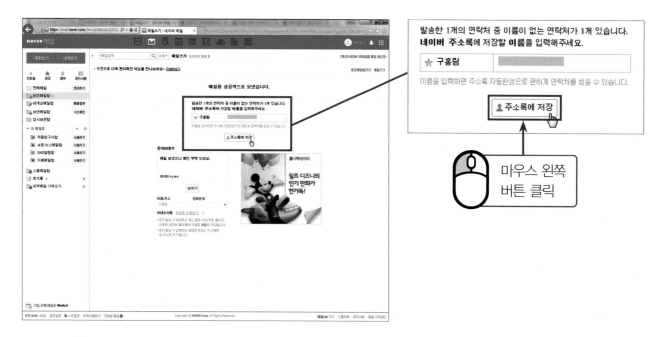

발송한 1개의 연락처 중 이름이 없는 연락처가 1개 있습니다.
네이버 주소록에 저장할 이름을 입력해주세요.

★ 구홍림

이름을 입력하면 주소록 자동완성으로 편하게 연락처를 찾을 수 있습니다.

👤 **주소록에 저장**

마우스 왼쪽
버튼 클릭

참고! [주소록에 저장]을 하면 이후에 메일을 보낼 때는 메일 주소를 입력하지 않아도 됩니다.

 주소록에 이메일(전자우편) 주소가 저장됩니다.

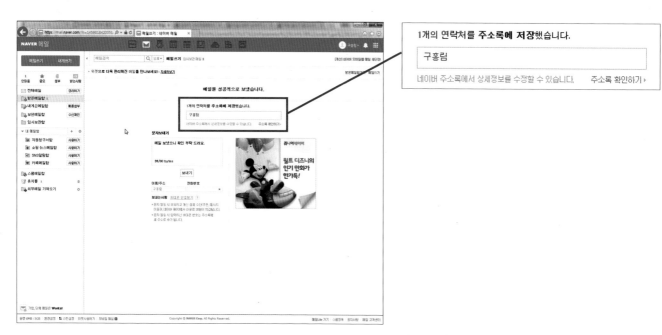

1개의 연락처를 주소록에 저장했습니다.

구홍림

네이버 주소록에서 상세정보를 수정할 수 있습니다.   주소록 확인하기 ▸

Section **04**

받은 메일 전달하기

메일 전달하기는 나에게 온 메일의 내용을 그대로 다른 사람에게
보내는 것입니다. 여기서는 나에게 온 메일을 첨부 파일과 함께
다른 사람에게 그대로 전달하는 방법에 대해 알아보겠습니다.

01 읽은 편지에서 [전달]을 클릭합니다.

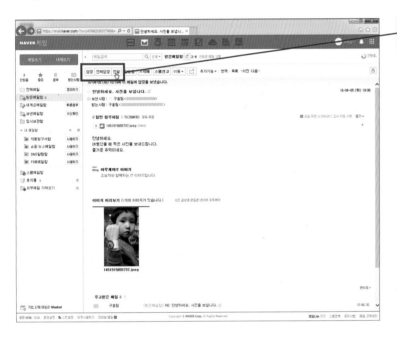

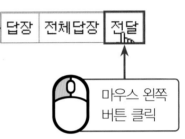

| 답장 | 전체답장 | 전달 |

마우스 왼쪽
버튼 클릭

02 [받는 사람]의 [주소록]을 클릭하고 받을 사람을 선택(클릭)한 후 [받는 사람]의 ⟩를 클릭하고 [확인]을 클릭합니다.

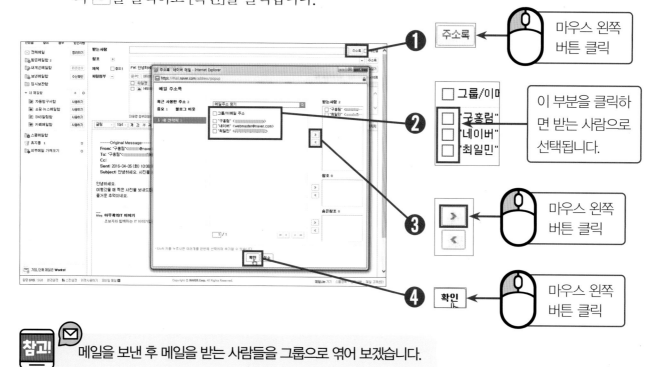

참고! 메일을 보낸 후 메일을 받는 사람들을 그룹으로 엮어 보겠습니다.

03 메일을 성공적으로 보냈으면 [그룹 선택]의 ▼를 클릭한 후 [새 그룹 추가]를 클릭합니다.

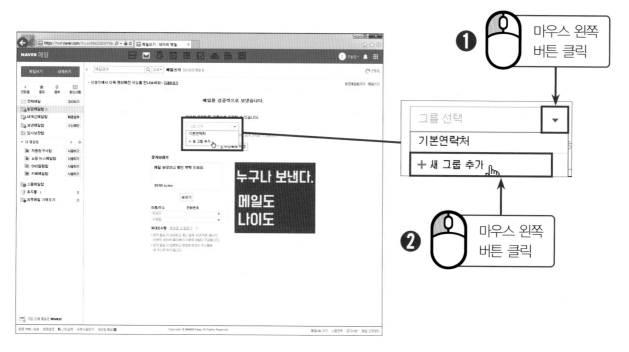

그룹명 입력란을 클릭한 후 그룹명을 입력하고 [주소록에 저장]을 클릭합니다.

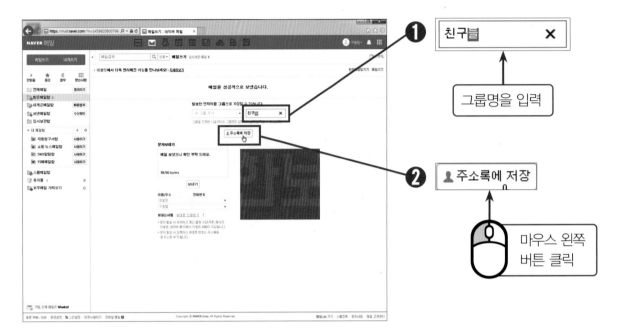

친구블 ✕

↑

그룹명을 입력

👤 주소록에 저장

↑

마우스 왼쪽
버튼 클릭

제 07장

다음
(www.daum.net)
회원가입하고
메일 사용하기

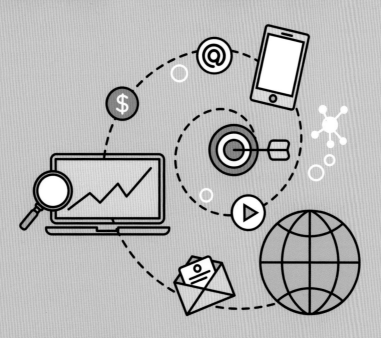

다음의 전자메일 서비스에 가입해 보겠습니다.

휴대폰으로 인증을 받을 것이므로 휴대폰이 있어야 합니다.

Section 01 가입하기

다음(www.daum.net) 서비스에 가입하는 방법에 대해
알아보겠습니다.

01 [회원가입]을 클릭합니다.

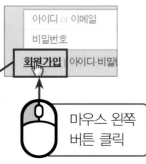

마우스 왼쪽
버튼 클릭

참고!

만일 추가 기능을 설치하려고 한다는 메
시지가 나타나면 [설치]를 클릭하여 추가
기능을 설치합니다. 이 과정은 컴퓨터에
따라서 나타나지 않을 수 있습니다.

02 [폰번호로 가입]을 클릭합니다.

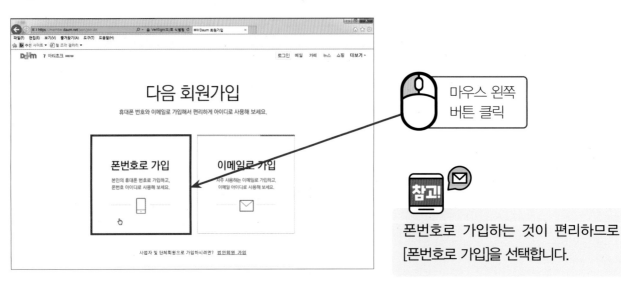

마우스 왼쪽
버튼 클릭

참고!

폰번호로 가입하는 것이 편리하므로
[폰번호로 가입]을 선택합니다.

03 [휴대폰 번호] 입력란을 클릭하여 휴대폰 번호를 입력하고 [인증번호 받기]를
클릭합니다. 인증번호를 발송한다는 상자가 나타나면 [확인]을 클릭합니다.

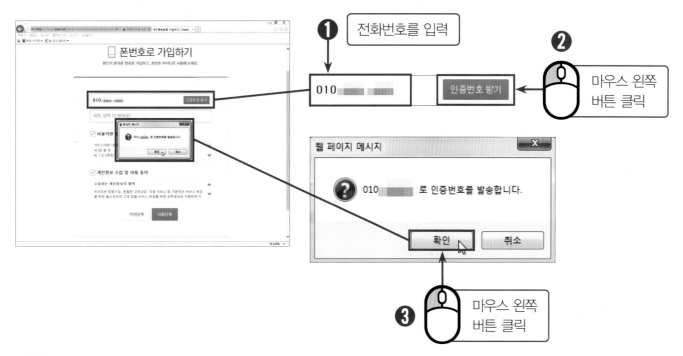

04 휴대폰으로 인증번호가 오면 인증번호 입력란을 클릭한 후 인증번호를 입력
하고 [확인]을 클릭합니다. [이름]을 입력한 후 [이용약관 동의]와 [개인정보 수
집 및 이용 동의]를 클릭(✔)하고 [다음단계]를 클릭합니다.

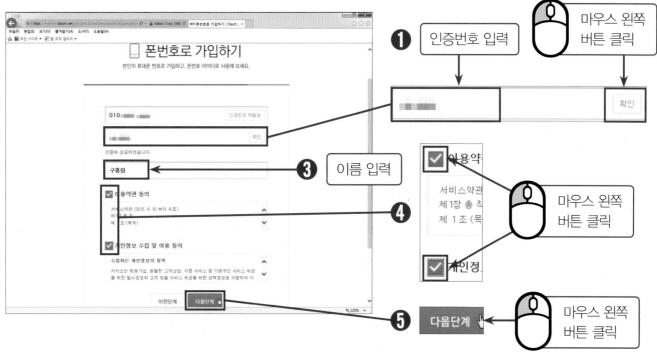

아이디를 만들기 위해서 입력란을 클릭하여 아이디를 입력합니다.

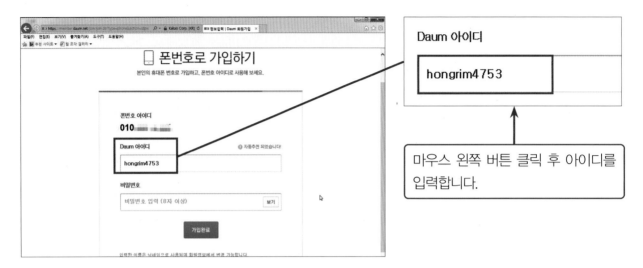

참고! 아이디(ID)는 다음 서비스를 이용하기 위해서 만드는 것으로 본인을 표현할 수 있는 영문이나 숫자를 사용해서 만들면 됩니다. 만일 사용 중인 아이디라는 메시지가 나오면 다른 아이디를 입력해야 합니다.

06 [비밀번호] 입력란을 클릭하여 비밀번호를 입력한 후 [가입완료]를 클릭합니다.

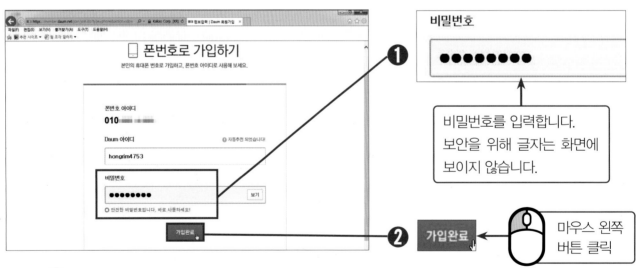

참고! 비밀번호는 8~16자의 영문 대소문자, 숫자, 특수문자(!, @, #, $, %, ^, &, * ...)를 섞어서 만들어야 하며 잊어버리지 않도록 잘 기억하거나 기록해 두어야 합니다.

07 가입이 완료되었다는 메시지가 나오면 [서비스로 돌아가기]를 클릭합니다.

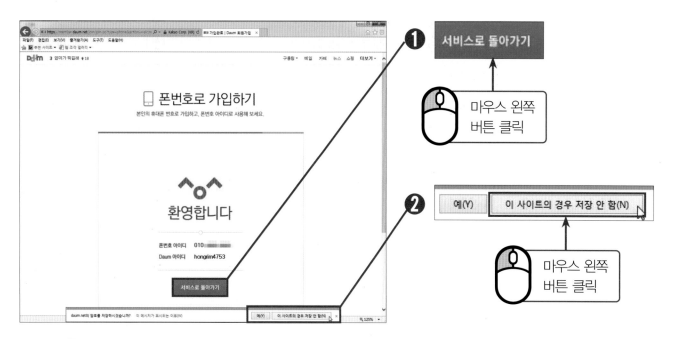

참고! 만일 하단에 암호를 저장하겠느냐는 메시지가 나오면 [이 사이트의 경우 저장 안 함]을 클릭합니다. 어떠한 경우에도 암호를 컴퓨터에 저장하는 것은 좋지 않습니다.

08 다음의 초기 화면으로 오면 [메일]을 클릭합니다.

팁! 플래시 플레이어(Flash Player) 설치하기

어도비(ADOBE) 사에서 제공하는 플래시 플레이어(Flash Player)를 설치해야 한다는 메시지가 나타나는 경우가 있습니다. 플래시 플레이어는 인터넷 익스플로러를 사용할 때 필요한 기능 중의 하나입니다.

01 플래시 플레이어를 설치하겠느냐는 메시지가 나타나면 [설치]를 클릭합니다.

마우스 왼쪽 버튼 클릭

이 웹 사이트에서 'Adobe Systems Incorporated'에서 배포한 'Adobe Flash Player' 추가 기능을 설치하려고 합니다.   위험성(W)   설치(I)   ✕

02 보안 경고 상자가 나타나면 [설치]를 클릭합니다.

마우스 왼쪽 버튼 클릭

03 어도비 플래시 플레이어 설치창이 나타나면 [설치]를 클릭합니다.

마우스 왼쪽
버튼 클릭

04 설치가 완료되면 [완료]를 클릭합니다.

마우스 왼쪽
버튼 클릭

Section 02

메일 보내기

처음으로 보내는 메일이므로 상대방의 메일 주소를 입력해야
합니다. 메일을 보낸 후 상대방의 메일 주소를 저장하겠습니다.

팁! 액티브엑스(Active-X)와 다음 파일 업로더 설치하기

액티브엑스(Active-X)는 인터넷 익스플로러에서 웹상의 내용을 보여 주기 위해서 필요
한 도구 중의 하나로 반드시 설치가 되어 있어야만 인터넷을 사용하는 데 불편함이 없
습니다.

아래의 과정은 나타나는 사람도 있고 나타나지 않는 사람도 있습니다. 나타나지 않는
다면 다음 과정으로 넘어가도 됩니다.

01 액티브엑스(Active-X)를 설치하겠느냐는 메시지가 나오면 [설치]를 클릭합니다.

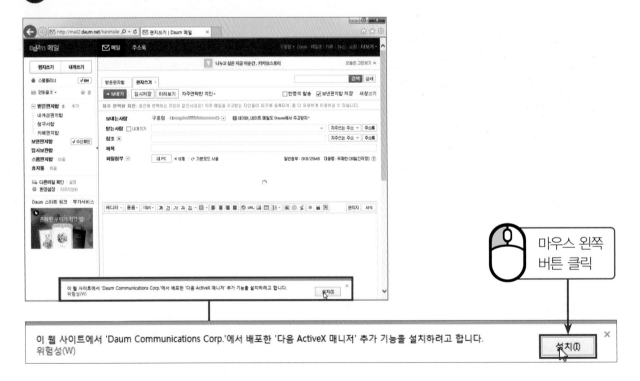

이 웹 사이트에서 'Daum Communications Corp.'에서 배포한 '다음 ActiveX 매니저' 추가 기능을 설치하려고 합니다.
위험성(W)   설치(I)

마우스 왼쪽
버튼 클릭

116 / 어른들을 위한 가장 쉬운 인터넷

02 소프트웨어를 설치하겠느냐는 창이 나타나면 [설치]를 클릭합니다.

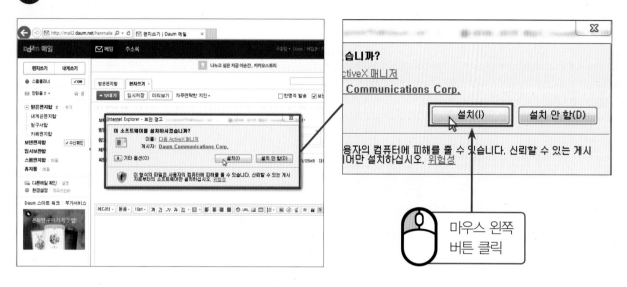

마우스 왼쪽
버튼 클릭

03 Daum ActiveX 매니저 설치 창이 나타나면 [예]를 클릭하여 설치합니다.

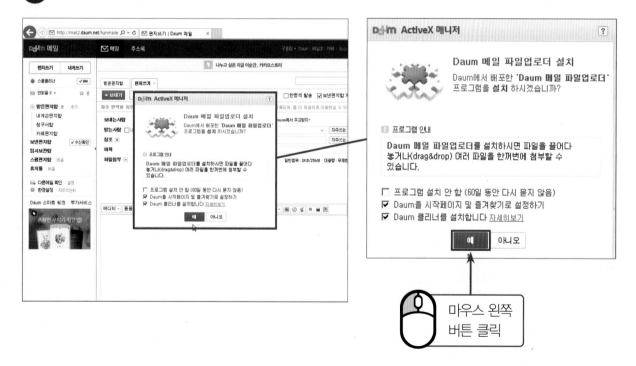

마우스 왼쪽
버튼 클릭

01 [편지쓰기]를 클릭한 후 [받는 사람] 입력란에 받을 사람의 이메일 주소를 입력
하고 제목과 내용을 입력합니다. 파일을 첨부하기 위해 [내 PC]를 클릭합니다.

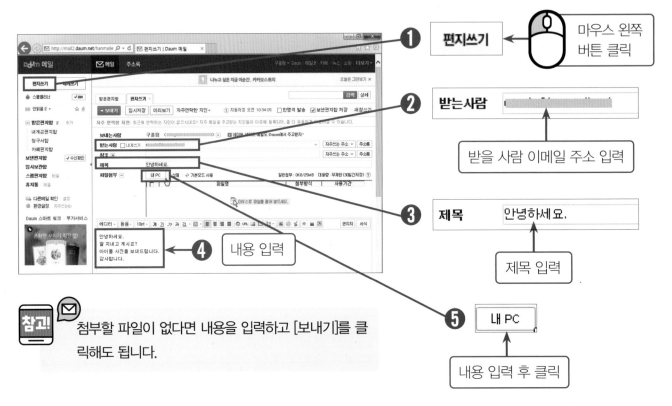

참고! 첨부할 파일이 없다면 내용을 입력하고 [보내기]를 클릭해도 됩니다.

02 [열기] 창에서 ▼를 클릭한 후 첨부할 파일이 있는 디스크 드라이브를 선택합
니다.

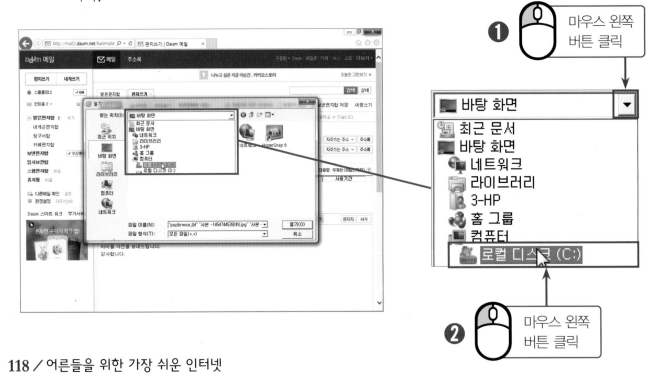

03 첨부할 파일이 있는 폴더를 더블클릭합니다.

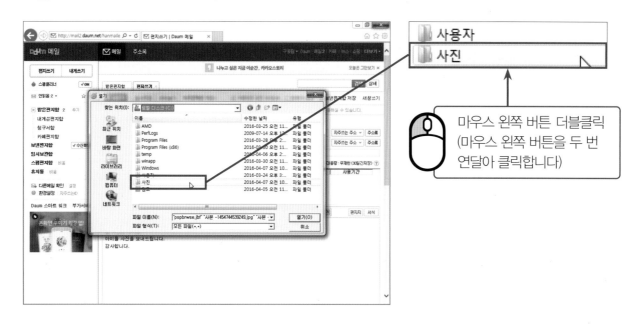

마우스 왼쪽 버튼 더블클릭
(마우스 왼쪽 버튼을 두 번
연달아 클릭합니다)

04 첨부할 파일을 선택한 후 [열기]를 클릭하고 [보내기]를 클릭합니다.

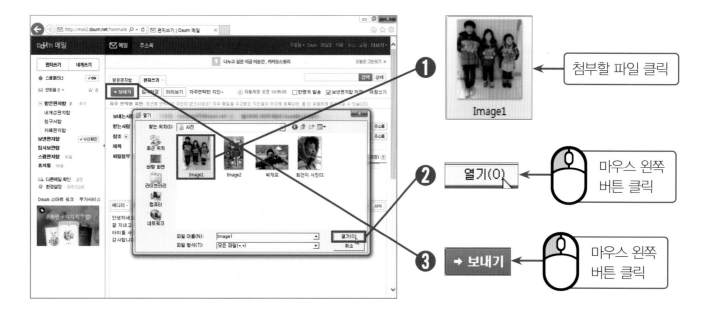

첨부할 파일 클릭

마우스 왼쪽
버튼 클릭

마우스 왼쪽
버튼 클릭

05 메일이 발송되면 [주소록 바로가기]를 클릭합니다.

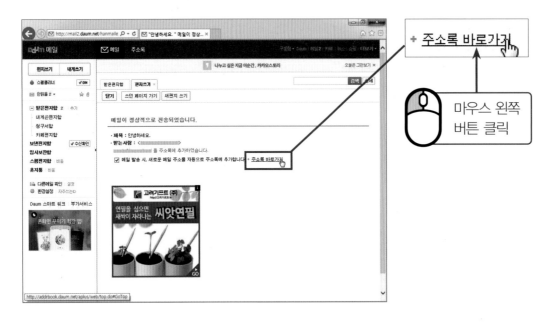

참고! 처음 보내는 새로운 메일 주소만 [주소록 바로가기]를 클릭하여 저장합니다.

06 [주소보기]에서 이름을 클릭합니다.

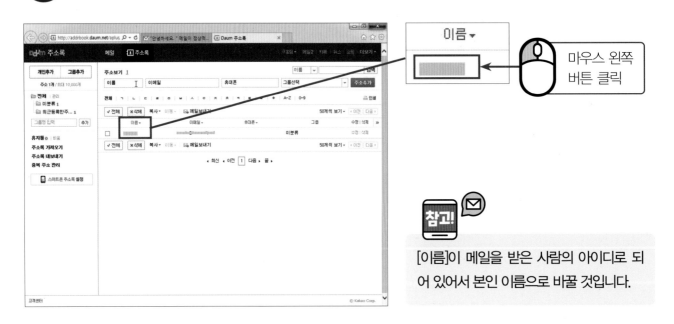

참고! [이름]이 메일을 받은 사람의 아이디로 되어 있어서 본인 이름으로 바꿀 것입니다.

07 [Daum 주소록] 탭이 열리면 [수정하기]를 클릭합니다.

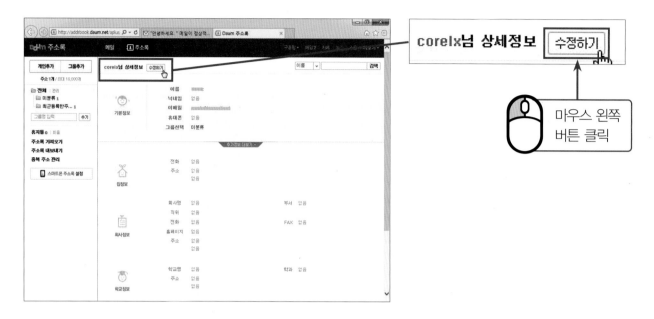

08 [이름] 입력란에 본인 이름을 입력한 후 [저장]을 클릭합니다.

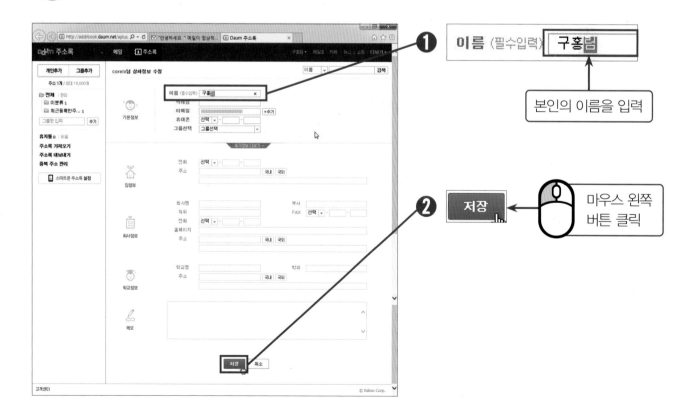

메일을 클릭하면 여러 가지 모양의 아이콘이 있는데 다음과 같은 의미를 가지고 있습니다.

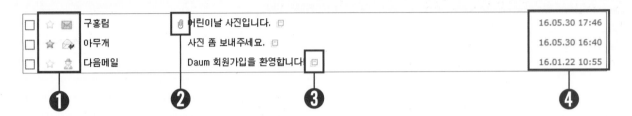

❶ 📧 : 메일을 읽지 않았습니다.

 📩 : 메일을 읽고 답장을 보냈습니다.

 ⭐ : 중요한 사람에게서 온 메일입니다.

❷ 📎 : 메일에 첨부 파일(사진, 동영상, 문서 파일 등)이 있습니다.

❸ 🗖 : 메일을 새 창에서 읽습니다.

❹ 상대방이 메일을 보낸 시간

메일 읽고 답장하기

다른 사람이 내게 보낸 메일을 읽고 답장을 보내 보겠습니다.

01 [받은편지함]에서 읽지 않은 편지를 클릭합니다.

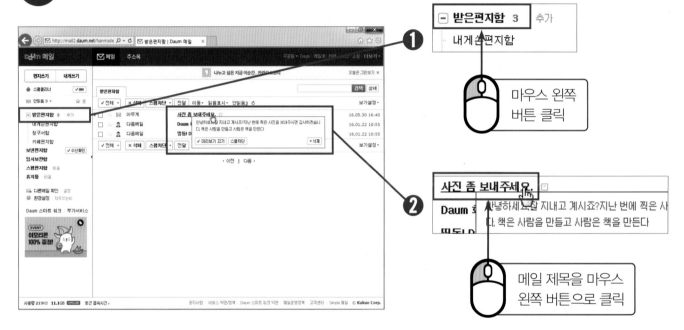

- 악성 코드 : 컴퓨터를 망가트릴 악의적인 목적으로 다른 사람의 컴퓨터에 프로그램을 설치하는 것을 말합니다. 악성 코드에 감염되면 컴퓨터의 성능 저하, 파일 삭제 등의 증상이 나타납니다. 악성 코드를 막기 위해서는 모르는 사람이 보낸 메일은 열지 않는 것이 좋습니다.
- 스팸 메일 : 발신자와 수신자가 아무런 관계도 없는데 일방적으로 대량으로 발송되는 전자 메일입니다.

내용을 읽은 후 [답장]을 클릭합니다.

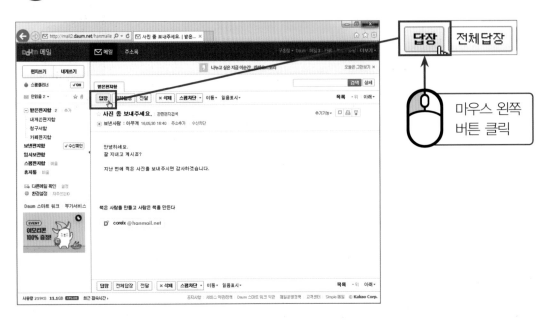

마우스 왼쪽
버튼 클릭

03 답장 내용을 입력한 후 PC에 있는 사진을 첨부할 것이므로 [내 PC]를 클릭
합니다.

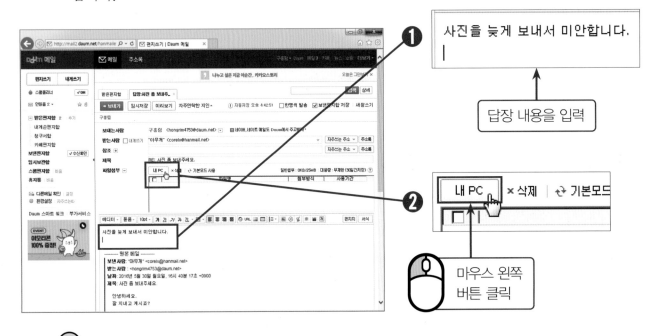

사진을 늦게 보내서 미안합니다.
|

답장 내용을 입력

| 내 PC | × 삭제 | ↩ 기본모드

마우스 왼쪽
버튼 클릭

참고! 제목을 입력하지 않아도 [답장]을 클릭하면 상대방이 보낸 제목 앞에 자동으로 'RE'가 붙습니다.
[답장]을 클릭하면 상대방이 보낸 메일의 내용이 그대로 남아 있습니다.

메일에 첨부할 사진을 키보드의 [컨트롤([Ctrl])] 키를 누른 채 차례로 클릭한 후 [열기]를 클릭합니다.

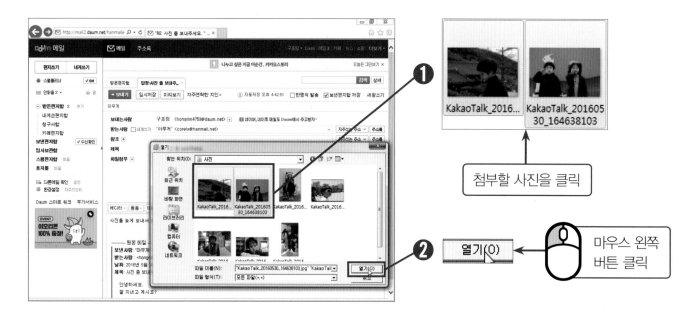

첨부할 사진을 클릭

열기(O)

마우스 왼쪽 버튼 클릭

참고! [컨트롤([Ctrl])] 키를 누른 채 파일을 선택(클릭)하면 여러 개의 파일이 클릭한 순서대로 선택됩니다.

05 첨부된 파일과 메일의 내용을 확인한 후 [보내기]를 클릭합니다.

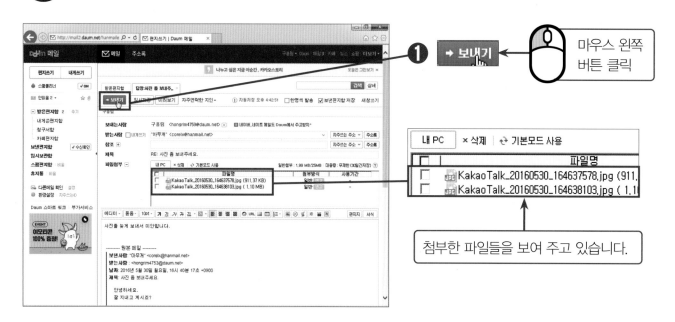

마우스 왼쪽 버튼 클릭

첨부한 파일들을 보여 주고 있습니다.

메일이 정상적으로 전송됩니다.

Section 04

받은 메일 전달하기

전달은 나에게 온 메일의 내용을 그대로 다른 사람에게 메일로 보내는 것입니다. 여기서는 나에게 온 메일을 첨부 파일을 포함하여 다른 사람에게 그대로 전달하는 방법에 대해 알아보겠습니다.

01 [받은편지함]에서 읽지 않은 편지를 클릭합니다.

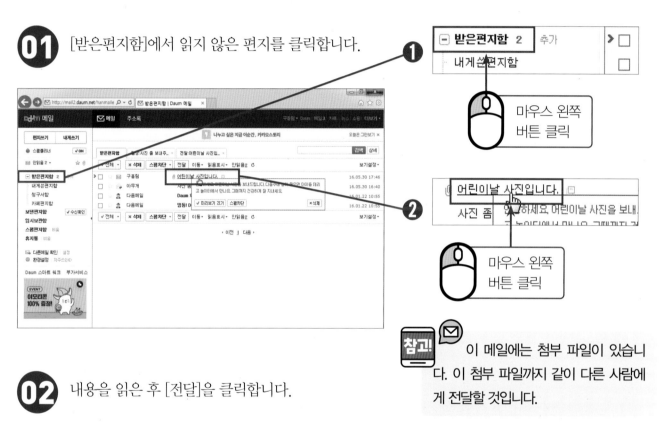

참고! 이 메일에는 첨부 파일이 있습니다. 이 첨부 파일까지 같이 다른 사람에게 전달할 것입니다.

02 내용을 읽은 후 [전달]을 클릭합니다.

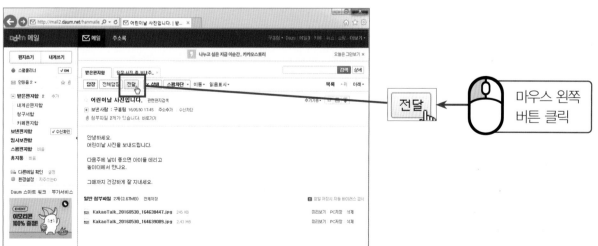

03 [받는 사람] 입력란을 클릭한 후 메일을 받을 사람의 이메일 주소를 입력하고
[보내기]를 클릭합니다.

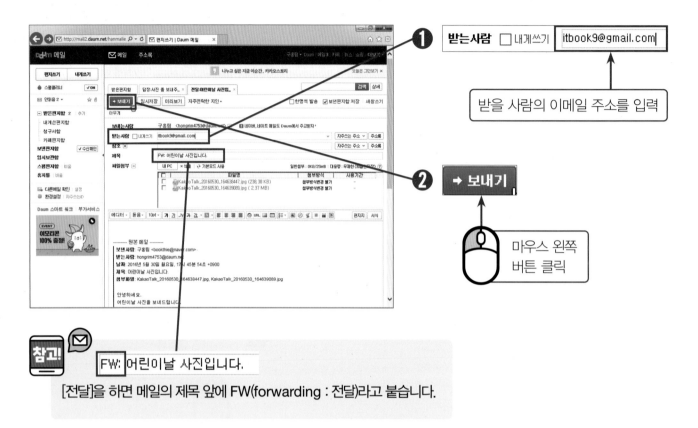

받는사람 ☐ 내게쓰기 itbook9@gmail.com|

받을 사람의 이메일 주소를 입력

➔ 보내기

마우스 왼쪽
버튼 클릭

참고!

FW: 어린이날 사진입니다.

[전달]을 하면 메일의 제목 앞에 FW(forwarding : 전달)라고 붙습니다.

04 메일이 정상적으로 전송됩니다.

제 08장

카카오톡
사용하기

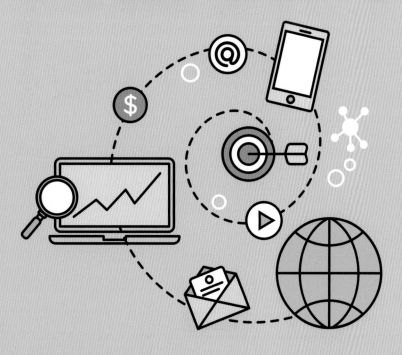

카카오톡 PC용을 다운로드받아 사용해 보겠습니다. PC용 카카오톡은 키보드를 이용해서
내용을 입력할 수 있어서 스마트폰용 카카오톡보다 편리합니다. PC용 카카오톡과
스마트폰용 카카오톡은 연동되어 어느 한쪽(예를 들어 PC용 카카오톡)에서
메시지를 입력하면 다른 쪽(스마트폰용 카카오톡)에서도 그 메시지를 볼 수 있습니다.

Section 01

카카오톡 다운로드 받아 설치하기

카카오톡 PC 버전을 다운로드받아 설치해 보겠습니다.

01 검색어 입력란을 클릭한 후 '카'라고 입력하면 '카카오톡 PC버전'이라고 나타나는데 이를 클릭합니다.

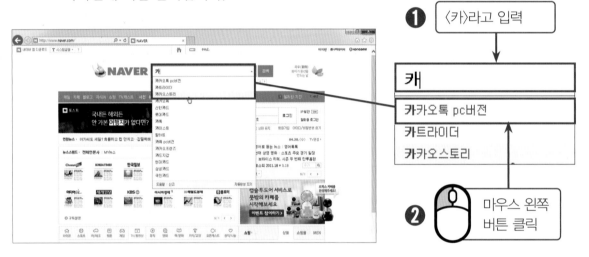

❶ 〈카〉라고 입력

캬

카카오톡 pc버전

카트라이더

카카오스토리

❷ 마우스 왼쪽 버튼 클릭

참고! 한 글자만 입력해도 첫 글자로 시작하는 단어가 나타나는 것을 '자동 완성' 기능이라고 합니다.

02 [사이트]에서 '카카오톡'을 클릭합니다.

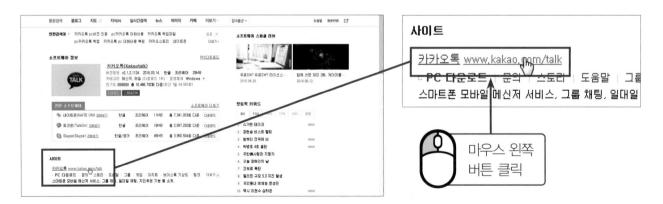

사이트

카카오톡 www.kakao.com/talk

... PC 다운로드 | 문의 | 스토리 | 도움말 | 그룹
스마트폰 모바일 메신저 서비스, 그룹 채팅, 일대일

마우스 왼쪽 버튼 클릭

03 [다운로드]를 클릭한 후 PC 버전의 [윈도우버전 다운로드]를 클릭합니다. 카카오톡을 실행하거나 저장하겠느냐는 메시지가 나타나면 [실행]을 클릭합니다.

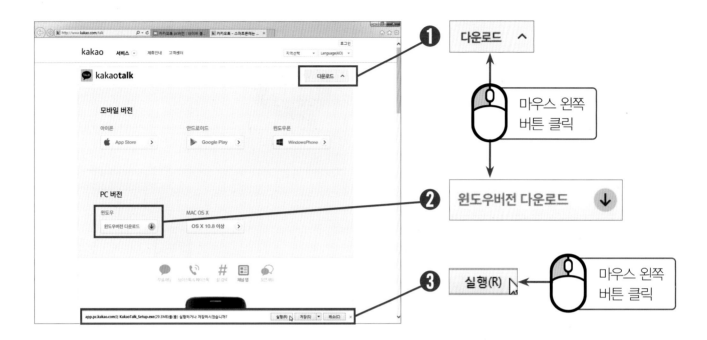

04 설치 화면에서 [OK]를 클릭합니다.

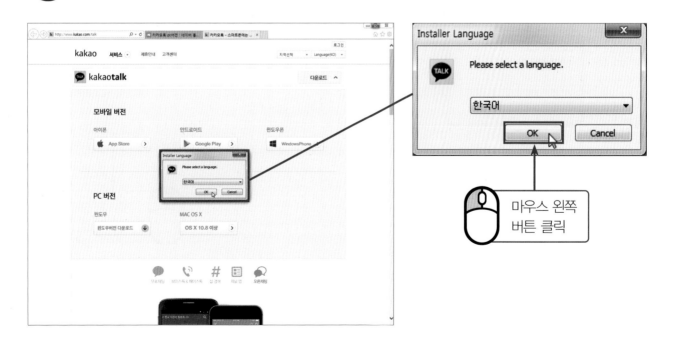

설치 시작 화면에서 [다음]을 클릭합니다.

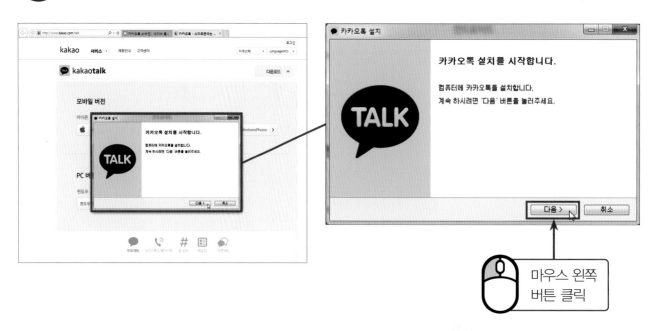

마우스 왼쪽
버튼 클릭

06 설치할 폴더 선택 화면에서 [설치]를 클릭합니다.

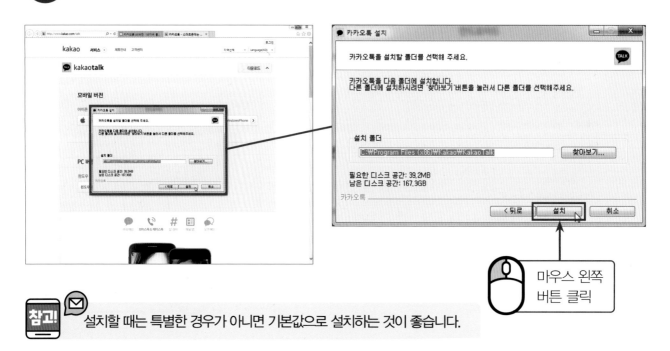

마우스 왼쪽
버튼 클릭

참고! 설치할 때는 특별한 경우가 아니면 기본값으로 설치하는 것이 좋습니다.

설치가 완료되면 [마침]을 클릭합니다.

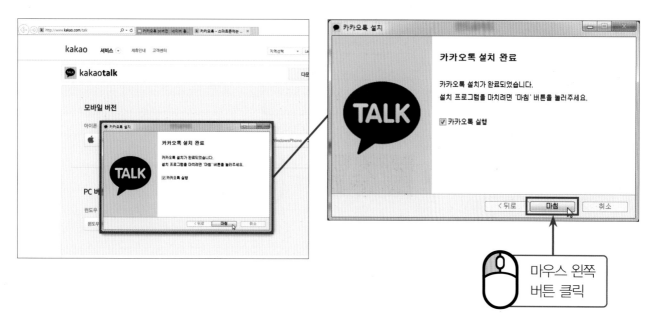

마우스 왼쪽
버튼 클릭

 08 설치가 완료되면 카카오톡 처음 화면이 나타납니다.

09 카카오 계정(이메일)을 입력한 후 비밀번호를 입력하고 [로그인]을 클릭합니다.

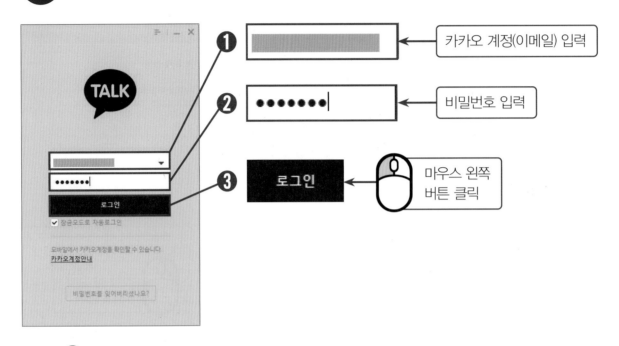

참고! 카카오톡 이메일 계정 만드는 방법은 혜지원 출판사에서 출간한 『어른들을 위한 가장 쉬운 스마트폰』 책을 참고하세요.

10 PC에서 사용하기 위해서 [인증받기]를 클릭합니다.

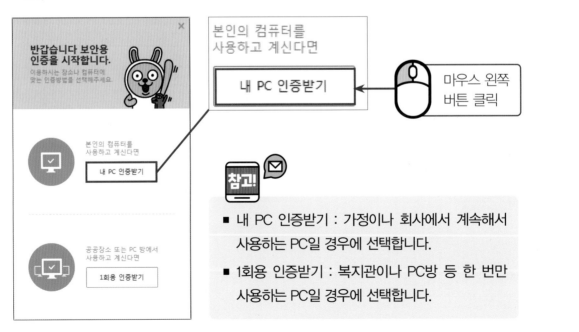

참고!
- 내 PC 인증받기 : 가정이나 회사에서 계속해서 사용하는 PC일 경우에 선택합니다.
- 1회용 인증받기 : 복지관이나 PC방 등 한 번만 사용하는 PC일 경우에 선택합니다.

11 다음 화면에서는 인증번호를 어디서 보면 되는지 알려 줍니다.

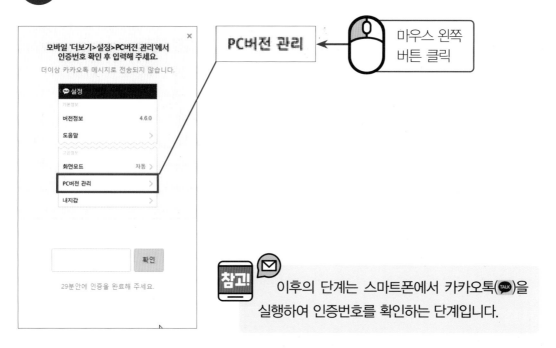

마우스 왼쪽
버튼 클릭

참고! 이후의 단계는 스마트폰에서 카카오톡(TALK)을
실행하여 인증번호를 확인하는 단계입니다.

〈스마트폰에서 할 일 〉

12 스마트폰에서 카카오톡(TALK)을 실행하여 [설정(•••)]을 터치합니다.

손가락으로
누릅니다.

13 설정 화면을 아래로 내려서 [PC버전 관리]를 터치합니다.

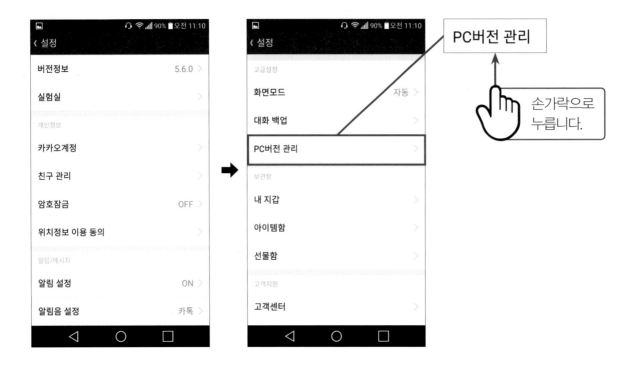

14 [PC버전 인증번호 확인]을 터치한 후 [인증 먼저 받기]를 터치하여 [PC버전 인증번호]를 확인합니다.

〈PC에서 할 일〉

15 PC로 돌아와 인증번호 입력란을 클릭하여 인증번호를 입력한 후 [확인]을
클릭합니다.

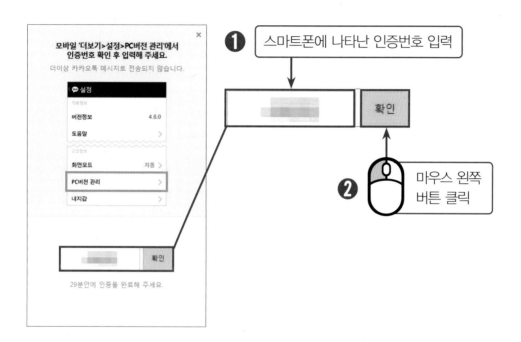

16 인증이 완료되면 [카카오톡 시작하기]를 클릭합니다.

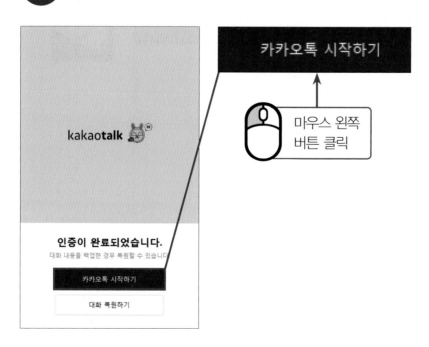

17 카카오톡 처음 화면이 보입니다.

카카오톡 처음 화면에서는 내 전화번호를 카카오톡에 등록한 다른 사람들의 이름이 보입니다.

팁! 카카오톡 화면 보기

❶ 친구 : 카카오톡에 있는 친구의 목록을 보여 줍니다.

❷ 채팅 : 카카오톡으로 한 대화 목록을 보여 줍니다.

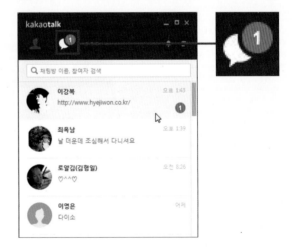

❸ 더보기 : 내 프로필이나 설정에 관한 정보를
　보여 줍니다.

❹ 알림 : 메시지가 왔을 때 알려 줄 것인지를
　설정합니다.

❺ 메뉴 : 카카오톡에 관한 설정을 합니다.

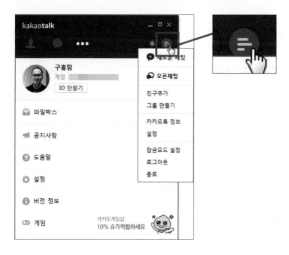

프로필 변경하기

프로필은 상대방에게 나를 보여 주는 곳입니다.
나의 사진이나 내가 좋아하는 문구 등을 보여 줄 수 있습니다.

01 카카오톡에서 [내 프로필]을 클릭합니다.

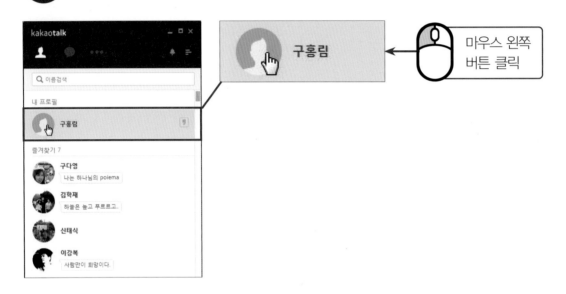

마우스 왼쪽
버튼 클릭

02 프로필 창이 나타나면 [프로필 관리]를 클릭합니다.

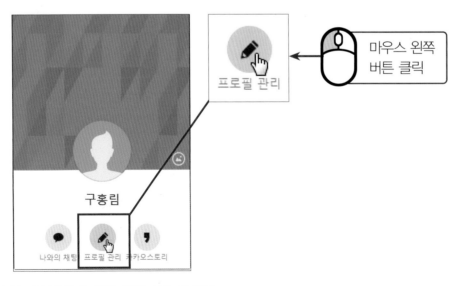

마우스 왼쪽
버튼 클릭

03 [편집]을 클릭합니다.

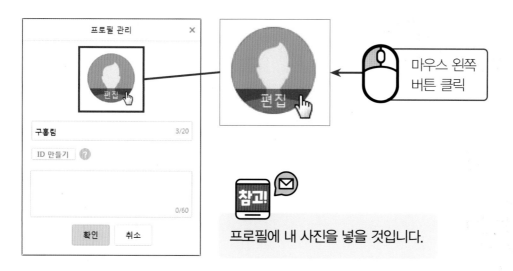

마우스 왼쪽
버튼 클릭

프로필에 내 사진을 넣을 것입니다.

04 [열기] 창에서 프로필에 넣을 사진이 있는 폴더를 선택한 후 프로필에 사용
할 사진을 클릭하고 [열기]를 클릭합니다.

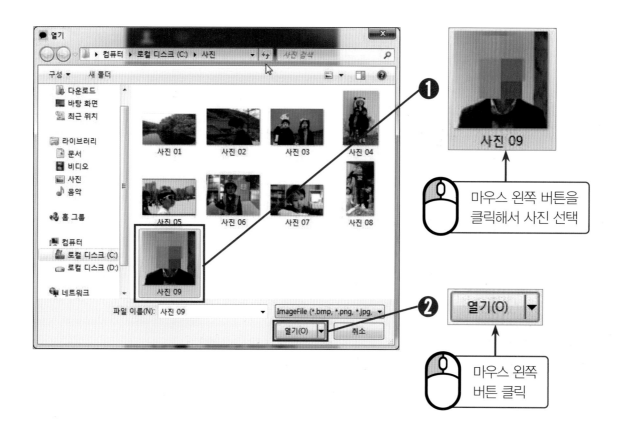

마우스 왼쪽 버튼을
클릭해서 사진 선택

마우스 왼쪽
버튼 클릭

05 [프로필 사진 편집]에서 [확대]를 클릭하여 사진을 확대합니다.

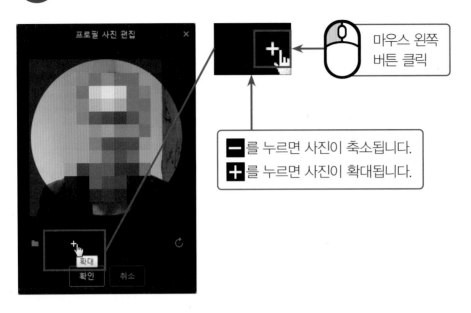

마우스 왼쪽
버튼 클릭

━ 를 누르면 사진이 축소됩니다.
➕ 를 누르면 사진이 확대됩니다.

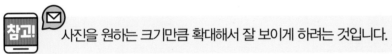

참고! 사진을 원하는 크기만큼 확대해서 잘 보이게 하려는 것입니다.

06 사진이 원하는 크기로 확대되면 [확인]을 클릭합니다.

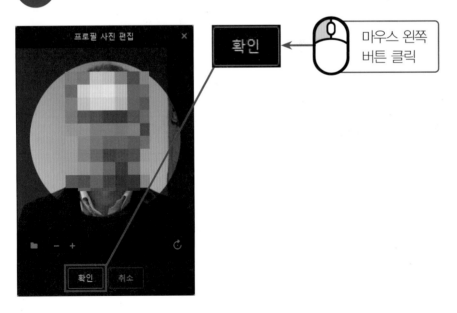

확인

마우스 왼쪽
버튼 클릭

07 프로필에 사진이 입력되면 아래 텍스트 입력란을 클릭하여 보여 주고 싶은
내용을 입력한 후 [확인]을 클릭합니다.

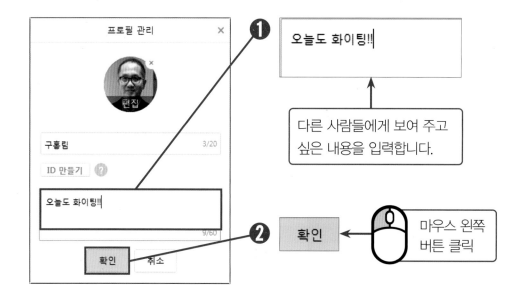

참고! 텍스트 입력란은 다른 사람들에게 하고 싶은 말이나, 내 자신에게 해 주고 싶은 내용을 입력합니다.

08 내 프로필을 보면 사진과 글이 들어가 있습니다.

Section 03

다른 사람이 보낸 메시지 보기

다른 사람이 나에게 사진을 보내거나, 음악, 동영상 등을 보냈을 때 보는 방법에 대해서 알아보겠습니다.

01 PC에 접속 중일 때 카카오톡이 오면 하단에 누가 메시지를 보냈는지 알림이 나타납니다. 알림을 클릭합니다.

02 새로 보낸 메시지는 ❶ 표시가 나타나는데 클릭합니다.

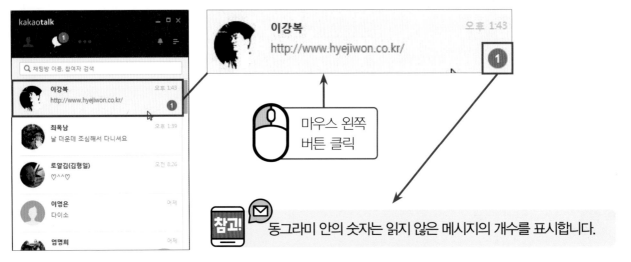

참고! ✉ 동그라미 안의 숫자는 읽지 않은 메시지의 개수를 표시합니다.

03 새로운 창이 열리면서 상대방이 보낸 메시지가 보입니다. 인터넷 주소(링크)
를 클릭합니다.

마우스 왼쪽
버튼 클릭

참고! 상대방이 인터넷 주소를 보냈을 때 클릭하면 인터넷 익스플로러가 실행되면서 주소가 열립니다.

04 인터넷 익스플로러가 실행되면서 상대방이 보내 준 주소창이 열립니다. 내
용을 확인했으면 [닫기]를 클릭하여 인터넷 익스플로러를 닫습니다.

마우스 왼쪽
버튼 클릭

메시지 입력란을 클릭한 후 상대방에게 보낼 메시지를 입력하고 [전송]을 클릭합니다.

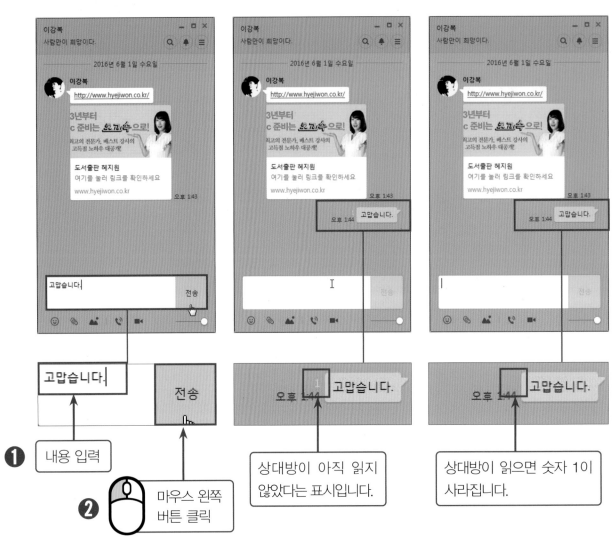

① 내용 입력

② 마우스 왼쪽 버튼 클릭

상대방이 아직 읽지 않았다는 표시입니다.

상대방이 읽으면 숫자 1이 사라집니다.

상대방에게 메시지를 보내면 내가 보낸 메시지 시각이 보이면서 숫자가 나타나는데 이는 아직 상대방이 내 메시지를 읽지 않았다는 뜻입니다. 상대방이 내 메시지를 읽으면 숫자가 사라집니다.

대화방 삭제하기

다른 사람과 대화한 대화방을 삭제해야 하는 경우 다음과
같이 하면 됩니다.

01 카카오톡 실행 화면에서 [채팅]을 클릭합니다.

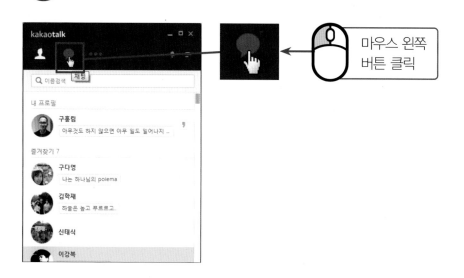

마우스 왼쪽
버튼 클릭

02 삭제하려는 대화 목록 위에 마우스를 위치한 후 마우스 오른쪽 버튼을 클릭
하고 [채팅방 나가기]를 클릭합니다.

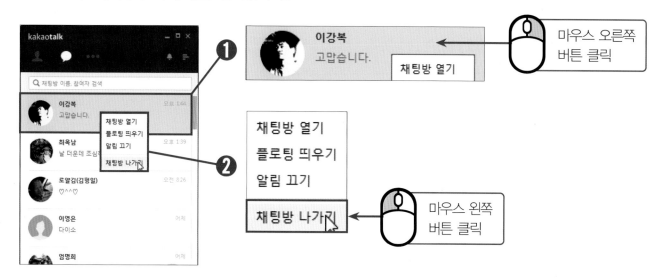

마우스 오른쪽
버튼 클릭

마우스 왼쪽
버튼 클릭

채팅방에서 나가겠느냐는 메시지가 나오면 [확인]을 클릭합니다.

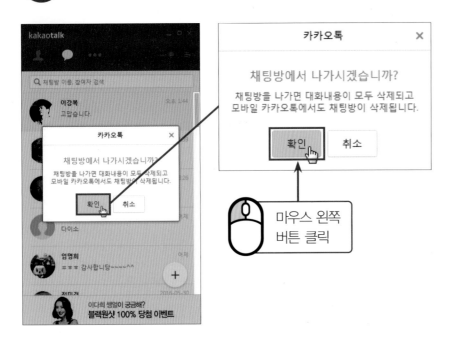

마우스 왼쪽
버튼 클릭

 대화방이 삭제됩니다.

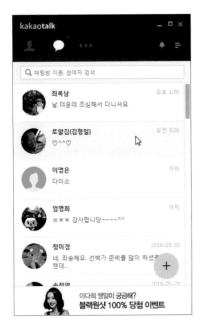

Section 05

나에게 메시지 보내기

나에게 메시지 보내기는 PC에 있는 사진이나 파일을 스마
트폰으로 복사하고 싶을 때, 그 반대로 스마트폰에 있는 사
진을 PC로 복사하고 싶을 때 사용하는 기능입니다.

01 내 프로필을 더블클릭합니다.

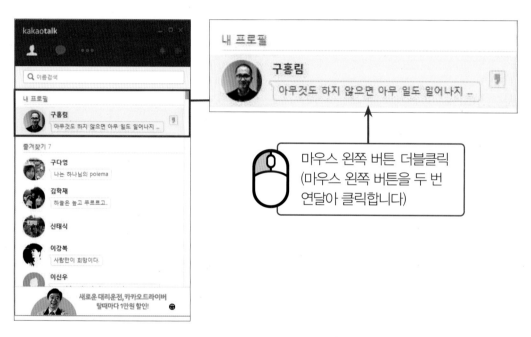

마우스 왼쪽 버튼 더블클릭
(마우스 왼쪽 버튼을 두 번
연달아 클릭합니다)

컴퓨터에 있는 사진을 카카오톡을 이용하여 스마트폰으로 복사해 보겠습니다.

02 대화창에서 [사진(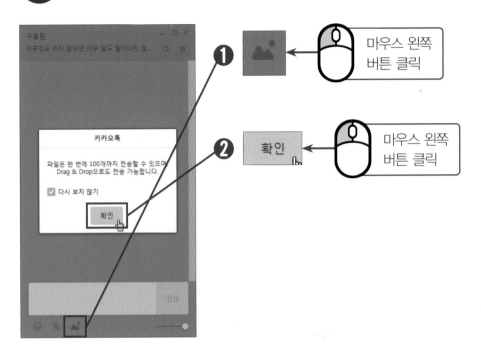)]을 클릭하면 안내창이 나타나는데 [확인]을 클릭합니다.

03 [열기] 창에서 사진이 있는 드라이브와 폴더를 선택한 후 보낼 사진을 키보드의 [컨트롤(**Ctrl**)] 키를 누른 채 차례로 클릭한 후 [열기]를 클릭합니다.

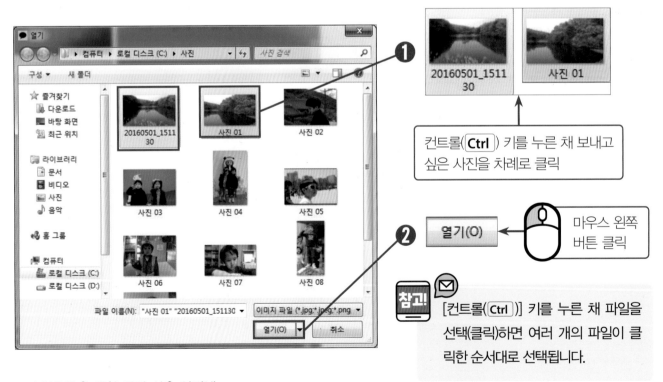

참고! [컨트롤(**Ctrl**)] 키를 누른 채 파일을 선택(클릭)하면 여러 개의 파일이 클릭한 순서대로 선택됩니다.

사진이 차례대로 전송됩니다.

〈스마트폰에서 하기〉

05 스마트폰에 있는 카카오톡을 실행한 후 내 프로필을 누릅니다.

손가락으로
누릅니다.

06 [나와의 채팅]을 누릅니다.

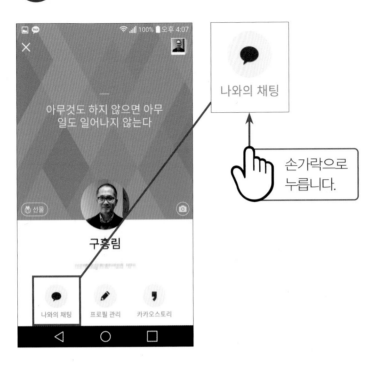

손가락으로
누릅니다.

07 PC에서 보낸 사진을 누릅니다.

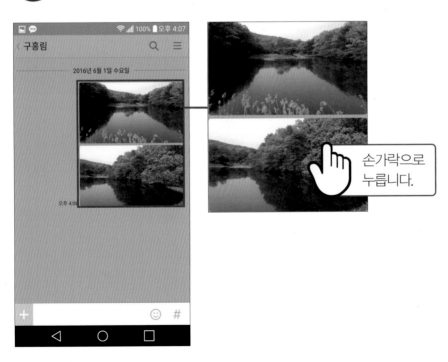

손가락으로
누릅니다.

08 [저장하기]를 누르면 사진이 저장되었다는 메시지가 나오는데 [앨범]을 누릅니다.

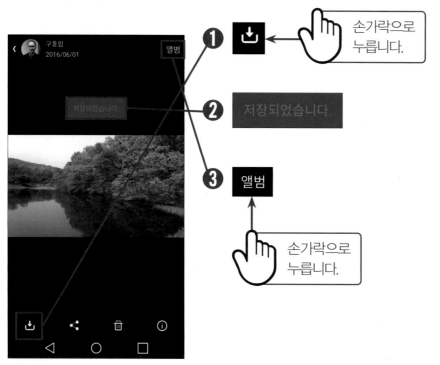

09 PC에서 보낸 사진이 스마트폰의 앨범에 저장됩니다.

Section 06

카카오톡 대화하기

카카오톡으로는 한 사람과 대화를 할 수도 있지만 여러 사람과도 대화를 할 수 있습니다.

1) 1:1로 대화하기

다른 사람에게 카톡을 보내보도록 하겠습니다.

01 [친구]를 클릭한 후 이름검색을 클릭한 후 카톡을 보낼 사람의 이름을 입력한 후 [엔터(**Enter**)] 키를 누르면 대화창이 바로 나타납니다.

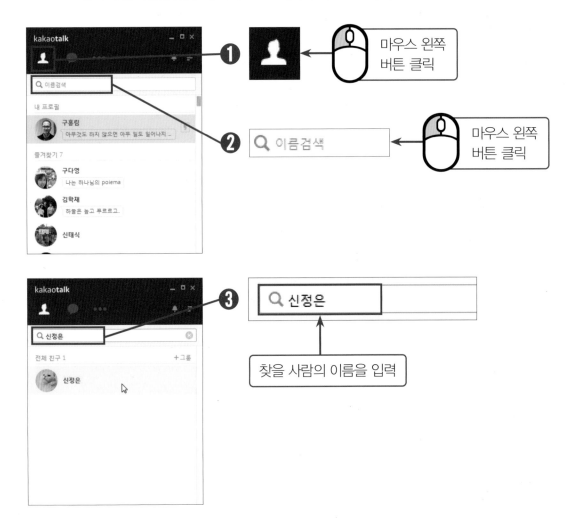

마우스 왼쪽 버튼 클릭

마우스 왼쪽 버튼 클릭

찾을 사람의 이름을 입력

메시지 입력란을 클릭한 후 내용을 입력하고 [전송]을 클릭합니다.

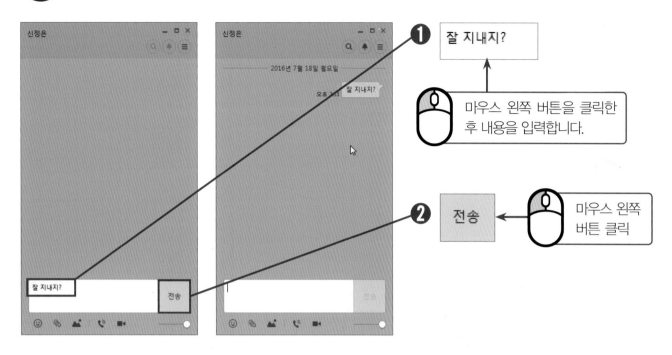

1 잘 지내지?

마우스 왼쪽 버튼을 클릭한 후 내용을 입력합니다.

2 전송   마우스 왼쪽 버튼 클릭

03 상대방이 메시지를 보내면 다시 메시지 입력란을 클릭한 후 내용을 입력하고 [전송]을 클릭합니다.

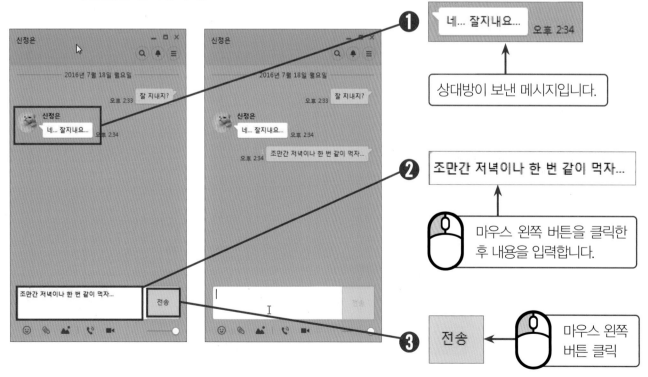

1 네... 잘지내요... 오후 2:34

상대방이 보낸 메시지입니다.

2 조만간 저녁이나 한 번 같이 먹자...

마우스 왼쪽 버튼을 클릭한 후 내용을 입력합니다.

3 전송   마우스 왼쪽 버튼 클릭

2) 단체로 대화하기

단체 대화는 '단톡방(단체 카카오톡 방)'이라고 하며 여러 사람이 한꺼번에 대화를 할
수 있습니다.

01 대화할 사람 한 명을 더블클릭한 후 대화창이 열리면 [메뉴]를 클릭하여 [친
구초대]를 클릭합니다.

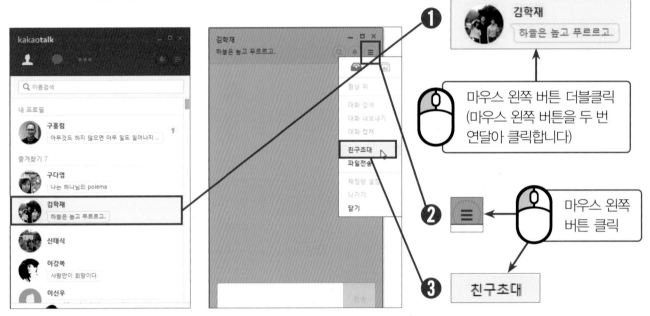

02 친구 목록에서 같이 대화할 사람을 차례로 클릭하고 [확인]을 클릭합니다.

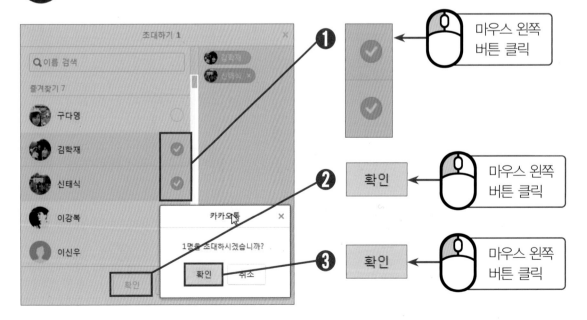

03 그룹 채팅이 시작됩니다.

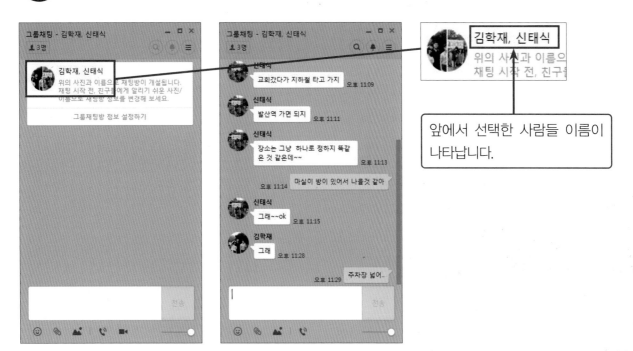

김학재, 신태식

위의 사진과 이름으
채팅 시작 전, 친구들

앞에서 선택한 사람들 이름이
나타납니다.

Section 07

다른 사람이 보낸 메시지 복사해서 보내기

다른 사람이 나에게 보낸 메시지나 그림 등을 복사해서 또 다른 사람에게 보내 보겠습니다.

01 다른 사람에게 보낼 메시지나 그림이 있는 대화를 더블클릭합니다.

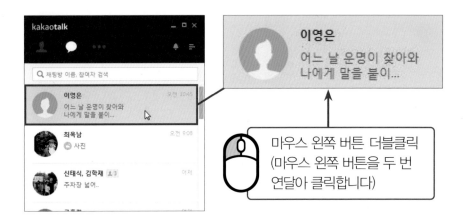

마우스 왼쪽 버튼 더블클릭
(마우스 왼쪽 버튼을 두 번 연달아 클릭합니다)

02 보낼 내용을 마우스 오른쪽 버튼으로 클릭한 후 [전달]을 클릭합니다.

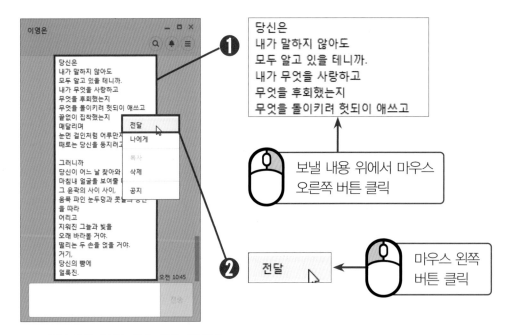

당신은
내가 말하지 않아도
모두 알고 있을 테니까.
내가 무엇을 사랑하고
무엇을 후회했는지
무엇을 돌이키려 헛되이 애쓰고

보낼 내용 위에서 마우스 오른쪽 버튼 클릭

마우스 왼쪽 버튼 클릭

03 다음에 나타나는 친구 목록에서 보낼 사람을 차례로 클릭하고 [1:1 채팅방]
을 클릭합니다.

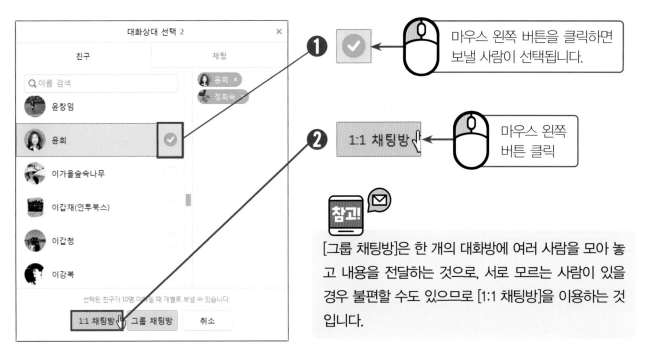

마우스 왼쪽 버튼을 클릭하면
보낼 사람이 선택됩니다.

마우스 왼쪽
버튼 클릭

참고!

[그룹 채팅방]은 한 개의 대화방에 여러 사람을 모아 놓
고 내용을 전달하는 것으로, 서로 모르는 사람이 있을
경우 불편할 수도 있으므로 [1:1 채팅방]을 이용하는 것
입니다.

04 원래 내용이 있던 대화창과 전달받은 사람의 대화창이 한 번에 다 보입니다.

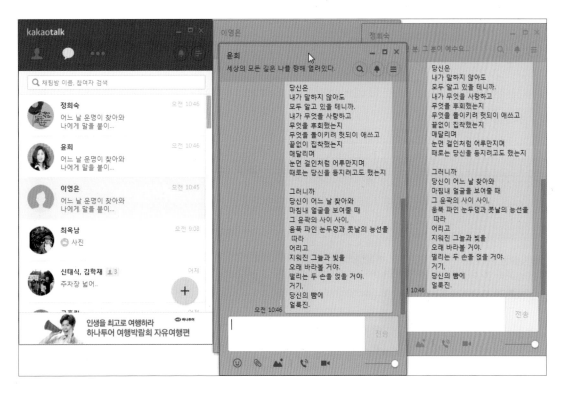

Section 08

검색 결과 보내기

인터넷에서 검색한 검색 결과를 복사해서 다른 사람에게 보내 보겠습니다. 약속 장소나 지도 등을 복사해서 보내면 편리합니다. 여기서는 다음(www.daum.net)에서 길찾기로 찾은 길을 복사해서 보내 보겠습니다.

01 다른 사람에게 주소를 보내기 위해 [공유]를 클릭하고 [URL 복사]를 클릭합니다.

참고! URL은 인터넷상에서 파일이 있는 주소를 말합니다.

02 [URL 복사] 창에서 [복사하기]를 클릭하고 복사되었다는 메시지가 나타나면 [확인]을 클릭합니다.

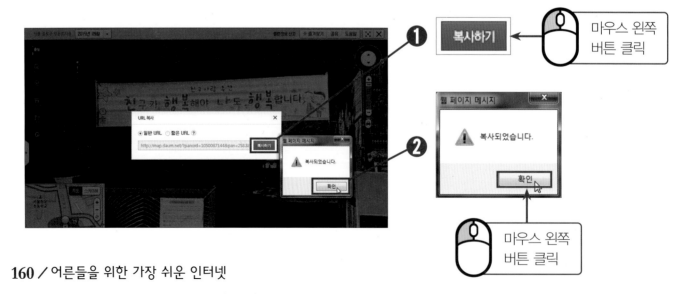

03 카카오톡을 실행한 후 결과를 전달할 사람을 더블클릭합니다.

마우스 왼쪽 버튼 더블클릭
(마우스 왼쪽 버튼을 두 번
연달아 클릭합니다)

04 메시지 입력란을 클릭하고 마우스 오른쪽 버튼을 클릭하여 [붙여넣기]를 클릭
한 후 [전송]을 클릭합니다.

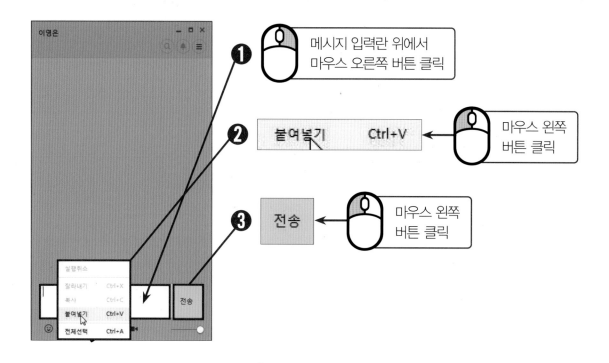

❶ 메시지 입력란 위에서
마우스 오른쪽 버튼 클릭

❷ 붙여넣기   Ctrl+V   마우스 왼쪽
버튼 클릭

❸ 전송   마우스 왼쪽
버튼 클릭

지도와 함께 URL이 전달됩니다.

제 09장

페이스북 사용하기

페이스북(www.facebook.com)은 미국에서 만들어진 '사회 관계망' 서비스로 내가 하고 싶은 이야기나 나의 일상적인 이야기를 사진과 글로 친구 맺기를 통하여 사람들과 인터넷에서 교류할 수 있는 곳입니다.

페이스북 가입하기

인터넷 검색을 통해 페이스북에 접속한 후 가입해 보겠습니다.

01 검색어 입력란에 '페이스'라고 입력하면 '사이트 바로 이동'이 나오는데 클릭합니다.

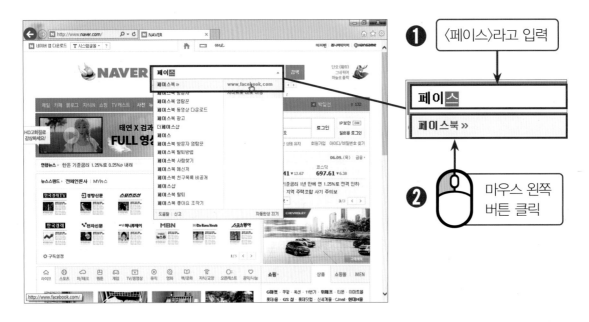

❶ 〈페이스〉라고 입력

페이스

페이스북 »

❷ 마우스 왼쪽 버튼 클릭

 참고

몇 글자만 입력해도 나머지 글자가 보이는 것을 자동 완성이라고 합니다.

02 [성], [이름], [휴대폰 번호 또는 이메일]을 입력하고 [비밀번호]를 입력합니다.

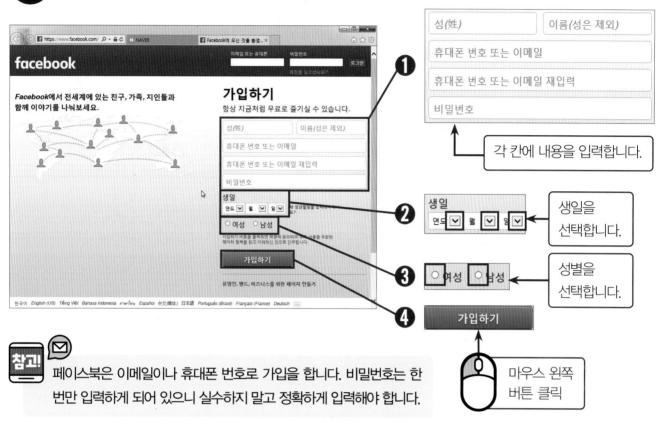

각 칸에 내용을 입력합니다.

생일을 선택합니다.

성별을 선택합니다.

마우스 왼쪽 버튼 클릭

참고! 페이스북은 이메일이나 휴대폰 번호로 가입을 합니다. 비밀번호는 한 번만 입력하게 되어 있으니 실수하지 말고 정확하게 입력해야 합니다.

03 [생일]의 [연도]의 ∨를 클릭하여 연도를 선택하고 [월], [일]도 선택합니다. 성별 을 선택하고 [가입하기]를 클릭합니다.

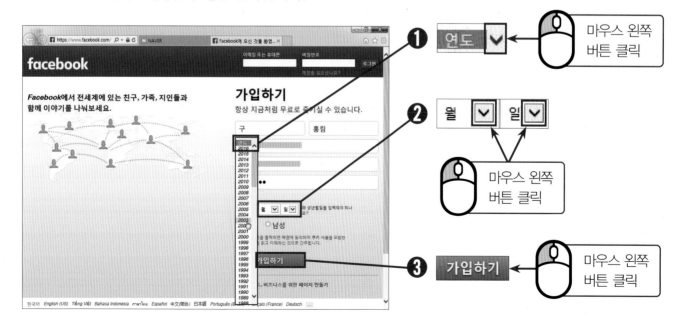

마우스 왼쪽 버튼 클릭

마우스 왼쪽 버튼 클릭

마우스 왼쪽 버튼 클릭

04 [보안 확인]의 텍스트를 입력한 후 [동의합니다]를 클릭(☑)하고 [가입하기]를 클릭합니다.

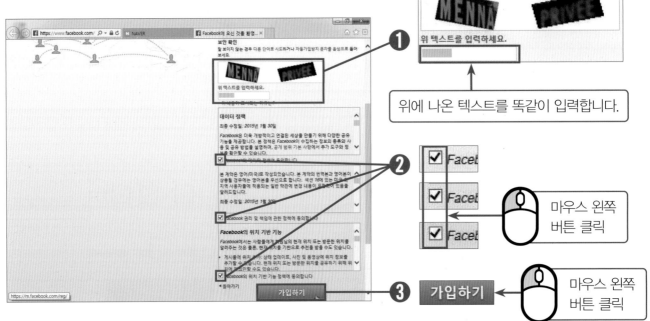

위에 나온 텍스트를 똑같이 입력합니다.

마우스 왼쪽
버튼 클릭

마우스 왼쪽
버튼 클릭

참고! 보안 확인 텍스트는 두 개의 단어를 다 입력해야 합니다. 숫자로 나오는 경우도 있습니다.
암호를 저장하겠느냐는 메시지가 나타나면 [이 사이트의 경우 저장 안 함]을 선택합니다.

05 [1단계]에서 [다음]을 클릭합니다.

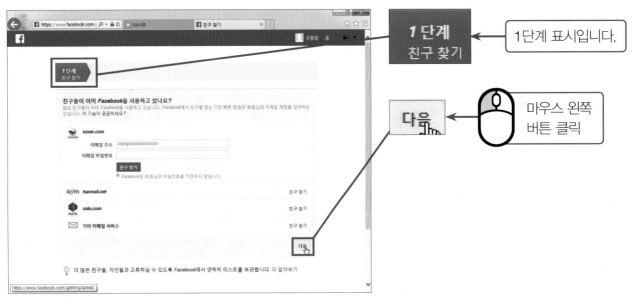

1단계 표시입니다.

마우스 왼쪽
버튼 클릭

[친구 찾기] 대화상자가 나타나면 [단계 건너뛰기]를 클릭합니다.

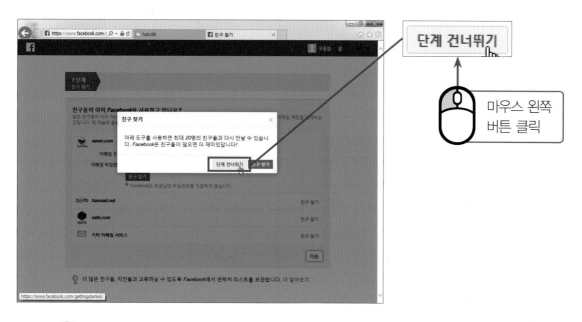

 친구 찾기는 나중에 필요한 사람만 친구 찾기를 통해서 찾는 것이 좋습니다.

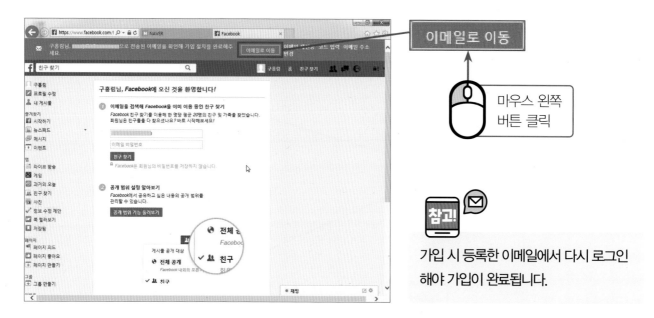 이메일을 통한 가입 절차 완료를 위해 [이메일로 이동]을 클릭합니다.

참고! 이메일 로그인 창은 가입한 이메일에 따라서 다를 수 있습니다
(여기서는 네이버 이메일을 예로 들어 설명합니다).

08 이메일 창이 나타나면 [NAVER 로그인]을 클릭합니다.

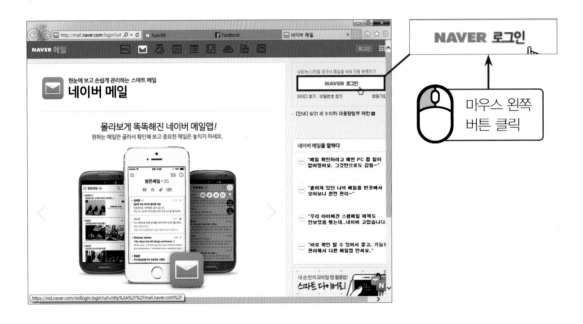

09 [아이디]와 [비밀번호]를 입력한 후 [로그인]을 클릭합니다.

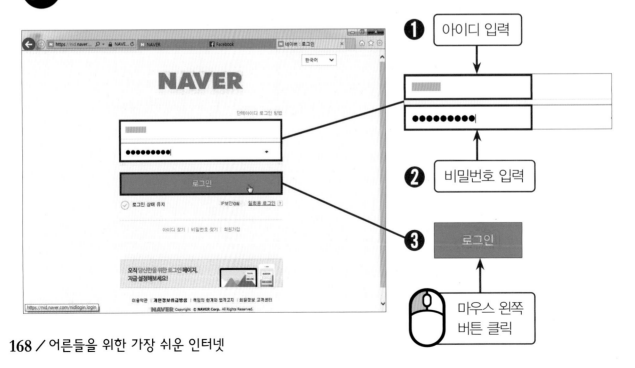

페이스북에서 온 이메일을 클릭합니다.

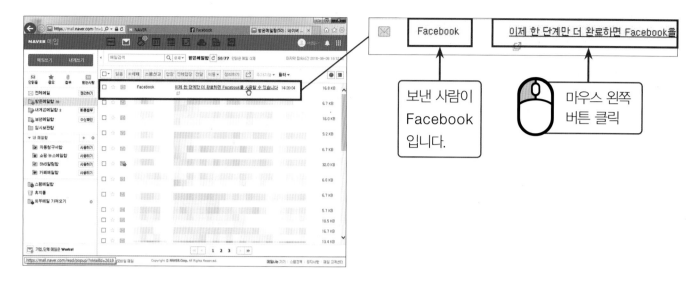

보낸 사람이 Facebook 입니다.

마우스 왼쪽 버튼 클릭

⓫ 계정 인증을 위해서 [계정 확인]을 클릭합니다.

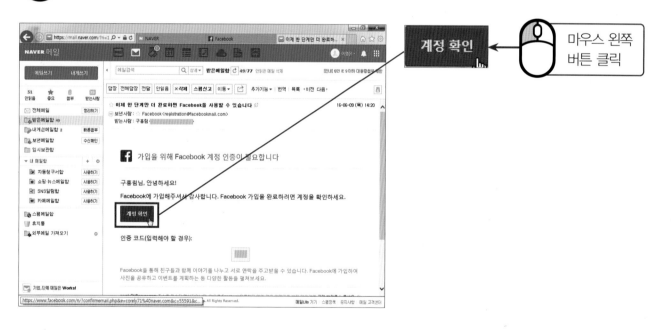

계정 확인

마우스 왼쪽 버튼 클릭

내 페이스북 처음 화면이 나타납니다.

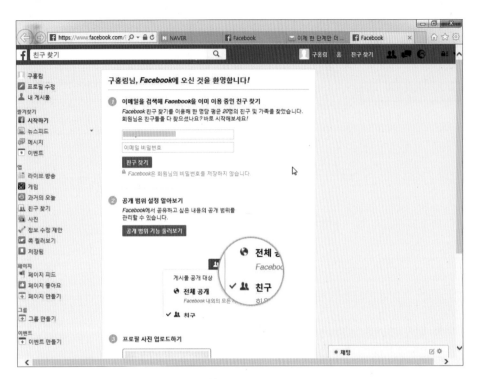

Section

02

프로필 사진과
커버 사진 등록하기

프로필 사진으로는 내 사진을 등록하고 내가 좋아하는 배경을 페이스북의 커버 사진으로 사용할 것입니다. 프로필로 사용할 사진과 커버로 사용할 사진이 준비되어 있어야 합니다.

01 [프로필]을 클릭합니다.

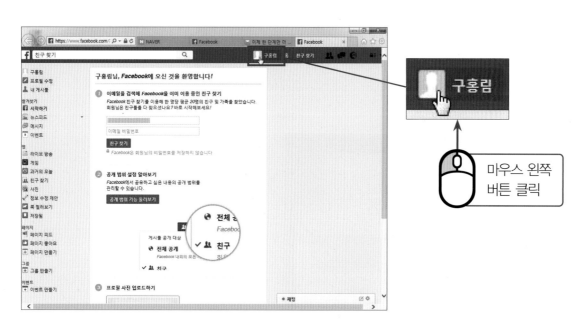

프로필에 아무것도 없으므로 모양입니다.

02 [사진 추가]를 클릭합니다. [프로필 사진 추가]에서 [사진 업로드]를 클릭한
후 프로필로 사용할 사진이 있는 드라이브와 폴더를 선택하고 사진을 클릭
한 후 [열기]를 클릭합니다.

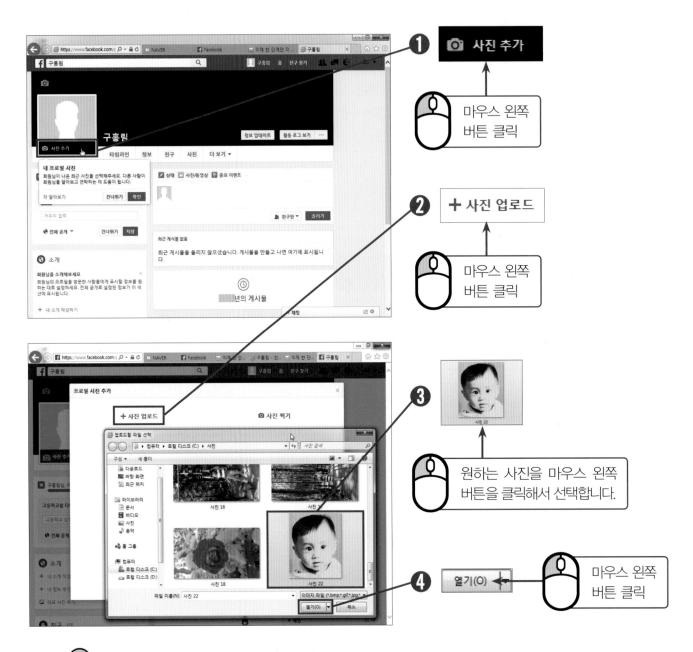

참고! 프로필 사진은 자신의 사진을 사용하는 것이 좋습니다. 그래야 다른 사람들이
나를 찾을 때 좀 더 쉽게 찾을 수 있습니다.

03 사진의 크기를 조절하기 위해 슬라이더를 마우스로 드래그하여 크기를 맞춥 니다. 적당한 크기가 되었으면 [저장]을 클릭합니다.

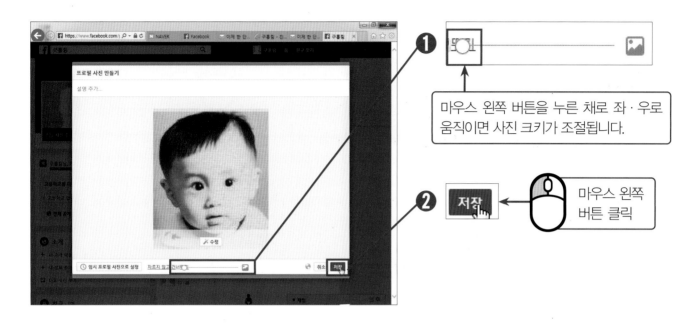

04 프로필 사진이 변경되면 [커버 사진 추가]를 클릭하여 [사진 업로드]를 클릭 합니다. 사진이 있는 드라이브와 폴더를 선택하고 사진을 클릭한 후 [열기] 를 클릭합니다.

05 [변경 내용 저장]을 클릭합니다.

변경 내용 저장

마우스 왼쪽
버튼 클릭

06 프로필 사진과 커버 사진이 변경되었습니다.

글 올리기

내 페이스북에 글을 올려 보겠습니다. 글자로만 올릴 수도 있고 사진과 함께 올릴 수도 있으며 다른 곳에 있는 동영상의 링크도 연결할 수 있습니다.

01 입력란을 클릭한 후 [사진/동영상]을 클릭합니다.

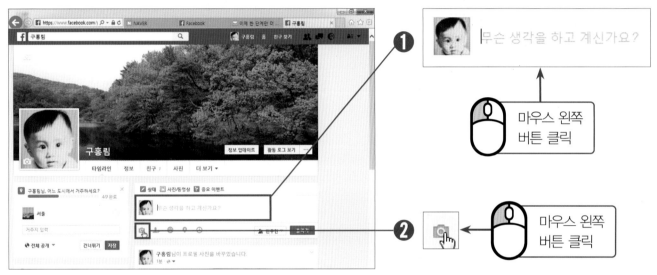

마우스 왼쪽 버튼 클릭

마우스 왼쪽 버튼 클릭

02 업로드할 사진이 있는 드라이브와 폴더를 선택한 후 사진을 클릭하고 [열기]를 클릭합니다.

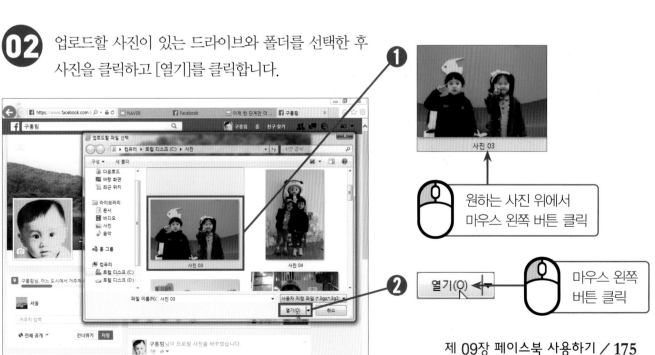

원하는 사진 위에서 마우스 왼쪽 버튼 클릭

열기(O)

마우스 왼쪽 버튼 클릭

03 내용을 입력한 후 [올리기]를 클릭합니다.

올리고 싶은 내용을 입력합니다.

마우스 왼쪽
버튼 클릭

04 입력한 내용이 내 페이스북으로 올라갑니다.

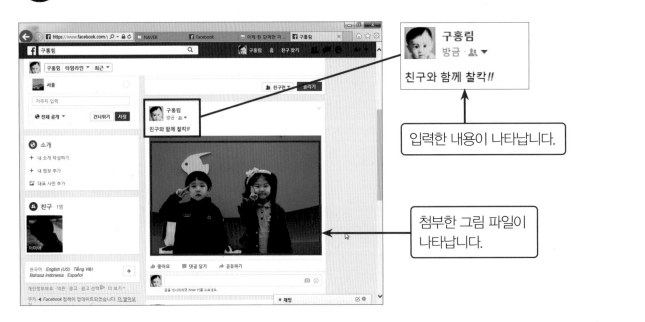

입력한 내용이 나타납니다.

첨부한 그림 파일이
나타납니다.

Section 04

친구 추가하기

내가 아는 사람에게 친구 신청을 해서 친구로 추가해
보겠습니다.

01 [친구 찾기]를 클릭한 후 찾을 친구의 이름을 입력하고 [검색]을 클릭합니다(밑의 화
면에서는 개인 신상 정보 때문에 모자이크 처리를 해서 뿌옇게 보이고 있습니다).

① 친구 찾기 ← 마우스 왼쪽 버튼 클릭

② 이미녀

찾고 싶은 친구 이름을 입력합니다.

02 결과가 나오면 사람을 찾을 것이므로 [사람]을 클릭합니다.

사람 ← 마우스 왼쪽 버튼 클릭

참고

검색 결과에는 사람 이외에도 같은 이
름을 사용하는 회사나 단체 등을 포함
하기 때문에 무척 많습니다.

찾는 사람이 있으면 [친구 추가]를 클릭합니다.

친구 추가

마우스 왼쪽
버튼 클릭

 같은 이름의 사람이 많을 경우 스크롤바를 아래로 내려서 찾아야 합니다.

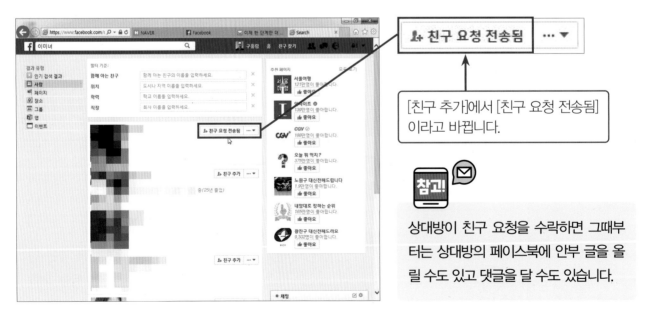 [친구 요청 전송됨]이라고 바뀝니다.

친구 요청 전송됨

[친구 추가]에서 [친구 요청 전송됨]
이라고 바뀝니다.

참고! 상대방이 친구 요청을 수락하면 그때부
터는 상대방의 페이스북에 안부 글을 올
릴 수도 있고 댓글을 달 수도 있습니다.

Section 05

다른 사람이 나를 친구로 추가했을 때

다른 사람이 나에게 친구 신청을 했을 때 친구를 수락하려면 다음과 같이 합니다.

01 다른 사람이 나를 친구로 추가하면 [친구 요청]에 숫자가 나타나는데 이를 클릭합니다.

친구 요청을 한 사람이 있다는 뜻입니다.

마우스 왼쪽 버튼 클릭

참고! 숫자의 개수에 따라서 몇 명이 친구 신청을 했는지 알 수 있습니다.

02 내가 아는 사람이거나 친구로 할 만한 사람이면 [확인]을 클릭합니다.

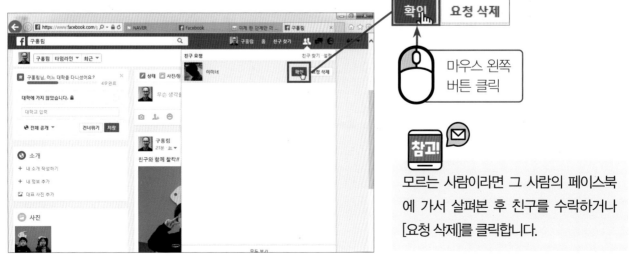

확인   요청 삭제

마우스 왼쪽 버튼 클릭

참고! 모르는 사람이라면 그 사람의 페이스북에 가서 살펴본 후 친구를 수락하거나 [요청 삭제]를 클릭합니다.

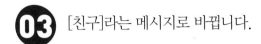 **[친구]**라는 메시지로 바뀝니다.

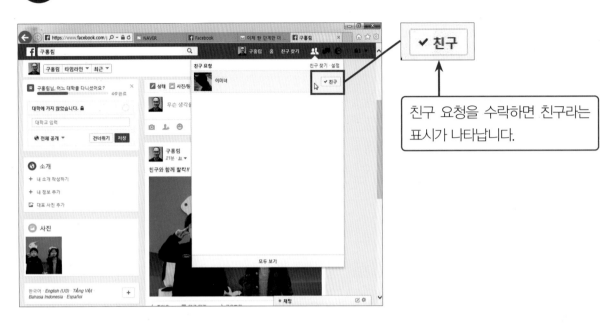

친구 요청을 수락하면 친구라는
표시가 나타납니다.

팁! 친구 요청 취소하기

친구 신청을 했는데 상대방이 수락하기 전에 먼저 친구 신청을 취소하려면 [친구 요청 전송됨]을
클릭하여 [친구 요청 취소]를 클릭하면 됩니다.

마우스 왼쪽
버튼 클릭

Section 06

친구의 글에 댓글 달고 '좋아요' 누르기

내 페이스북에 접속하면 친구들이 올린 글이 시간순으로 올라와 있습니다.
이 친구들의 글에 댓글을 달고 '좋아요'를 눌러 보겠습니다. '좋아요'는 '네 글
을 읽었다', '네 글에 공감한다' 이런 의미입니다.

01 친구의 글이 보이면 [좋아요]를 클릭한 후 나타나는 이모티콘 중 하나를 누릅니다.

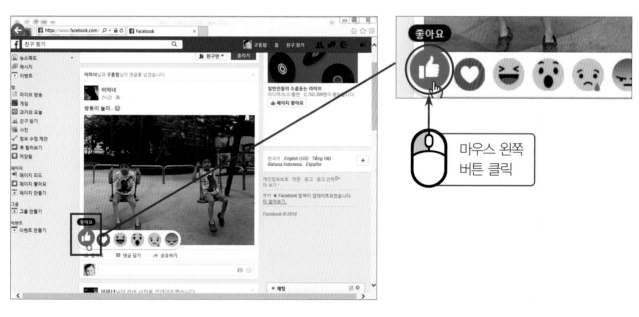

마우스 왼쪽
버튼 클릭

이모티콘은 글자로 감정을 표시하는 기호를 말하며 '웃는 표정(^_^)', '우는 표정(ㅠ_ㅠ)',
'곤란한 표정()_()', '놀란 표정(@_@)' 등을 표시할 수 있습니다.

02 댓글 입력란을 클릭하여 댓글을 입력한 후 [엔터(Enter)] 키를 누릅니다.

신기하네요

마우스 왼쪽 버튼 클릭 후 댓글을 입력하고 **Enter** 키를 누릅니다.

참고! 다른 사람이 올린 글에 붙여서 다는 글을 '댓글'이라고 합니다.

03 댓글이 등록됩니다.

구홍림 신기하네요
좋아요 · 답글 달기 · 방금

위에서 입력한 내용이 보입니다.

다른 사람이 내 댓글에 답글을 달면 알림창이 나타나면서 알려 줍니다.

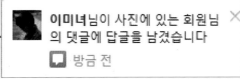

참고! 댓글에 답해서 올린 글이라고 해서 '답글'이라고 합니다.

친구 페이스북을 방문하여 댓글을 달고 '좋아요' 누르기

페이스북을 자주 접속하지 못할 경우 가끔씩은 친구의 페이스북을 방문하여 그동안 친구가 올린 글을 읽고 '좋아요'를 누르거나 댓글을 달아 주는 것도 교류의 한 방법입니다.

01 내 페이스북의 이름을 클릭한 후 [친구]를 클릭하면 나타나는 친구 목록에서 방문할 친구를 클릭합니다.

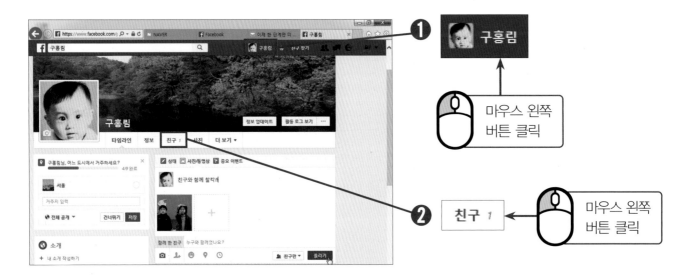

마우스 왼쪽 버튼 클릭

친구 1

마우스 왼쪽 버튼 클릭

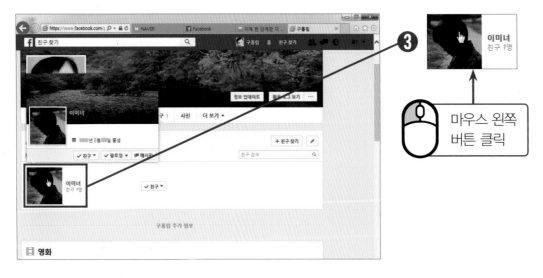

마우스 왼쪽 버튼 클릭

02 친구가 올린 글에 대해 '좋아요'를 클릭하고 달아 주고 싶은 이모티콘을 클릭합니다.

마우스 왼쪽
버튼 클릭

마우스 왼쪽
버튼 클릭

03 댓글 입력란을 클릭하여 댓글을 단 후 [엔터(**Enter**)] 키를 누릅니다.

내용을 입력하고 **Enter** 키를 누릅니다.

페이스북 채팅하기

페이스북에도 채팅 기능이 있습니다. 실시간 채팅은 아니지만
현재 페이스북을 보고 있는 사람과는 채팅을 할 수 있습니다.

01 채팅창을 클릭합니다.

● 채팅

마우스 왼쪽
버튼 클릭

 참고!

초록색은 현재 페이스북에 접속한 사람이 있다는 신호입니다.

02 채팅할 사람을 클릭하면 대화창이 나타나는데 대화 입력란을 클릭하고 대화
를 입력한 후 [엔터(**Enter**)] 키를 누릅니다.

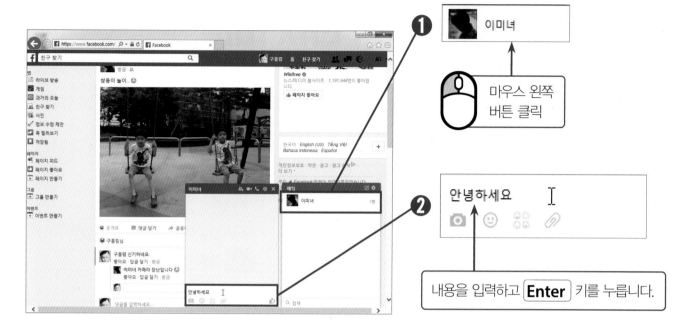

마우스 왼쪽
버튼 클릭

안녕하세요

내용을 입력하고 **Enter** 키를 누릅니다.

참고! 내가 글을 보내도 상대방이 스마트폰이나 기타 다른 기기로 페이스북에 접속하는
경우에는 바로 읽지 못하는 경우도 있습니다.

03 상대방이 글을 입력하는 중입니다.

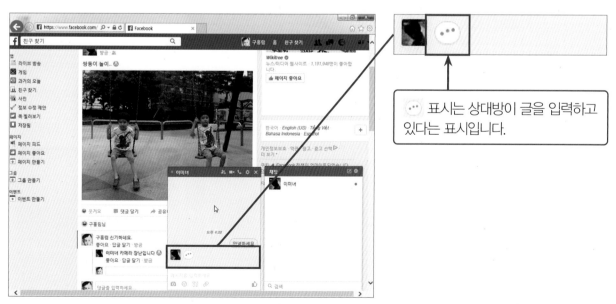

(⋯) 표시는 상대방이 글을 입력하고
있다는 표시입니다.

상대방이 입력한 대화 내용이 보입니다.

네, 잘 지내셨어?

상대방이 보낸 내용입니다.

참고!

누군가 나에게 채팅으로 대화를 하면 표시가 나타납니다.

05 [스티커 선택]을 클릭하여 보내고 싶은 스티커를 클릭합니다.

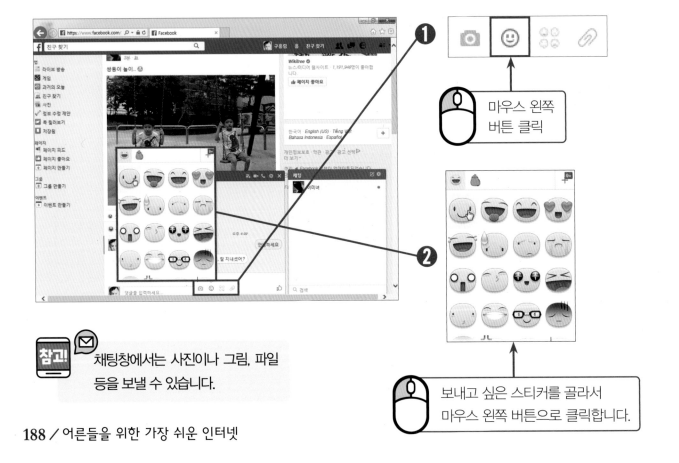

마우스 왼쪽 버튼 클릭

보내고 싶은 스티커를 골라서 마우스 왼쪽 버튼으로 클릭합니다.

참고!

채팅창에서는 사진이나 그림, 파일 등을 보낼 수 있습니다.

06 채팅창을 닫으려면 [닫기]를 클릭한 후 채팅창을 클릭하면 됩니다.

마우스 왼쪽
버튼 클릭

팁! 알 수도 있는 사람

아는 사람이 늘어나다 보면 서로 중복되게 아는 사람이 있을 수 있습니다. 페이스북
에서는 이런 사람들을 '알 수도 있는 사람'으로 해서 보여 줍니다. 정말로 아는 사람
이고 친구가 되고 싶은 사람이라면 [친구 추가]를 클릭하면 되고 모르는 사람이라
면 ❎를 클릭하면 됩니다.

친구로 추가하고 싶지 않다면
마우스 왼쪽 버튼 클릭

친구로 추가하고 싶다면 마우스
왼쪽 버튼 클릭

Section 09

페이스북 탈퇴하기

페이스북에서 탈퇴하는 방법에 대해서 알아보겠습니다. 탈퇴 후 14일이 지나면 아이디와 데이터가 영구 삭제되며 14일 이내에 계정에 로그인하면 삭제 요청을 취소할 수 있습니다.

01 페이스북 화면 오른쪽의 ▼를 클릭한 후 [고객 센터]를 클릭합니다.

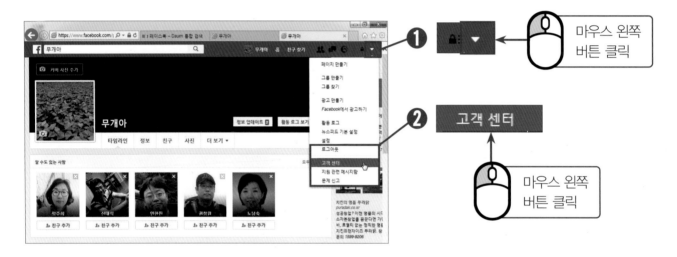

02 [고객 센터 방문]을 클릭합니다.

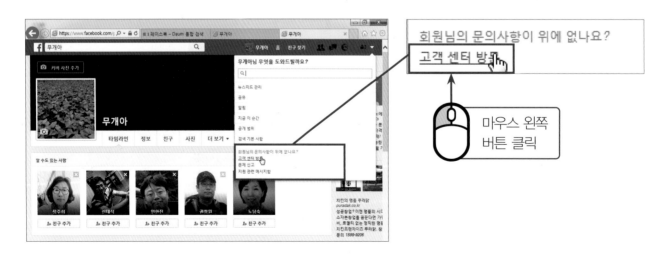

03 [계정 관리]를 클릭합니다.

04 [계정 비활성화 및 삭제]를 클릭한 후 [계정을 영구적으로 삭제하려면?]을 클릭합니다.

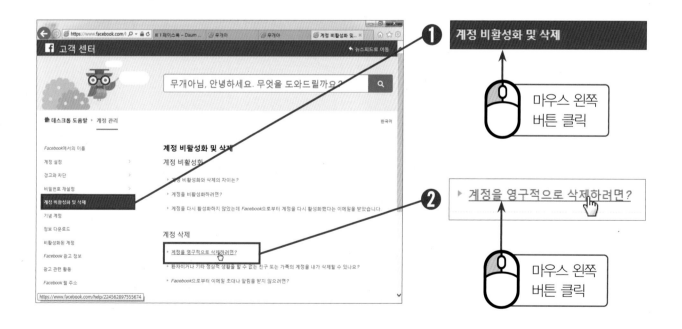

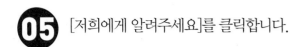

05 [저희에게 알려주세요]를 클릭합니다.

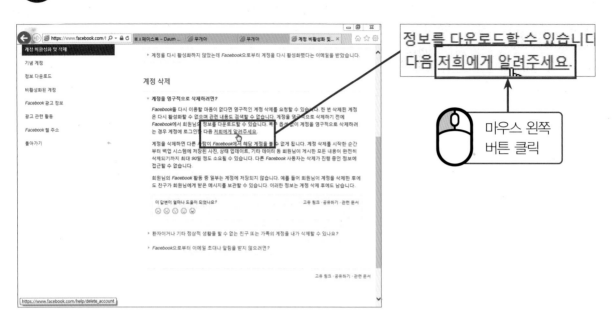

06 [계정 삭제]를 클릭합니다.

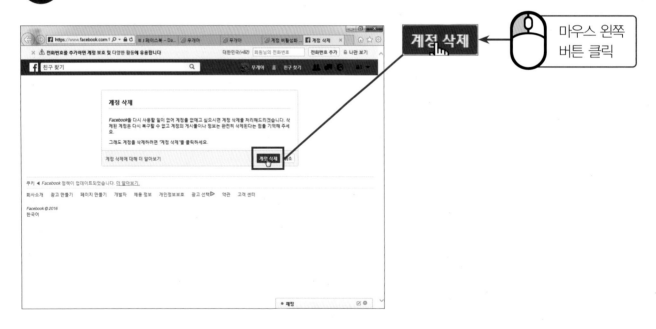

[비밀번호]를 입력한 후 문장이 지시하는 대로 선택하고 [확인]을 클릭합니다.

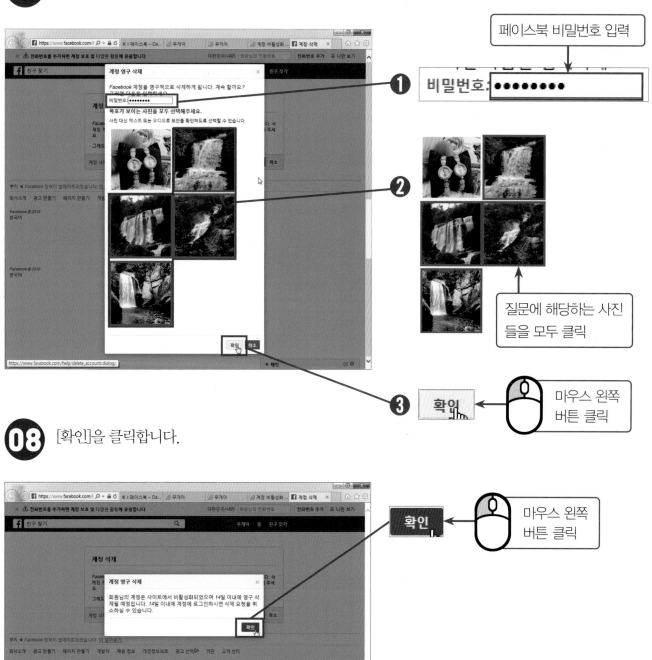

페이스북 비밀번호 입력

질문에 해당하는 사진
들을 모두 클릭

마우스 왼쪽
버튼 클릭

08 [확인]을 클릭합니다.

마우스 왼쪽
버튼 클릭

페이스북 이외의 사회 관계망 서비스로는 인스타그램과 트위터가 있습니다.

〈인스타그램(https://www.instagram.com)〉

온라인 사진 및 비디오 공유 사회 관계망 서비스로 페이스북이나 이메일 계정으로 계정을 만들 수 있으며 사진을 올리는 위치도 공유할 수 있습니다.

〈트위터(https://twitter.com/)〉

트위터는 140자 이내의 단문을 사진과 함께 올릴 수 있는 사이트입니다. 사람들의 의견이나 생각 등을 서로 공유한다는 점에서는 블로그나 페이스북과 비슷하지만, 팔로우(follow)라는 기능을 이용하여 상대방이 허락하지 않더라도 유명 인사의 동정을 파악하거나 격려의 메시지를 보낼 수 있습니다.

제 10장

카페 이용하기

카페는 같은 취미나 관심을 가진 사람들끼리
인터넷상에서 모이는 모임입니다. 많은 종류의 카페가 있으므로
가입하고 싶은 카페를 잘 검색해서 가입하기 바랍니다.

Section 01

카페 가입하기

이미 만들어져 있는 카페를 검색해서 가입해 보겠습니다.

01 네이버 초기 화면에서 [아이디]와 [비밀번호]를 입력한 후 [로그인]을 클릭합니다.

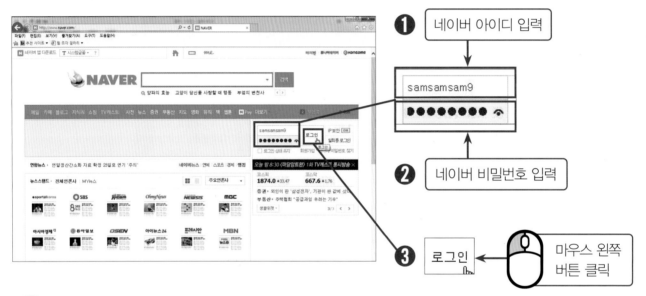

❶ 네이버 아이디 입력

samsamsam9

❷ 네이버 비밀번호 입력

❸ 로그인 │ 마우스 왼쪽 버튼 클릭

02 [카페]를 클릭합니다.

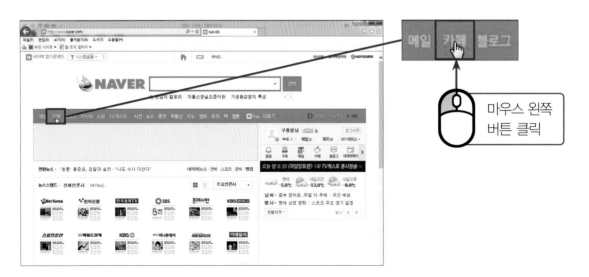

메일 **카페** 블로그

마우스 왼쪽 버튼 클릭

03 카페 이름 입력란에 '실버컴퓨터교실'이라고 입력한 후 [검색]을 클릭합니다.
여기서는 초보자를 위한 컴퓨터 교실인 '실버컴퓨터교실'을 검색할 것입니다.

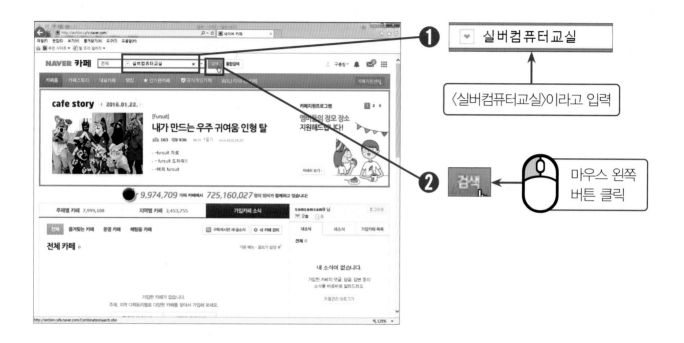

04 검색 결과가 나오면 '실버컴퓨터교실'을 클릭합니다.

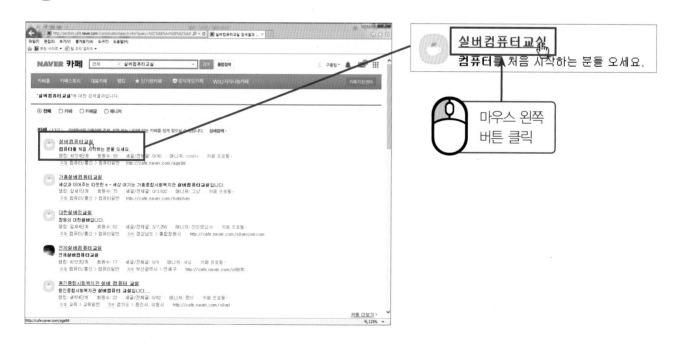

05 실버컴퓨터교실 처음 화면이 나오면 [카페 가입하기]를 클릭합니다.

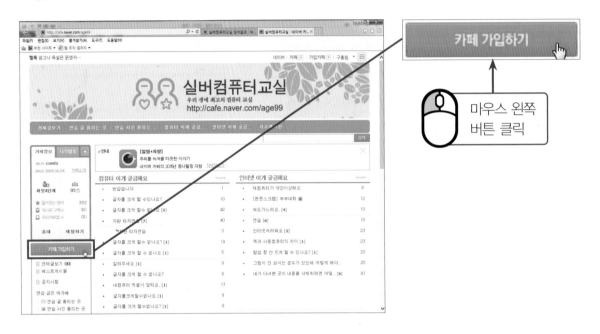

카페 가입하기

마우스 왼쪽
버튼 클릭

06 카페 질문에 차례로 대답을 입력하고 [별명] 입력란에 이 카페에서 사용할
별명을 입력하고 [중복확인]을 클릭합니다.

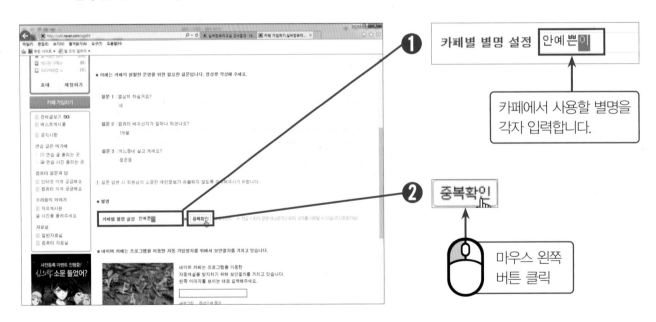

❶

카페별 별명 설정 안예쁜이

카페에서 사용할 별명을
각자 입력합니다.

❷

중복확인

마우스 왼쪽
버튼 클릭

📧 참고!

카페마다 가입할 때 하는 질문이 다르며 질문이 없는 카페도 있습니다. [별명]은 이 카페에
서 글을 쓸 때 붙는 서명입니다. 다른 사람과 중복되지 않도록 별명을 지어야 합니다.

07 별명이 사용 가능하다고 나오면 [자동 가입 방지]를 위해서 나오는 문자를 입력한 후 [가입하기]를 클릭합니다.

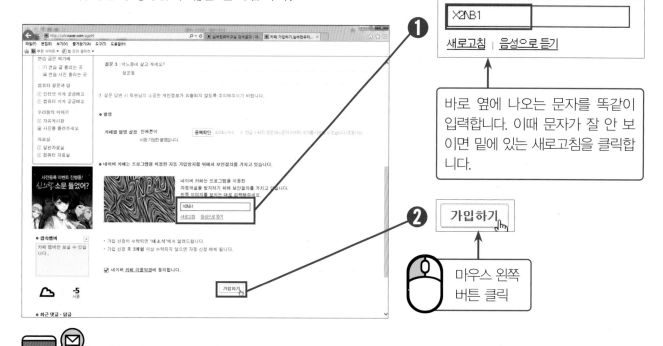

바로 옆에 나오는 문자를 똑같이 입력합니다. 이때 문자가 잘 안 보이면 밑에 있는 새로고침을 클릭합니다.

마우스 왼쪽 버튼 클릭

참고! [자동 가입 방지]는 프로그램을 이용해서 자동으로 카페에 가입하는 것을 막기 위한 것으로 특이한 모양의 글자를 입력해야 하는 것입니다. 글자가 잘 보이지 않는다면 '새로고침'을 클릭하여 새로운 문자를 보이게 하거나 스피커가 연결되어 있다면 '음성으로 듣기'를 클릭하여 소리를 듣고 입력하는 방법이 있습니다.

08 카페에 가입되면 왼쪽의 `카페 가입하기` 가 `카페 글쓰기` 로 바뀝니다.

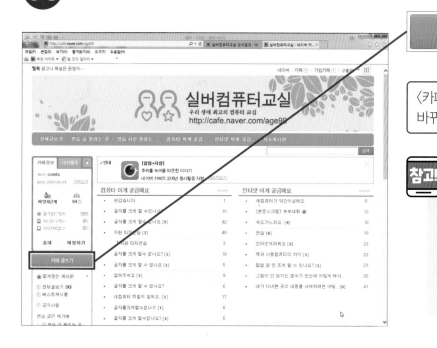

〈카페 가입하기〉에서 〈카페 글쓰기〉로 바뀌었습니다.

참고! 카페에 가입했다고 해서 바로 카페의 멤버가 되는 경우도 있지만 카페의 운영진이 가입을 승인해야 하는 경우도 있습니다. 이런 경우에는 시간이 걸릴 수도 있습니다.

팁! 카페 이용 시 지켜야 할 예절(넷티켓)

카페에 가입하면 메뉴(자유게시판 등)를 먼저 한 번 둘러보는 것이 좋습니다. 어느 게시판에는 어떤 종류의 글이 있는지를 알아야 합니다. 그래야 내 글을 정확한 분류의 게시판에 올릴 수 있습니다.

카페에 글을 올리거나 다른 사람과 인터넷상으로 대화(채팅)를 할 때 지켜야 할 예절이 있습니다.

간단히 살펴보면 다음과 같습니다.

① 게시판에 글을 쓸 때는 문법에 맞는 표현으로 명확하고 간결하게 쓴다.
② 다른 사람이 쓴 글에 대해서 지나친 반박은 하지 않는다.
③ 다른 사람에게 처음으로 전자메일을 보낼 때는 자신의 신분을 미리 밝힌다.
④ 다른 사람과 대화(채팅)할 때는 자기소개를 한 후 대화를 하고 '님'자를 붙여서 상대방을 부른다.
⑤ 대화할 때는 다른 사람을 비방하거나 욕설, 비속어, 성희롱 등을 사용하지 않는다.
⑥ 같은 내용의 말을 한 번에 여러 번 반복하지 않는다.
⑦ 채팅에서 나올 때는 가급적 인사를 한다.

카페 글 올리기

카페에 가입을 했으니 글을 올려(써) 보겠습니다. 카페에 따라서는 가입 승인이 되어도 글을 쓰려면 조건을 충족해야 하는 경우도 있습니다. 예를 들어 몇 번 이상 출석을 하거나 댓글 몇 개 이상을 달아(써)야 하는 경우입니다.

01 글을 올릴 게시판의 종류를 클릭합니다.

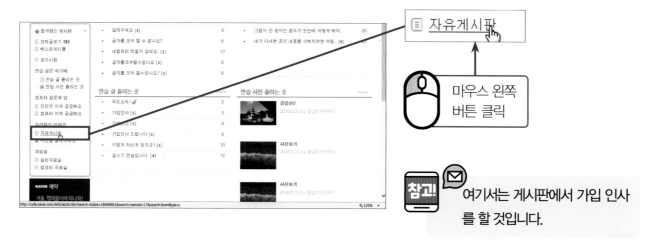

마우스 왼쪽 버튼 클릭

참고! 여기서는 게시판에서 가입 인사를 할 것입니다.

02 [제목]을 입력한 후 내용을 입력하고 [미리보기]를 클릭합니다.

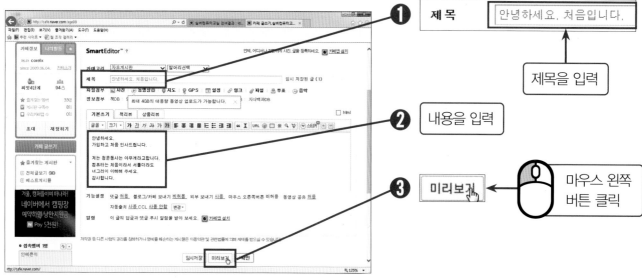

① 제목 │ 안녕하세요, 처음입니다.

제목을 입력

② 내용을 입력

③ 미리보기 ← 마우스 왼쪽 버튼 클릭

글을 올리기 전에 내가 쓴 글이 어떤 모양으로 보이는지 미리 보는 것입니다.

03 미리보기를 통하여 내가 쓴 글이 어떻게 보이는지 보고 [닫기]를 클릭합니다.

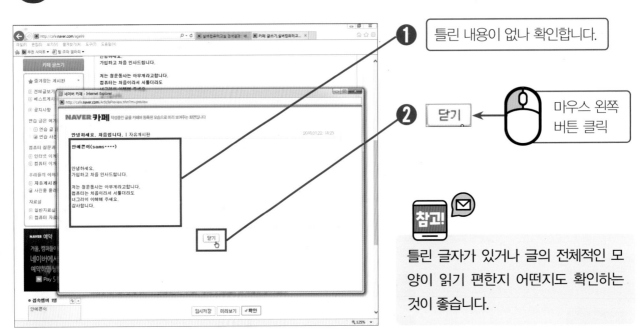

① 틀린 내용이 없나 확인합니다.

② 마우스 왼쪽 버튼 클릭

 틀린 글자가 있거나 글의 전체적인 모양이 읽기 편한지 어떤지도 확인하는 것이 좋습니다.

04 [확인]을 클릭합니다.

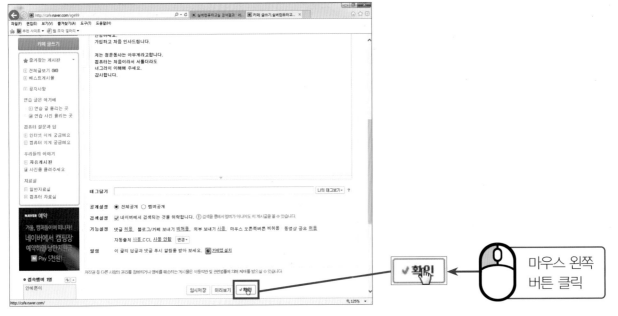

마우스 왼쪽 버튼 클릭

05 글이 제대로 게시되었나 확인하기 위해 게시판을 클릭합니다.

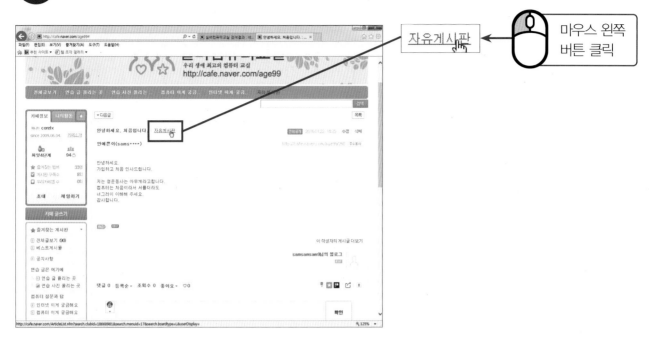

마우스 왼쪽
버튼 클릭

 참고! 글의 제목 옆에 내가 글을 올린 게시판의 종류가 있습니다.

06 내가 올린 글이 제대로 게시되었습니다.

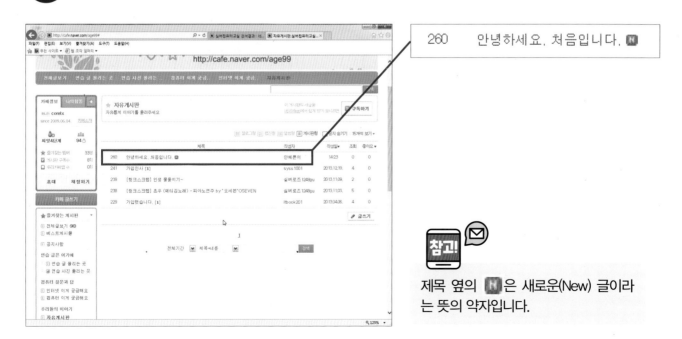

260   안녕하세요, 처음입니다. N

참고! 제목 옆의 N은 새로운(New) 글이라
는 뜻의 약자입니다.

Section 03

댓글, 답글 달기

누군가 게시판에 글을 올리면 그 글 아래에 글을 다는 것을 댓글이라고 합니다. 댓글에 또 다른 글을 다는 것을 덧글이라고 합니다. 다른 사람의 글을 읽은 후 댓글을 달아 보겠습니다.

01 댓글을 달고 싶은 글이 있는 게시판과 읽을 글을 클릭합니다.

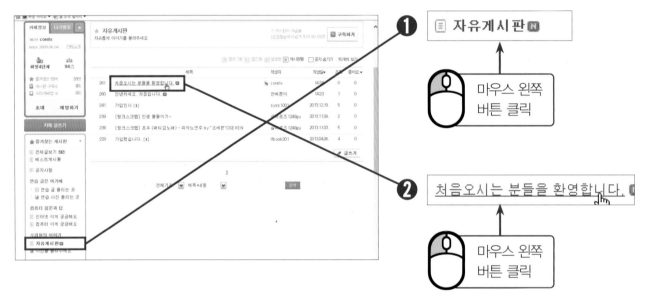

① 자유게시판 N

마우스 왼쪽
버튼 클릭

처음오시는 분들을 환영합니다. N

마우스 왼쪽
버튼 클릭

02 글의 아래에 있는 댓글을 적을 수 있는 공란을 클릭한 후 내용을 입력하고 [확인]을 클릭합니다.

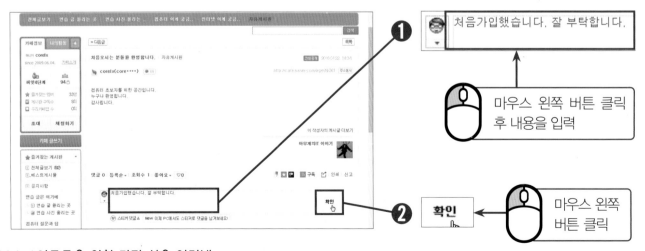

처음가입했습니다. 잘 부탁합니다.

마우스 왼쪽 버튼 클릭
후 내용을 입력

확인

마우스 왼쪽
버튼 클릭

댓글이나 덧글을 적을 때에도 예절을 지켜서 적어야 합니다.

03 댓글이 한 개가 달렸다는 표시가 나타납니다.

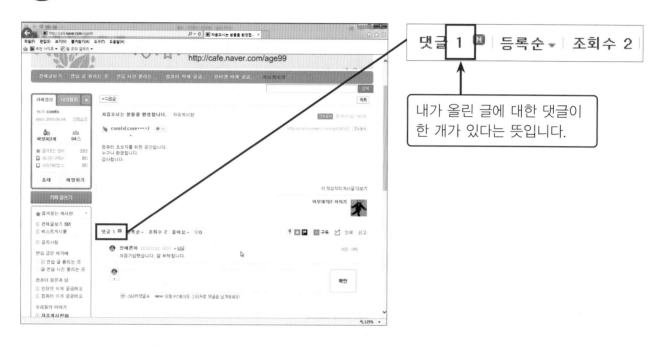

댓글 1 N | 등록순 ▾ | 조회수 2

내가 올린 글에 대한 댓글이 한 개가 있다는 뜻입니다.

04 다른 사람이 내 댓글에 답글을 달았습니다. 다른 사람의 답글에 내가 답글을 달기 위해 [답글]을 클릭합니다.

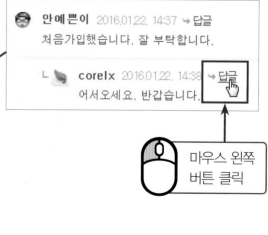

안예쁜이 2016.01.22. 14:37 ↪ 답글
처음가입했습니다. 잘 부탁합니다.

└ corelx 2016.01.22. 14:38 ↪ 답글
어서오세요. 반갑습니다.

마우스 왼쪽
버튼 클릭

05 답글을 입력한 후 [확인]을 클릭합니다.

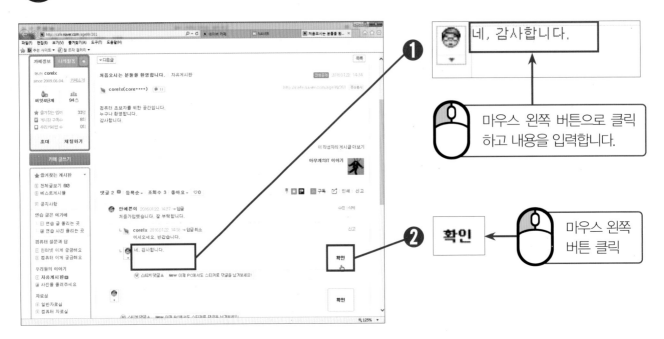

네, 감사합니다.

마우스 왼쪽 버튼으로 클릭하고 내용을 입력합니다.

확인

마우스 왼쪽 버튼 클릭

06 답글이 입력되었으면 [목록]을 클릭합니다.

목록

마우스 왼쪽 버튼 클릭

알림은 네이버에 로그인을 하면 카페에 찾아가지 않아도 내가 올린 글에 누군가 댓글
이나 답글을 달면 알려 주는 것입니다.

01 [알림(🔒)]에 숫자가 있을 때 알림을 클릭합니다.

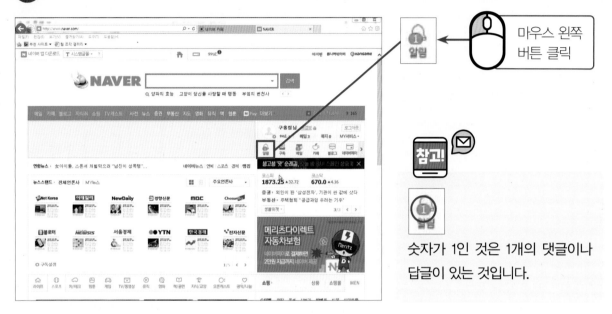

마우스 왼쪽
버튼 클릭

참고!

숫자가 1인 것은 1개의 댓글이나
답글이 있는 것입니다.

02 답글이 있는 제목을 클릭합니다.

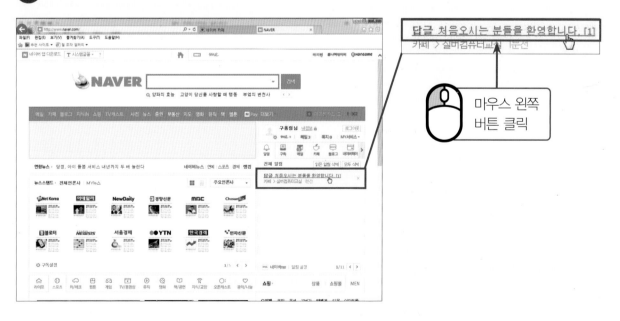

답글 처음오시는 분들을 환영합니다. [1]
카페 > 실버컴퓨터교실 ㅣ분선

마우스 왼쪽
버튼 클릭

03 답글이 달린 글이 보입니다.

제 11장

인터넷 쇼핑몰 지마켓(G마켓) 이용하기

우리나라의 대표적인 쇼핑몰 중의 하나인
G마켓(www.gmarket.co.kr)에 가입한 후 물건을 구매해 보겠습니다.

인터넷으로 할 수 있는 것 중 하나가 상점에 가지 않고 집 안에서 편안하게 물건을 구매하는 것입니다.

우리나라에는 많은 쇼핑몰이 있지만 대표적인 쇼핑몰은 다음과 같습니다.

❶ GS-SHOP(http://www.gsshop.com)
  GS그룹에서 운영하는 쇼핑몰

❷ 롯데닷컴(http://www.lotte.com)
  롯데그룹에서 운영하는 쇼핑몰

❸ CJmall(씨제이몰)(http://www.cjmall.com)
  CJ에서 운용하는 쇼핑몰

❹ G마켓(http://www.gmarket.co.kr)
  이베이에서 운영하는 쇼핑몰

❺ 11번가(http://www.11st.co.kr)
  SK에서 운영하는 쇼핑몰

❻ 현대몰(http://www.hyundaihmall.com)
  현대에서 운영하는 쇼핑몰

G마켓(www.gmarket.co.kr) 가입하기

인터넷 쇼핑몰이 많이 있는데 그중 하나인 'G마켓'에 가입해 보겠습니다.

01 검색어 입력란에 '지'라고 입력한 후 '지마켓'이라는 단어가 나타나면 클릭합니다.

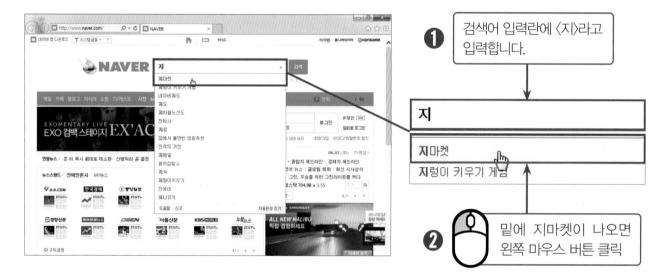

① 검색어 입력란에 〈지〉라고 입력합니다.

지

지마켓

지렁이 키우기 게임

② 밑에 지마켓이 나오면 왼쪽 마우스 버튼 클릭

02 검색결과에서 'G마켓'을 클릭합니다.

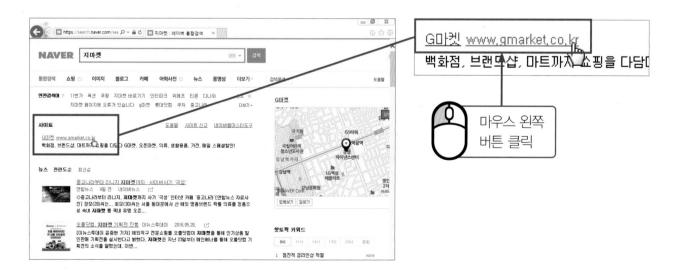

G마켓 www.gmarket.co.kr

백화점, 브랜드샵, 마트까지 쇼핑을 다담□

마우스 왼쪽 버튼 클릭

 [회원가입]을 클릭합니다.

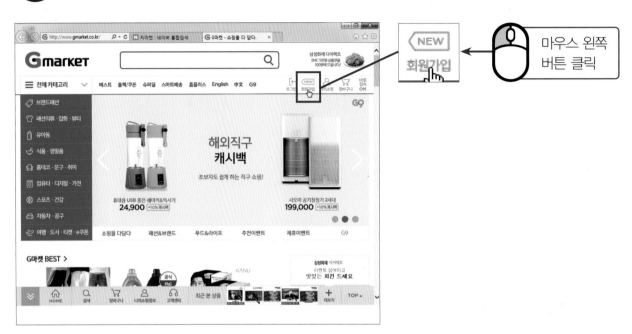

마우스 왼쪽
버튼 클릭

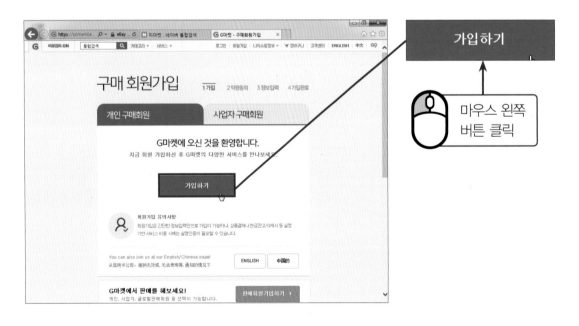 [가입하기]를 클릭합니다.

가입하기

마우스 왼쪽
버튼 클릭

05 [전체동의]를 클릭하고 [동의하고 회원가입]을 클릭합니다.

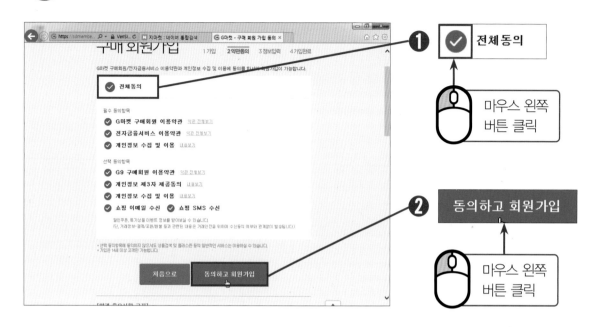

06 ID 입력란을 클릭하여 사용가능한 아이디를 입력하고 [비밀번호 입력]란과 비밀번호 확인란에 비밀번호를 입력합니다. [이름], [전화번호], [이메일]을 입력한 후 [확인]을 클릭합니다.

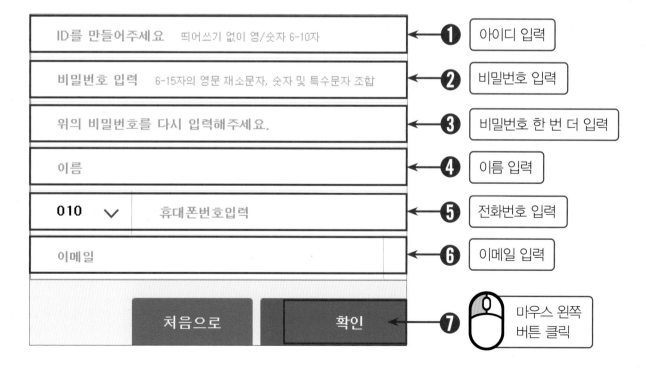

아이디(ID)는 G마켓 서비스를 이용하기 위해서 만드는 것으로 본인을 표현할 수 있는 영문이나 숫자를 사용해서 만들면 됩니다. 비밀번호는 8~16자의 영문 대소문자, 숫자, 특수문자를 섞어서 만들어야 하며 잊어버리지 않도록 잘 기억하거나 기록해 두어야 합니다.

 가입이 완료되면 [쇼핑하기]를 클릭합니다.

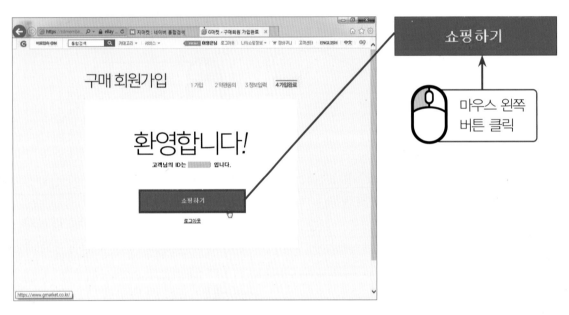

Section 02

물건 구매하기

가입을 했으므로 물건을 구매해 보겠습니다. 여기서는 예를 들어서 구매하는 것이므로 다른 품목의 물건을 구매해도 됩니다. 물건 구매 시에는 여러 가지 방법으로 결제를 할 수 있는데 여기서는 휴대폰을 이용하여 소액결제를 하겠습니다.

01 검색어 입력란을 클릭한 후 구매하고 싶은 물품의 이름을 입력한 후 [엔터(Enter)] 키를 누릅니다.

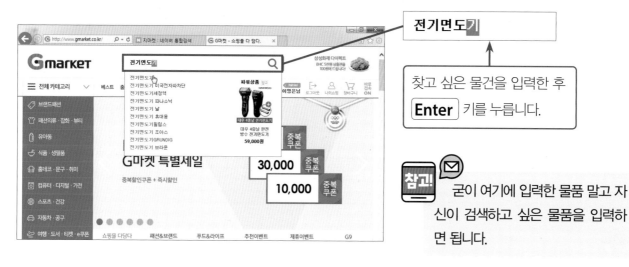

> **전기면도기**
>
> 찾고 싶은 물건을 입력한 후 Enter 키를 누릅니다.

참고! 굳이 여기에 입력한 물품 말고 자신이 검색하고 싶은 물품을 입력하면 됩니다.

02 화면 오른쪽의 스크롤바를 클릭하여 아래로 내린 후 물품이 나오면 그중에 한 개를 클릭합니다.

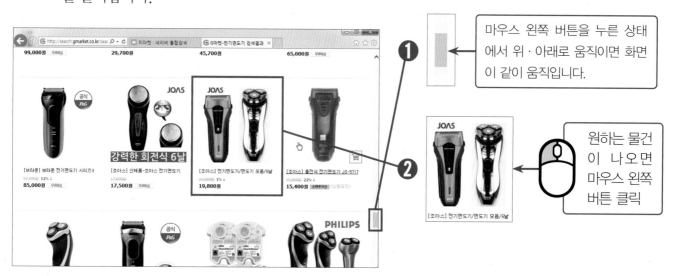

> ❶ 마우스 왼쪽 버튼을 누른 상태에서 위·아래로 움직이면 화면이 같이 움직입니다.
>
> ❷ 원하는 물건이 나오면 마우스 왼쪽 버튼 클릭

03 화면 오른쪽의 스크롤바를 클릭하여 아래로 내린 후 물건의 설명을 읽어 본
후 다른 상품을 보기 위해 [뒤로(←)]를 클릭합니다.

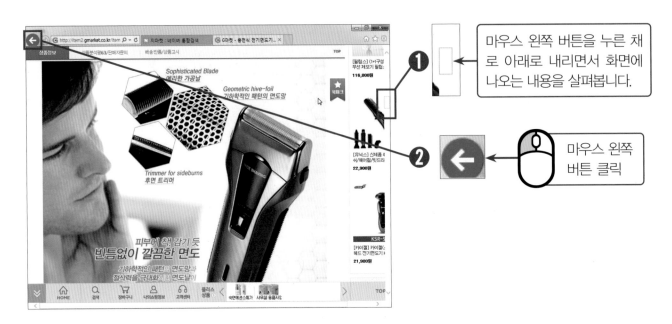

마우스 왼쪽 버튼을 누른 채
로 아래로 내리면서 화면에
나오는 내용을 살펴봅니다.

마우스 왼쪽
버튼 클릭

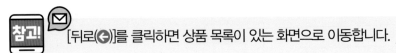

참고! [뒤로(←)]를 클릭하면 상품 목록이 있는 화면으로 이동합니다.

04 살펴보고 싶은 다른 물건을 클릭합니다.

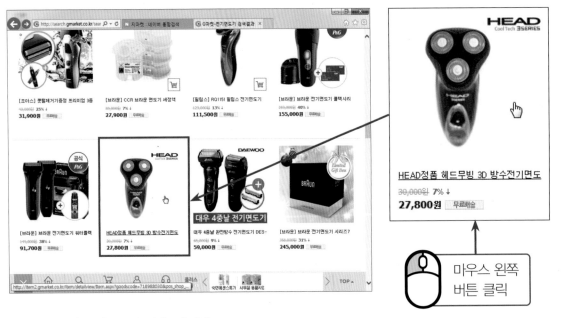

마우스 왼쪽
버튼 클릭

05 화면 오른쪽의 스크롤바를 클릭하여 아래로 내린 후 물품의 내용을 확인하고
이 전에 보았던 물건을 다시 보기 위해 화면 하단의 [최근 본 상품]에서 이전에
본 상품을 클릭합니다.

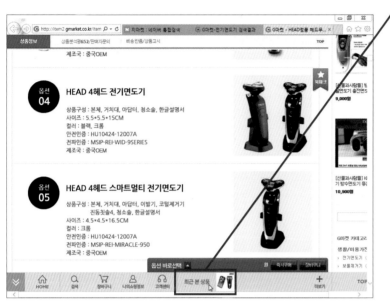

마우스 왼쪽
버튼 클릭

참고!

화면 하단에는 최근에 내가 본 상품의
목록이 나타나는데 여기서 다시 보고
싶은 물품을 클릭하면 다시 볼 수 있습
니다.

06 물품을 다시 본 후 [구매하기]를 클릭합니다.

구매하기

마우스 왼쪽
버튼 클릭

참고!

G마켓에서 물건을 구입한 적이 있으면
12번 단계로 건너뛰어도 됩니다.

07 본인인증을 하기 위해 [휴대폰]을 선택한 후 [확인]을 클릭합니다. 이 과정은 G 마켓에서 처음 구매하는 경우에만 해당하는 설명입니다. 다음 화면이 나오지 않을 경우에는 **12** 번 단계로 이동합니다.

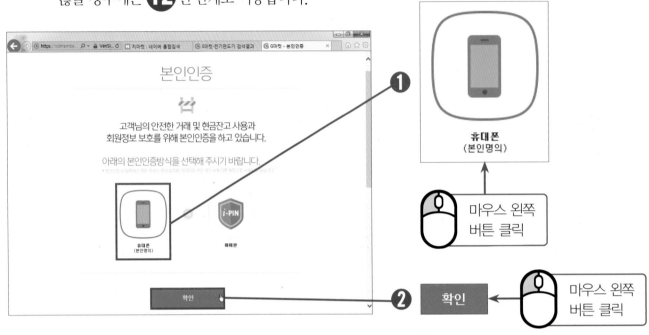

08 [휴대폰 인증]을 하기 위해 통신사를 선택합니다.

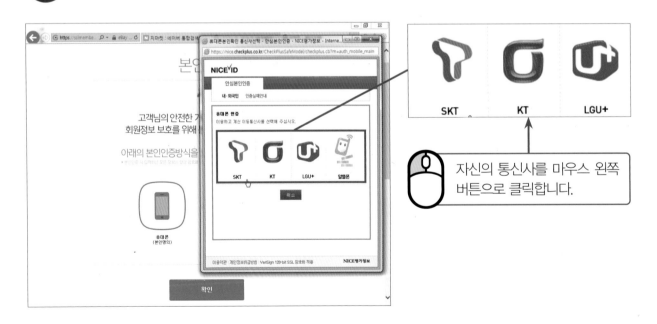

09 본인확인을 위해서 [이름], [생년월일], [휴대폰 번호]를 입력하고 [성별]을 선택합니다. 보안 문자를 입력하고 약관을 차례로 선택한 후 [다음]을 클릭합니다.

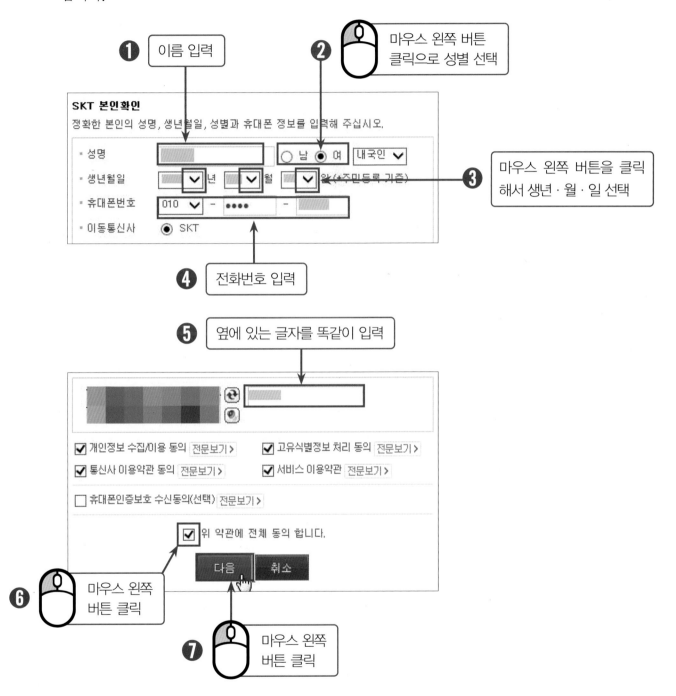

❶ 이름 입력

❷ 마우스 왼쪽 버튼 클릭으로 성별 선택

❸ 마우스 왼쪽 버튼을 클릭해서 생년·월·일 선택

❹ 전화번호 입력

❺ 옆에 있는 글자를 똑같이 입력

❻ 마우스 왼쪽 버튼 클릭

❼ 마우스 왼쪽 버튼 클릭

결제창이 다른 종류가 나타날 수 있습니다. 이때도 [휴대폰 번호], [주민번호 앞 6자리, 뒤 1자리]를 입력하고 [일반결제]를 선택한 후 [인증번호요청]을 클릭하여 인증번호를 받아서 입력하면 됩니다.

➓ 본인인증이 완료되면 [확인]을 클릭합니다.

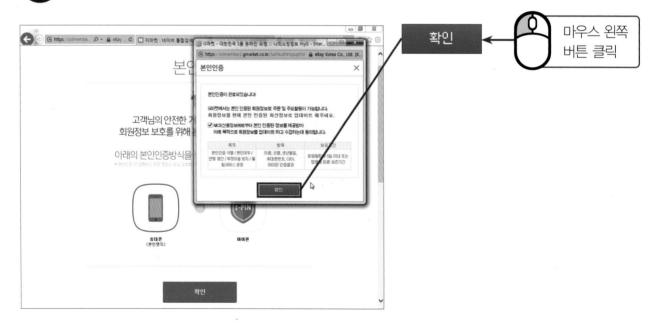

⓫ 회원인증이 성공하였다는 메시지가 나오면 [확인]을 클릭합니다.

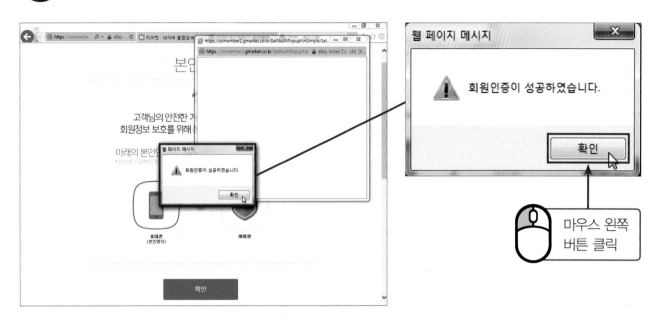

⓬ [배송지 선택]에 [받는분], [휴대전화]를 입력하고 [주소찾기]를 클릭합니다.

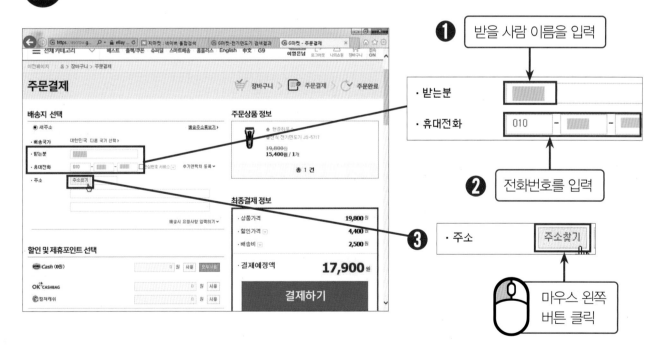

13 [주소찾기] 창에서 어떤 주소를 찾을 것인지 선택한 후 [검색어] 입력란을 클릭하고 검색할 주소지를 입력하고 [검색]을 클릭합니다.

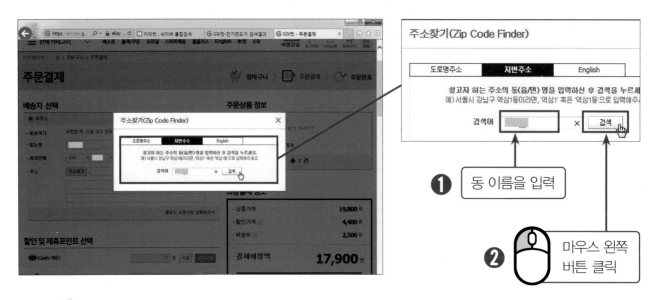

참고! 주소는 [도로명주소]나 [지번주소] 중 하나를 선택하여 검색합니다. 배송지 주소는 자동으로 저장되어 다음번에 주문할 때 사용할 수 있습니다.

14 결과가 나오면 해당되는 주소를 [선택]합니다.

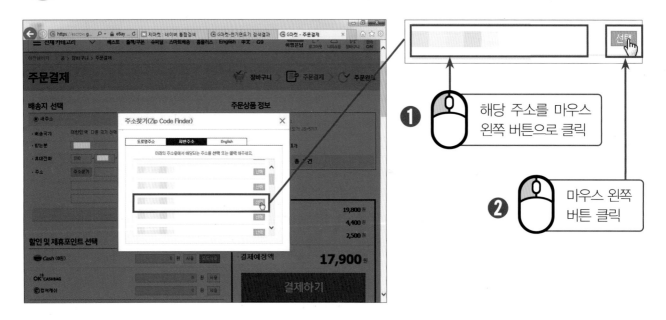

15 나머지 주소를 입력하고 [주소입력]을 클릭합니다.

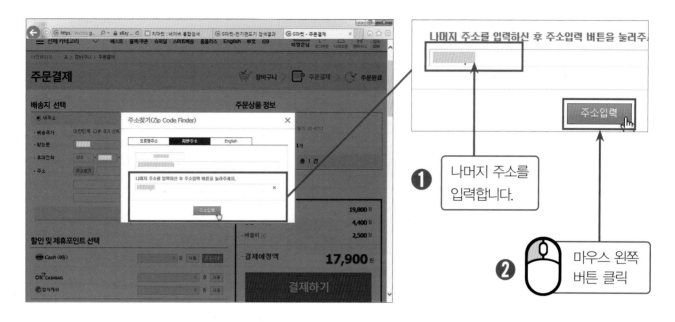

① 나머지 주소를
입력합니다.

② 마우스 왼쪽
버튼 클릭

16 주소지를 확인한 후 화면 오른쪽의 스크롤바를 클릭하여 아래로 드래그합
니다.

마우스 왼쪽 버튼을 누른
상태에서 아래로 내립니다.

17 휴대폰 결제를 할 것이므로 [휴대폰 결제]를 클릭한 후 [휴대폰 소액결제]를 선택하고 [통신사 선택]을 클릭하여 자신의 휴대폰 통신사를 클릭한 후 [결제하기]를 클릭합니다. [보안 경고] 창이 나타나면 [예]를 클릭합니다.

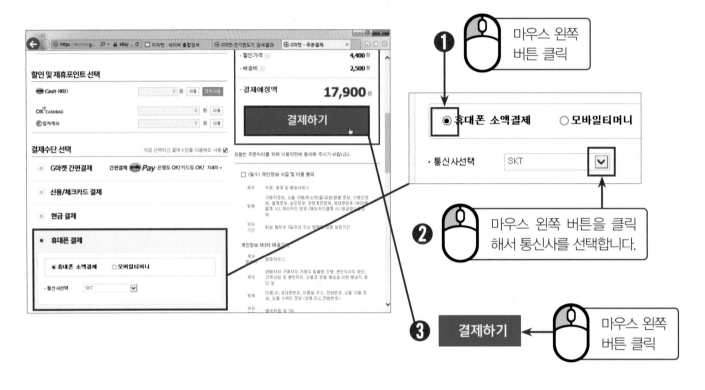

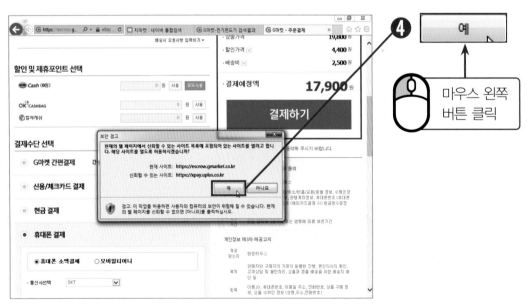

18 [전자결제] 이용약관 창에서 [전체동의]를 클릭한 후 [다음]을 클릭합니다.

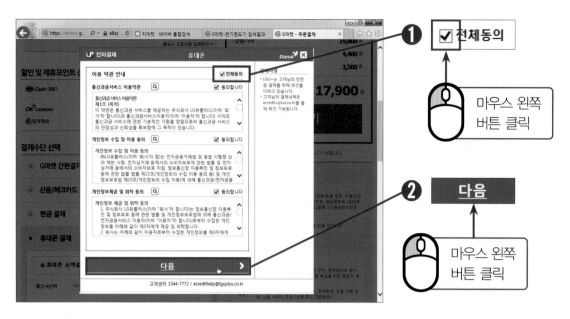

참고! 약관에 동의해야 [다음]으로 넘어갈 수 있습니다.

19 [휴대폰 번호], [주민번호 앞 7자리]를 차례로 입력한 후 [SMS 인증번호 받기]를 클릭합니다.

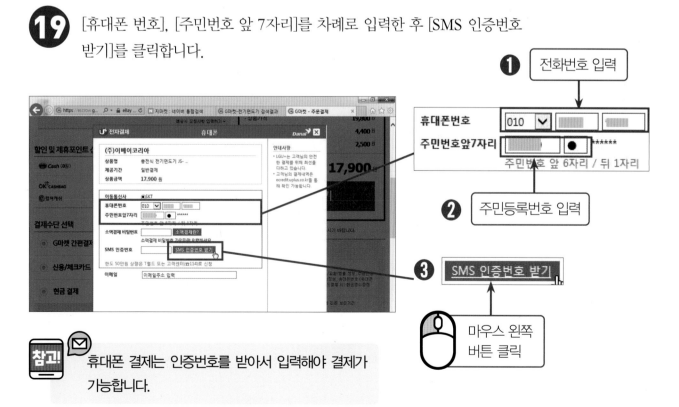

참고! 휴대폰 결제는 인증번호를 받아서 입력해야 결제가 가능합니다.

20 인증번호가 전송되었다는 메시지가 나타나면 [닫기(×)]를 클릭하여 닫은 후 인증번호를 입력합니다. [이메일] 입력란에 이메일 주소를 입력하고 [상기 구매 내역에 동의합니다]를 선택(☑)한 후 [다음]을 클릭합니다.

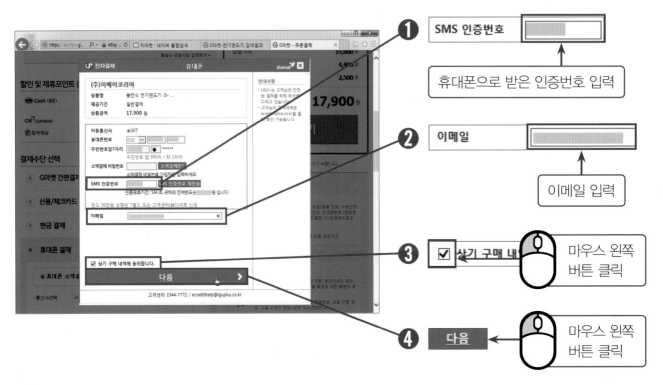

21 [보안 경고] 창이 나타나면 [예]를 클릭합니다.

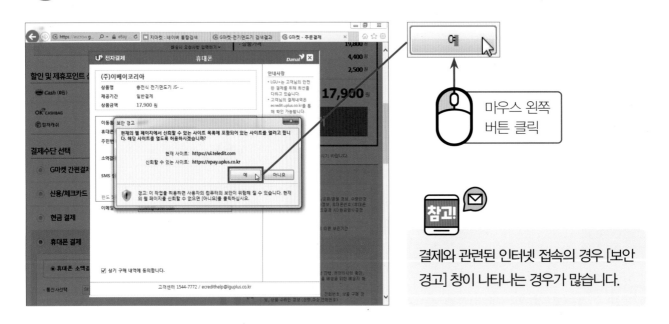

참고! 결제와 관련된 인터넷 접속의 경우 [보안 경고] 창이 나타나는 경우가 많습니다.

결제가 완료되면서 주문이 완료되었다는 메시지가 나타납니다. [주문확인]을
클릭합니다.

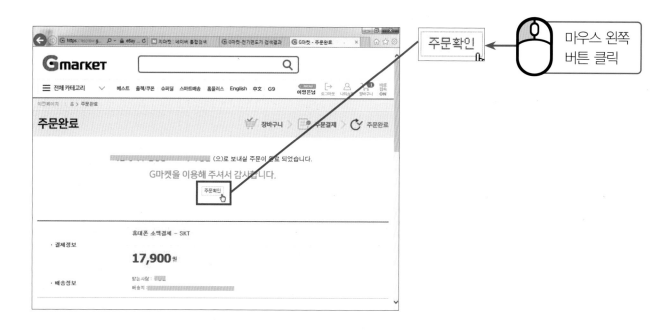

 구매 내역이 나타납니다.

Section 03

배송 정보 보기

지금부터 물건이 어디로 어떤 경로를 통해서 오는지 배송 정보를 보도록 하겠습니다.

01 G마켓에 로그인한 후 [나의쇼핑]을 클릭하여 [최근 주문내역]에서 배송 정보를 살펴봅니다.

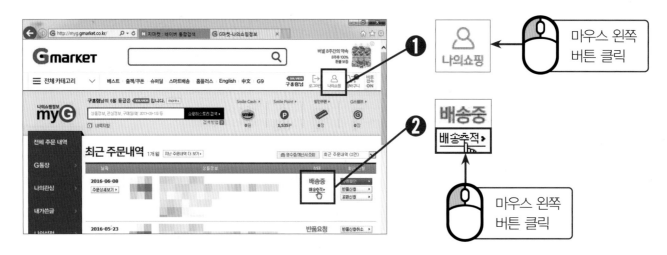

02 [배송 조회]가 나타나면서 현재 상품이 어디에 있는지 알 수 있습니다.

참고!

쇼핑몰에서 주문한 상품이라도 [송장번호]를 알면 인터넷으로 배송을 조회할 수 있습니다(13장 설명 참고).

Section 04

구매 확인하기

상품을 받은 후 구매를 확인해 보겠습니다.

01 상품을 받은 후 [나의 쇼핑]을 클릭하고 [수취확인]을 클릭합니다.

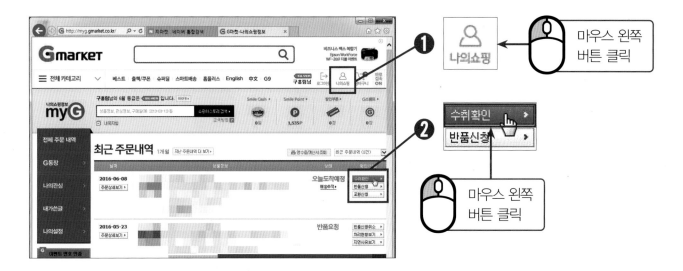

02 수취확인을 하겠느냐는 메시지가 나타나면 [확인]을 클릭합니다.

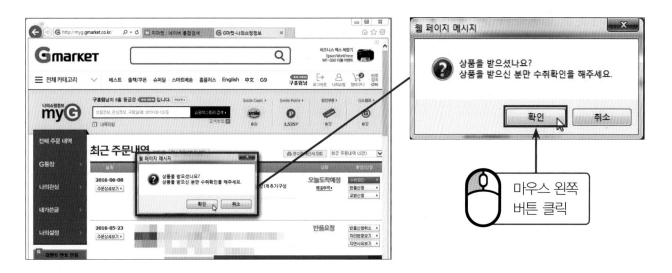

03 [상품평 작성하기]에서 [추천여부], [배송만족]을 선택(◉)한 후 G마켓 혜택
을 선택한 후 [작성완료]를 클릭합니다.

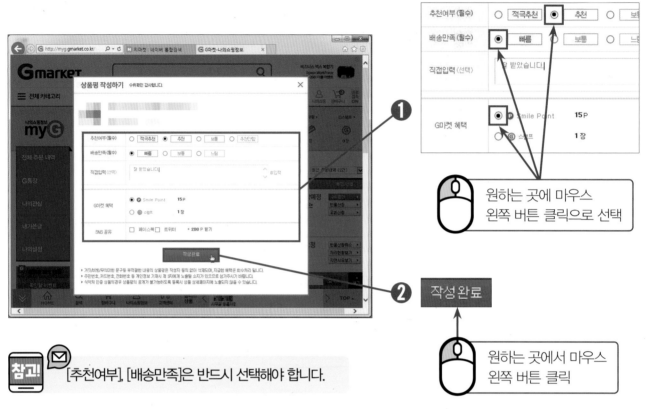

원하는 곳에 마우스
왼쪽 버튼 클릭으로 선택

작성완료

원하는 곳에서 마우스
왼쪽 버튼 클릭

참고! [추천여부], [배송만족]은 반드시 선택해야 합니다.

04 [구매 결정하기]를 클릭합니다.

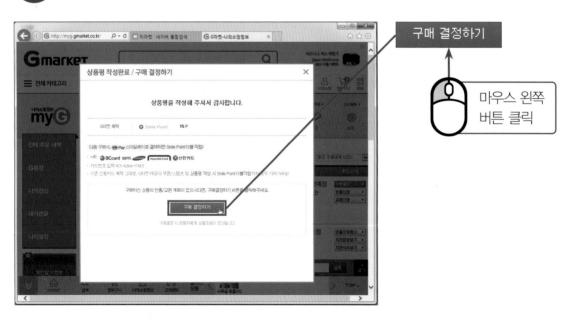

구매 결정하기

마우스 왼쪽
버튼 클릭

05 [확인]을 클릭합니다.

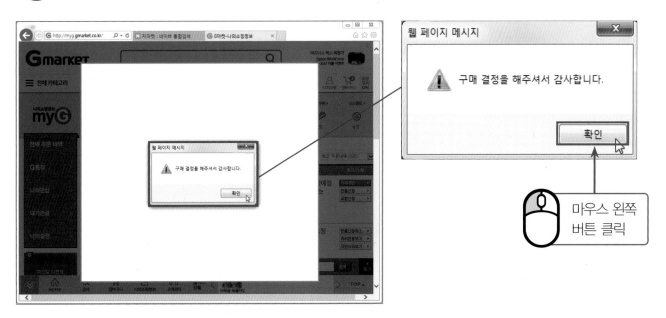

구매 결정을 해주셔서 감사합니다.

확인

마우스 왼쪽
버튼 클릭

06 배송이 완료되었다는 메시지로 바뀝니다.

배송완료
배송추적 ▸

구매 확인을 완료
하면 배송완료가
나타납니다.

Section 05

주문 취소하기

상품의 주문을 취소해 보겠습니다. 결제 후 바로 취소하면
금방 취소가 가능하지만 상품이 배송되었거나 상품을 받은
후라면 주문을 취소하는 과정이 더 까다로울 수 있습니다.

01 [주문내역]에서 [취소신청]을 클릭합니다.

취소신청

마우스 왼쪽
버튼 클릭

02 [취소신청]에서 [취소신청 완료]를 클릭합니다.

취소신청 완료

마우스 왼쪽
버튼 클릭

참고!

휴대폰 소액결제를 했기 때문에 환불
처리가 휴대폰 요금으로 됩니다.

03 환불 처리가 완료되었다는 메시지가 나타나면 [닫기]를 클릭합니다.

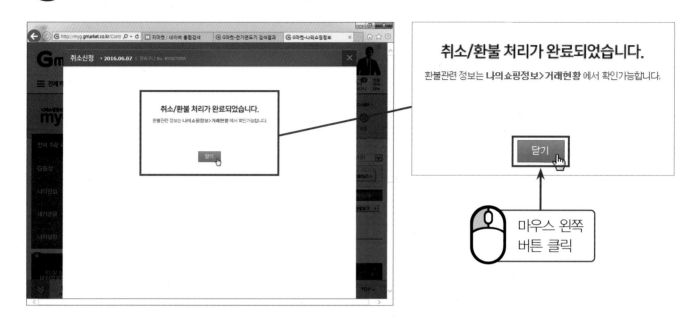

04 [처리현황 보기]를 클릭합니다.

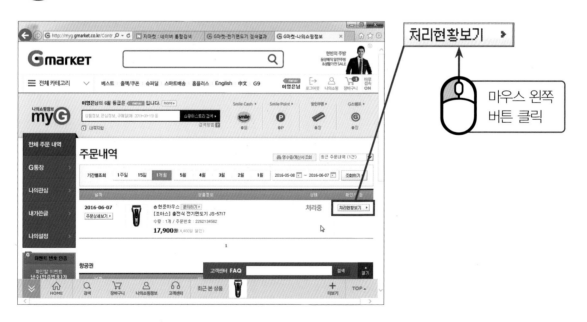

[처리현황 보기]를 본 후 [닫기(✕)]를 클릭하고 [로그아웃]을 클릭하여 G마
켓을 종료합니다.

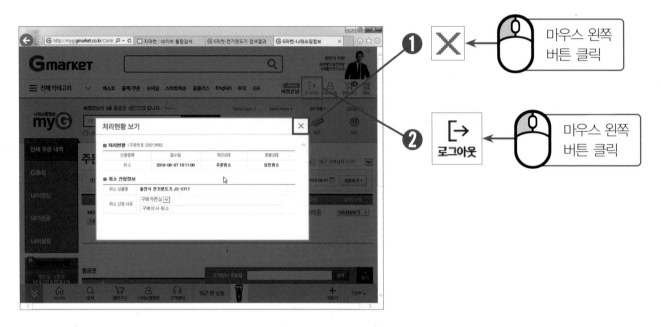

마우스 왼쪽
버튼 클릭

마우스 왼쪽
버튼 클릭

관공서와 관련된 사이트에서는 반드시 [로그아웃]을 해서 나오는 것이 안전합니다.

제 12장

택배 조회하기

쇼핑몰에서 주문한 상품의 경우 쇼핑몰에서 조회가 가능하지만
다른 사람이 나에게 택배를 보냈을 때 송장번호를 알면
인터넷 검색을 통해서 택배의 위치를 알 수 있습니다.

Section 01

택배 위치 알아보기

인터넷에서 송장번호를 입력하여 택배의 위치를 조회해 보겠습니다.

01 검색어 입력란을 클릭한 후 '택배조회'라고 입력한 후 [검색]을 클릭합니다.

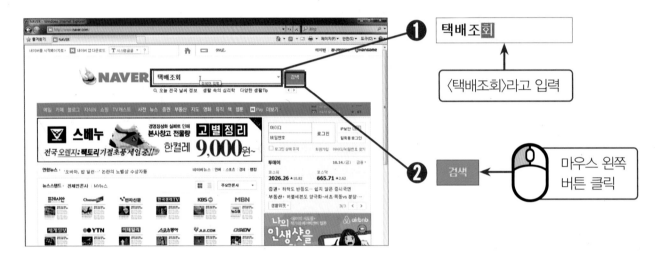

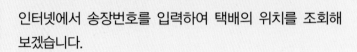

〈택배조회〉라고 입력

마우스 왼쪽 버튼 클릭

02 검색 결과가 나오면 [택배사를 선택해주세요]의 ∨를 클릭하여 택배사를 선택 합니다.

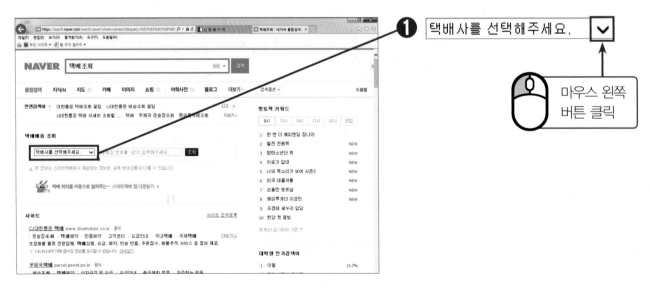

택배사를 선택해주세요. ∨

마우스 왼쪽 버튼 클릭

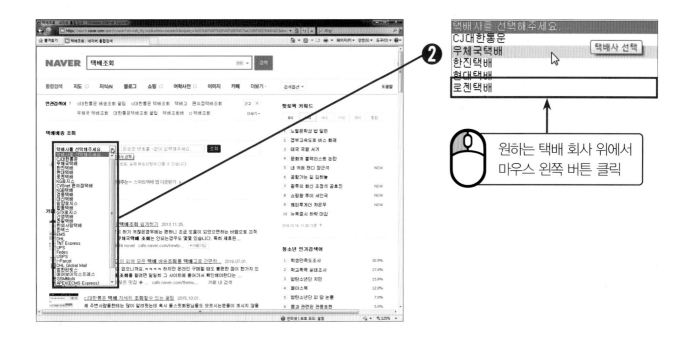

원하는 택배 회사 위에서
마우스 왼쪽 버튼 클릭

03 운송장 번호를 입력한 후 [조회]를 클릭합니다.

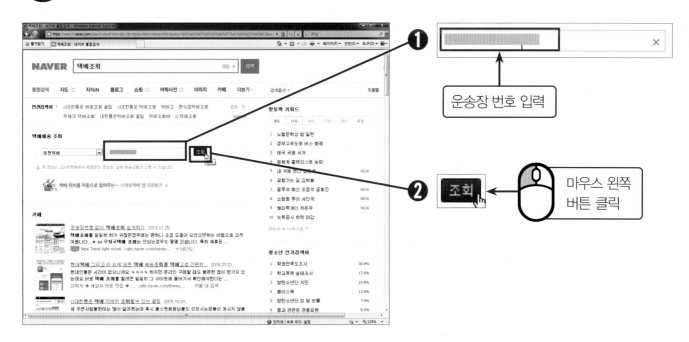

운송장 번호 입력

마우스 왼쪽
버튼 클릭

04 택배가 어느 경로를 거쳐 어디쯤 와 있는지 알 수 있습니다.

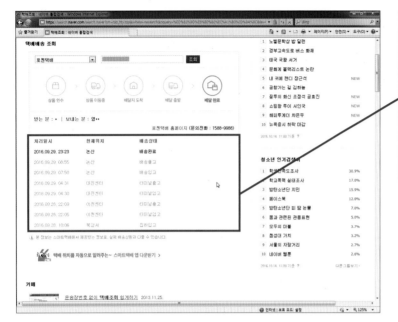

처리일시	현재위치	배송상태
2016.09.29. 23:23	논산	배송완료
2016.09.29. 08:55	논산	배송출고
2016.09.29. 07:50	논산	배송입고
2016.09.29. 04:31	대전센터	터미널출고
2016.09.29. 04:30	대전센터	터미널입고
2016.09.28. 22:09	이천센터	터미널출고
2016.09.28. 22:05	이천센터	터미널입고
2016.09.28. 10:06	북강서	집하입고

제 13장

국민은행 인터넷 뱅킹 사용하기

국민은행 인터넷 뱅킹에 가입하고

은행 잔고 조회와 이체를 해 보겠습니다.

Section 01

준비 사항

인터넷 뱅킹을 위해서는 몇 가지 준비해야 할 사항이 있으며, 은행에서 아이디와 비밀번호를 만든 후에는 잘 기억하고 있어야 합니다.

① 신분증과 도장을 가지고 국민은행에 가서 인터넷 뱅킹 가입 신청을 합니다.

② 가입 신청 시 작성한 아이디와 비밀번호를 잘 기억합니다.

③ 보안카드를 받아가지고 옵니다.

④ 인터넷에 접속하여 가입 신청을 합니다.

팁! 인터넷 뱅킹 시 주의 사항

〈보안카드〉

보안카드는 인터넷 뱅킹을 할 때 반드시 있어야 하며 어떤 경우에도 보안카드를 타인에게 보여 주거나 숫자를 불러 주면 안 됩니다.

KB 국민은행					Number. 0123456789			❶	
1	••••	2	••••	3	••••	4	••••	5	••••
6	••••	7	••••	8	••••	9	••••	10	••••
11	••••	12	••••	13	••••	14	••▪▪	15	••••
16	••••	17	••••	18	••••	19	••••	20	••••
21	••••	22	••••	23	••••	24	••••	25	••••
26	••••	27	••••	28	▪▪••	29	••••	30	••••
31	••••	32	••••	33	••••	34	••••	35	••••

❶ 보안카드 일련번호

❷ 보안카드 정보

인터넷 뱅킹으로 이체할 때는 반드시 보안카드에서 숫자 4자리(2자리씩 2번)를 입력해야 합니다.

예를 들어 28번 앞 2자리, 14번 뒤 2자리처럼, 앞에 2자리를 입력하고 후에 뒤 2자리를 입력합니다.

Section

02

공인인증서를 하드디스크에 발급받기

인터넷 뱅킹에 가입하려면 컴퓨터에서는 공인인증서를 받아야 합니다. 공인인증서를 받으려면 전화기(스마트폰)와 은행에서 받은 보안카드가 있어야 합니다.

공인인증서는 전자상거래(은행, 인터넷 쇼핑, 금융 등) 시 신원을 확인하고, 문서의 위조, 변조를 방지할 목적으로 국가가 보증하는 공인기관에서 발행하는 전자 인감증 명이라고 할 수 있습니다.

01 검색어 입력란에 '국'이라고 입력하면 나오는 자동 완성 단어에서 '국민은행'을 클릭합니다.

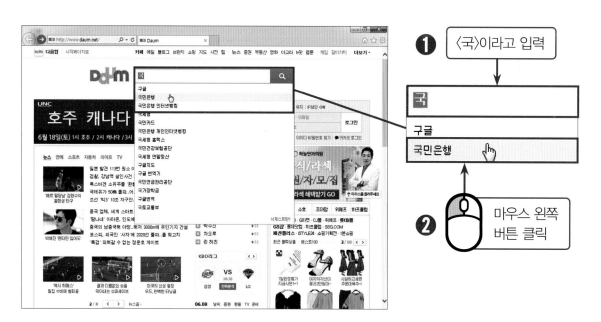

02 [KB 국민은행]을 클릭합니다.

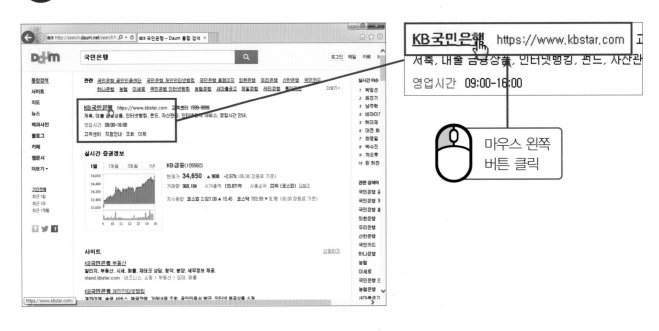

03 인증서를 발급받기 위해 [공인인증센터]를 클릭합니다.

[인증서 발급/재발급]을 클릭합니다.

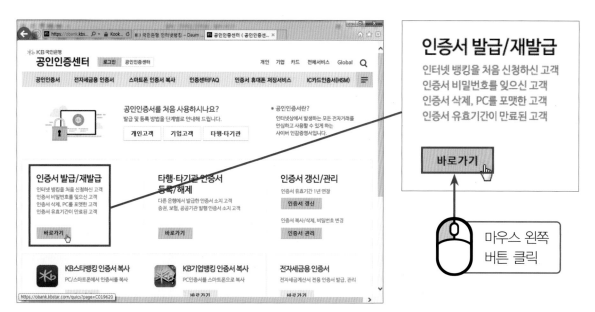

05 **[개인용인증서 발급]을 클릭합니다.**

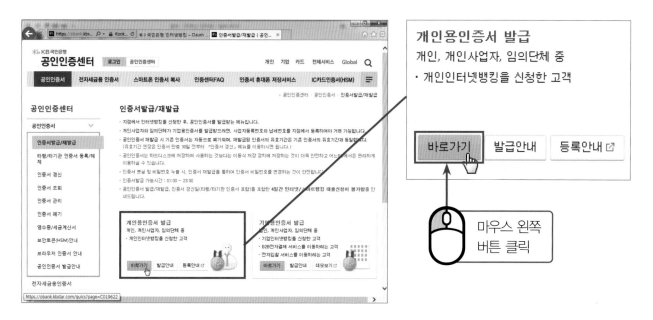

06 [아이디]를 입력하고 [사용자 암호]를 클릭하면 가상 키보드 창이 나타나는데 마우스로 비밀번호를 차례로 클릭합니다.

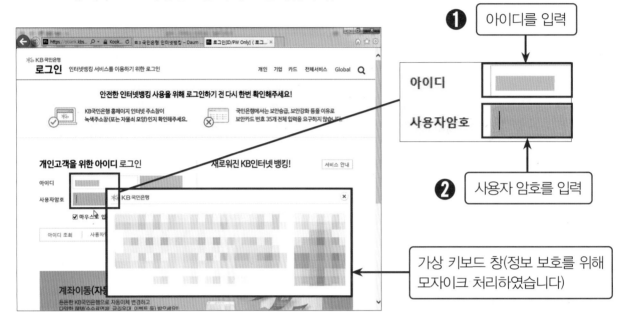

❶ 아이디를 입력

❷ 사용자 암호를 입력

가상 키보드 창(정보 보호를 위해 모자이크 처리하였습니다)

참고! [아이디]와 [사용자 암호]는 은행에서 인터넷 뱅킹을 신청할 때 작성한 신청서 양식에 있는 내용입니다. 가상 키보드가 나타나지 않으면 키보드를 이용하여 사용자 암호를 입력합니다.

07 [로그인]을 클릭합니다.

로그인

마우스 왼쪽 버튼 클릭

08 웹 메시지창이 나타나면 [확인]을 클릭합니다.

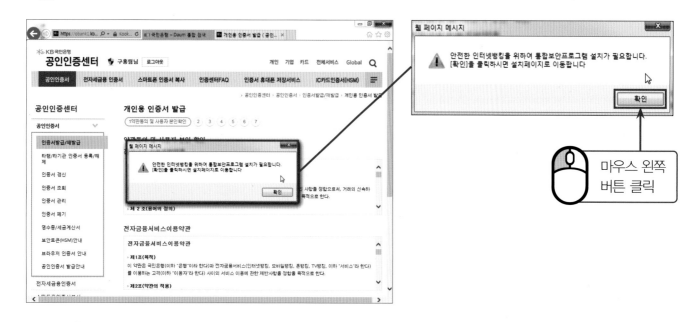

마우스 왼쪽
버튼 클릭

참고! 안전한 인터넷 뱅킹을 위해서 몇 가지 프로그램을 설치해야 합니다. 사용자의 컴퓨터에 이 프로그램이 설치되어 있다면 웹 메시지창이 나타나지 않을 수 있습니다. 그런 경우에는 **20**번으로 넘어가도 됩니다.

09 [전체설치]를 클릭합니다.

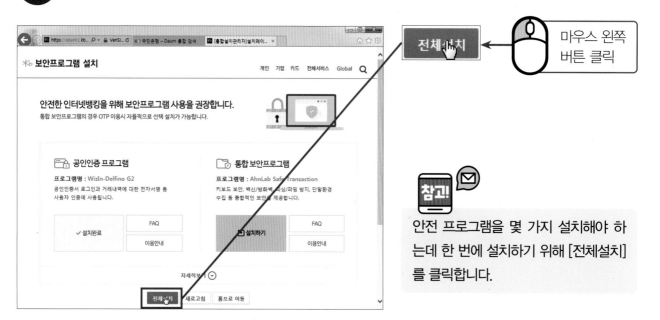

마우스 왼쪽
버튼 클릭

참고! 안전 프로그램을 몇 가지 설치해야 하는데 한 번에 설치하기 위해 [전체설치]를 클릭합니다.

10 프로그램 [실행]을 클릭합니다.

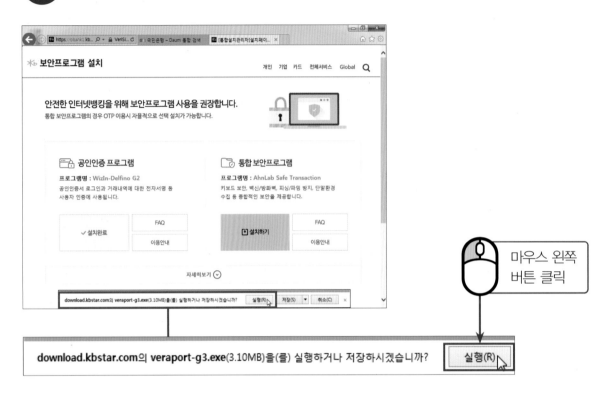

download.kbstar.com의 **veraport-g3.exe**(3.10MB)을(를) 실행하거나 저장하시겠습니까?   실행(R)

마우스 왼쪽
버튼 클릭

11 프로그램 설치 창이 나타나면 [다음]을 클릭합니다.

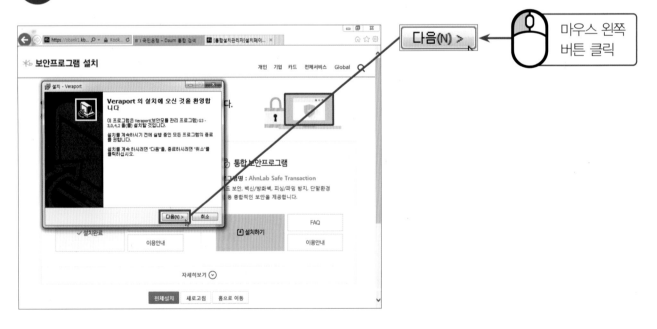

다음(N) >

마우스 왼쪽
버튼 클릭

12 웹 페이지 메시지가 나타나면 [확인]을 클릭합니다.

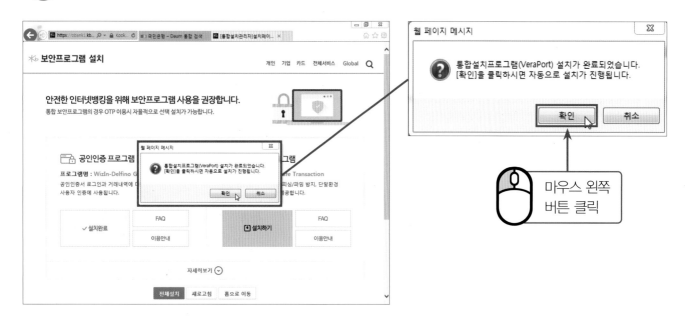

13 설치가 진행됩니다.

14 설치 후에는 다시 접속하라는 메시지가 나오면 [확인]을 클릭한 후 [개인]을
클릭합니다.

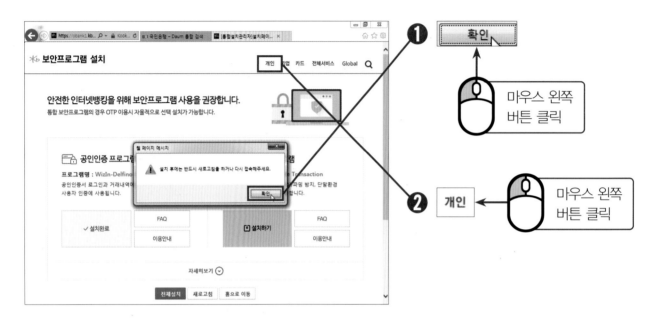

참고! 안전 프로그램이 설치된 후에는 새로운 환경에서 로그인을 해야 합니다.

15 국민은행 초기 화면에서 [개인]을 클릭하면 로그아웃한다는 메시지가 나타
나는데 [확인]을 클릭합니다.

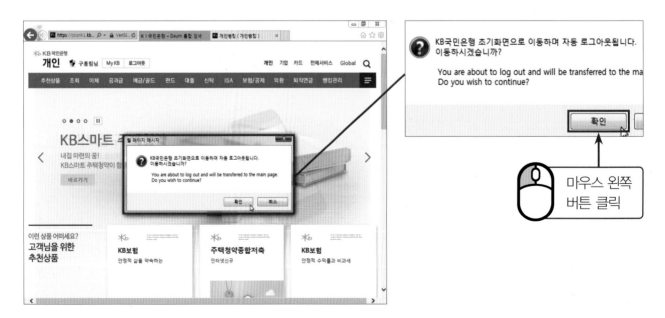

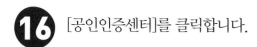 [공인인증센터]를 클릭합니다.

참고! 새로 바뀐 환경에서 새롭게 로그인을 하여 공인인증서를 받을 것입니다.

17 [인증서 발급/재발급]을 클릭합니다.

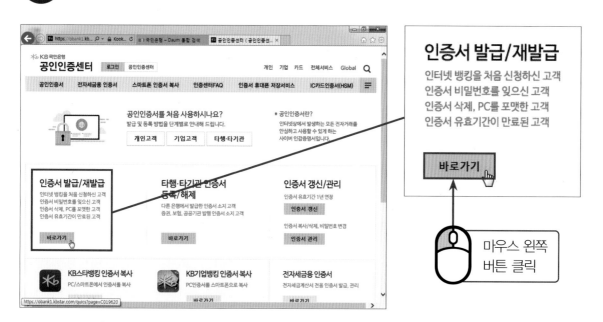

18 [개인용인증서 발급]의 [바로가기]를 클릭합니다.

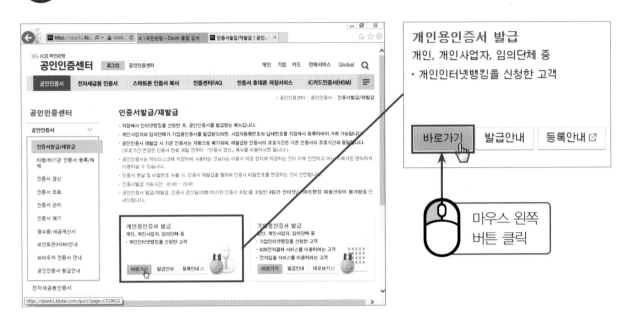

19 [아이디], [사용자 암호]를 입력한 후 [로그인]을 클릭합니다.

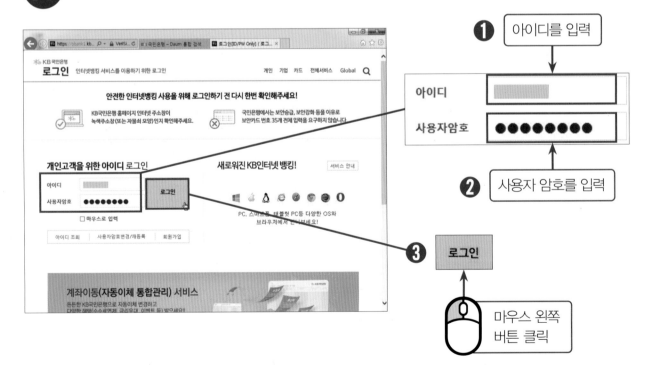

20 [주민등록번호]를 차례로 입력한 후 [약관 동의/본인확인]을 클릭합니다.

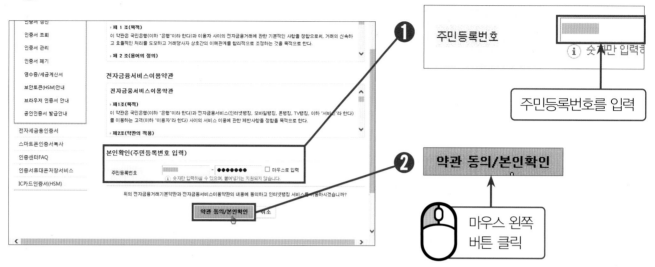

21 개인용 인증서 종류 및 수수료를 읽어 본 후 이용약관을 클릭(☑)하여 동의하고
화면 오른쪽의 스크롤바를 클릭하여 아래로 내립니다.

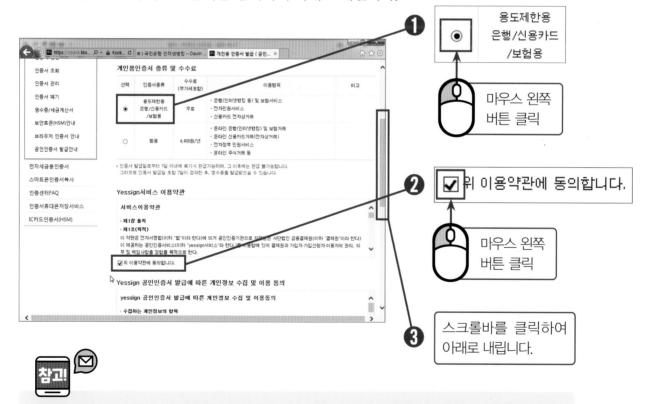

참고!

인터넷 뱅킹을 위한 공인인증서는 무료이며, 전자상거래를 위한 공인인증서는 1년에 4,400원의
수수료를 지급해야 합니다. 기본적으로는 [무료] 인증서가 선택이 되어 있습니다.

이용약관을 클릭(☑)하여 동의하고 [예]를 클릭합니다.

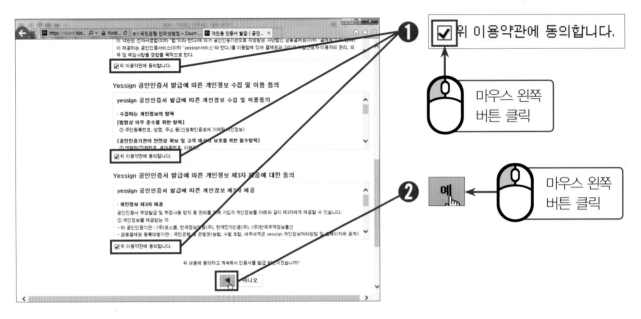

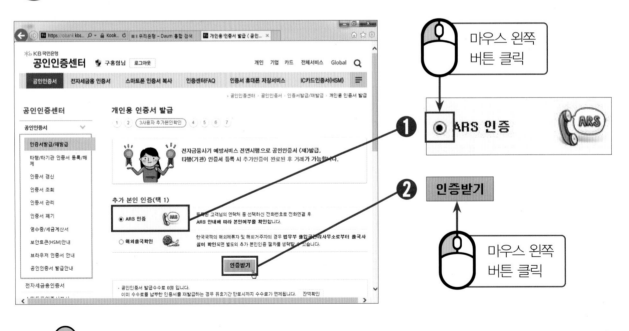 [추가 본인 인증]에서 [인증받기]를 클릭합니다.

참고! 기본값이 전화 통화를 이용한 ARS 인증입니다.

24 인증 전화를 받을 전화번호를 선택하고 [확인]을 클릭합니다.

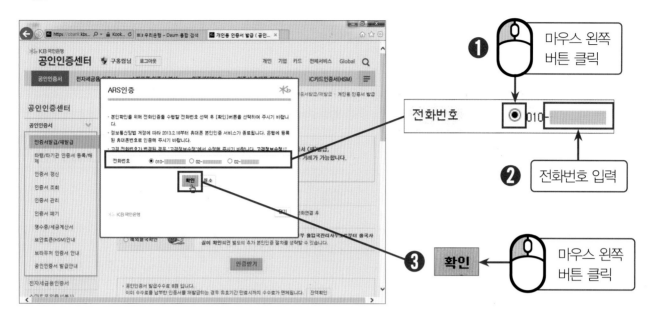

참고! ARS 인증에 나오는 전화번호는 은행에 입력된 내 전화번호 중 한 개를 선택하는 것입니다.

25 승인번호가 보이면서 선택한 전화번호로 전화가 오면 전화기에 [승인번호]를
누른 후 수화기를 내려놓고 [전화승인완료]를 클릭합니다.

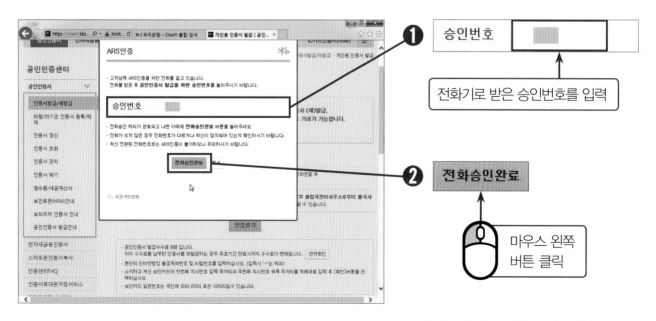

26 [출금계좌], [계좌비밀번호]를 입력한 후 [보안카드 비밀번호]를 차례로 두
자리씩 입력합니다.

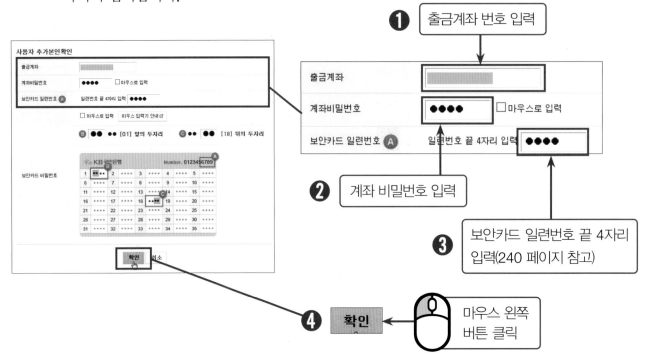

27 인증서 발급 내용을 확인한 후 [확인]을 클릭합니다.

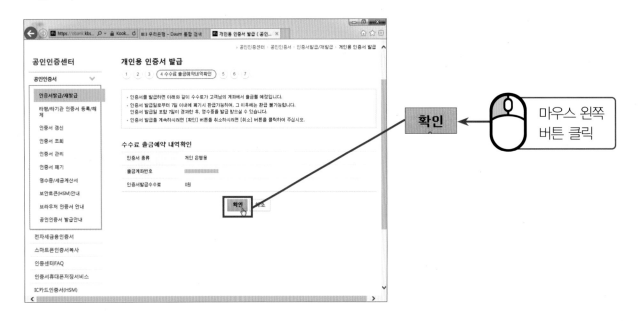

28 [고객 세부 정보 입력]에서 [은행정보 불러오기]를 클릭한 후 [확인]을 클릭합니다.

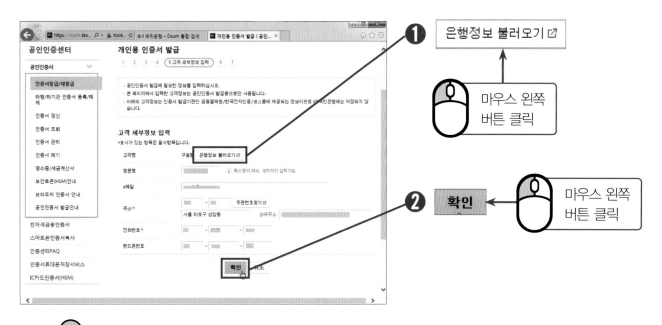

① 은행정보 불러오기 ☑

마우스 왼쪽
버튼 클릭

② 확인

마우스 왼쪽
버튼 클릭

참고! [은행정보 불러오기]는 은행 전산망에 기록되어 있는 전화번호, 주소, 이메일 주소 등을 자동으로 등록하는 것입니다. 만일 내용이 다르다면 불러온 내용을 삭제하고 직접 입력해도 됩니다.

29 인증서를 저장하기 위해 [인증서저장]을 클릭한 후 인증서를 저장할 위치를 선택(여기서는 하드디스크)하고 [확인]을 클릭합니다.

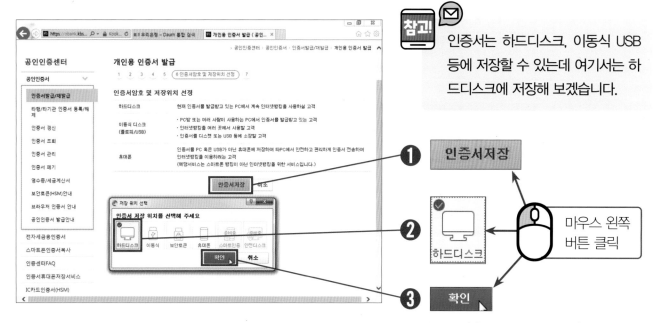

참고! 인증서는 하드디스크, 이동식 USB 등에 저장할 수 있는데 여기서는 하드디스크에 저장해 보겠습니다.

① 인증서저장

② 하드디스크

마우스 왼쪽
버튼 클릭

③ 확인

30 인증서 [암호]를 입력한 후 같은 내용으로 [암호 확인]에 한 번 더 입력합니다.

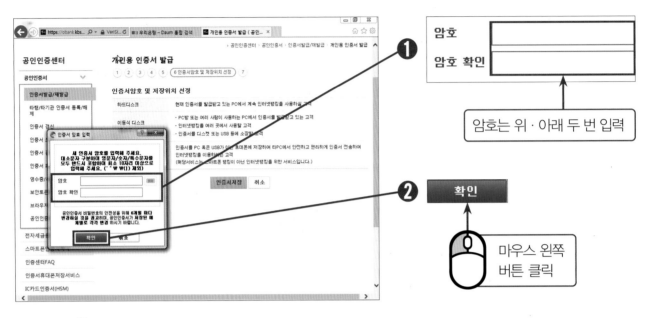

암호
암호 확인

암호는 위·아래 두 번 입력

① ②

확인

마우스 왼쪽
버튼 클릭

인증서 암호는 영문, 숫자, 특수문자(! @ # $ % ^ & * ( ) + ? 등)를 섞어서 10자리 이상으로 지정해야 합니다. 그리고 잘 기억해야 합니다.

31 다른 매체에 인증서를 저장하겠느냐는 메시지가 나타나면 [아니오]를 클릭합니다.

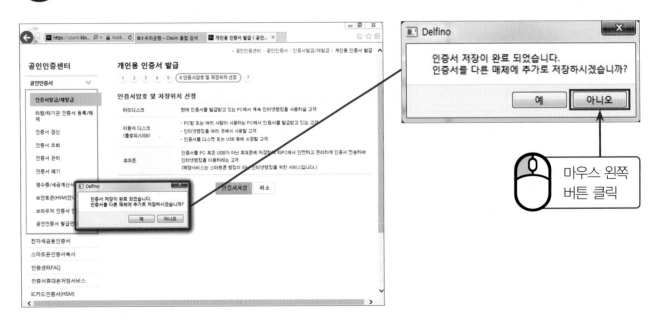

Delfino

인증서 저장이 완료 되었습니다.
인증서를 다른 매체에 추가로 저장하시겠습니까?

예   아니오

마우스 왼쪽
버튼 클릭

인증서가 정상적으로 발급되었다는 메시지가 나오면 [확인]을 클릭합니다.

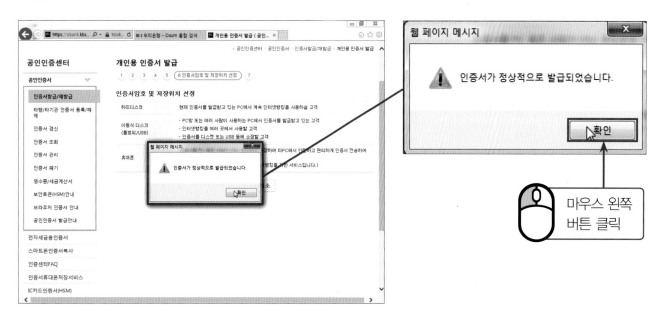

33 다시 로그인하라는 메시지가 나타나면 [확인]을 클릭한 후 [로그아웃]을 클릭합니다.

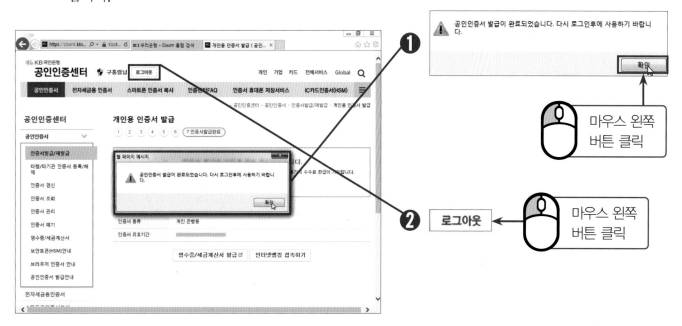

참고! 반드시 [로그아웃]을 클릭하여 로그아웃을 해야 합니다.

정상적으로 로그아웃되었다는 메시지가 나타나면 [확인]을 클릭합니다.

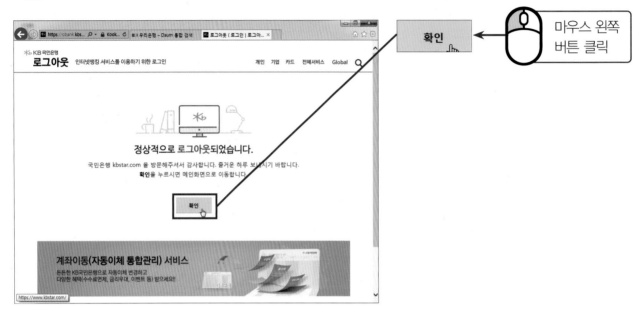

Section 03 계좌 조회하고 이체하기

내 은행 계좌를 조회하고 일정 금액을 다른 계좌로 이체해 보겠습니다.

1) 계좌 조회하기

01 [로그인]을 클릭합니다.

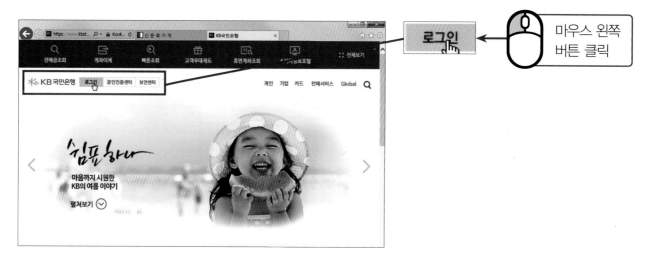

마우스 왼쪽 버튼 클릭

02 [공인인증서 로그인]을 클릭합니다.

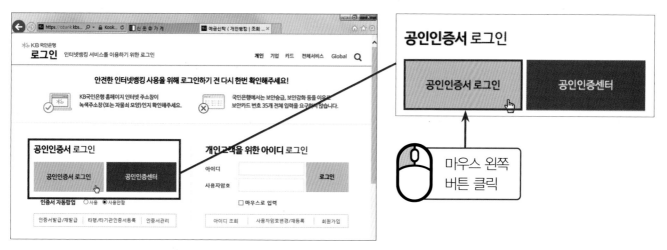

공인인증서 로그인

마우스 왼쪽 버튼 클릭

03 [전자 서명 작성] 창이 나타나면 [하드디스크]를 클릭하고 공인인증서를 선택한 후 암호 입력란을 클릭하고 [확인]을 클릭합니다.

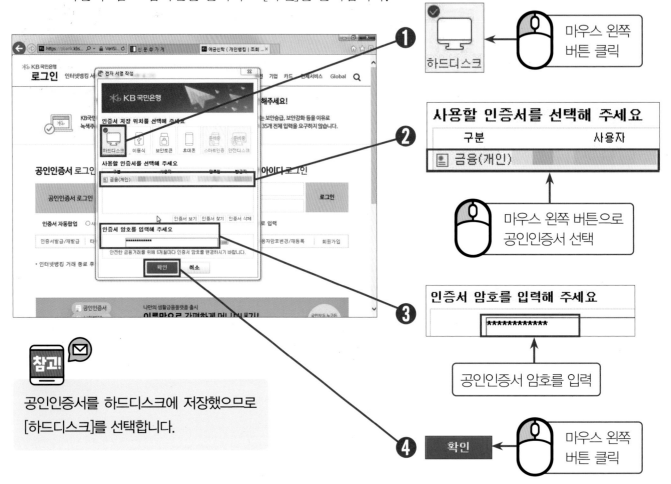

공인인증서를 하드디스크에 저장했으므로 [하드디스크]를 선택합니다.

04 로그인 후 화면에서 [조회]를 클릭합니다.

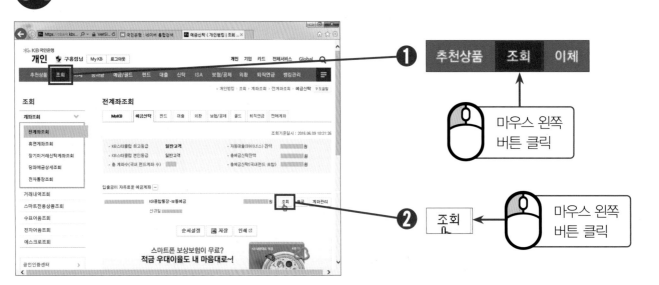

05 [조회기간], [조회내용]을 선택하고 [조회]를 클릭합니다.

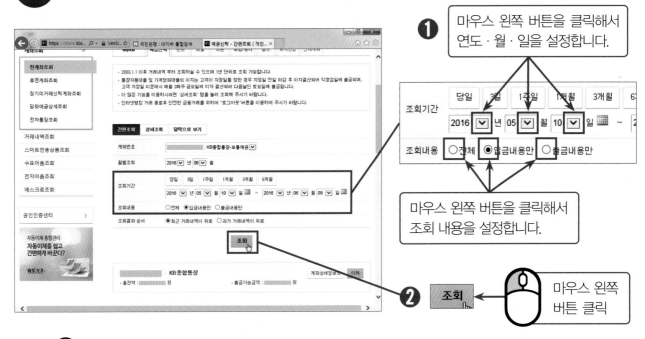

❶ 마우스 왼쪽 버튼을 클릭해서
연도 · 월 · 일을 설정합니다.

마우스 왼쪽 버튼을 클릭해서
조회 내용을 설정합니다.

❷ 마우스 왼쪽
버튼 클릭

참고! [조회기간], [조회내용]을 선택하지 않으면 전체적인 입 · 출금 내역을 다 보여 줍니다.

06 선택한 기간 동안 선택한 조회 내용만 보여 줍니다.

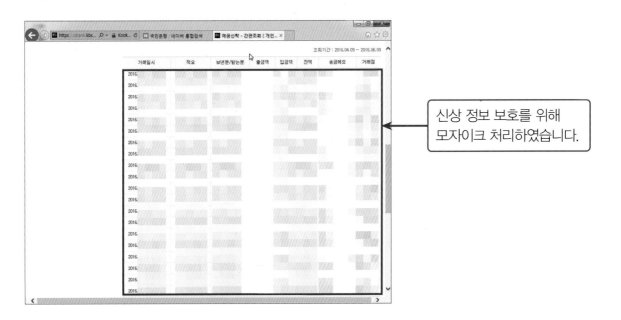

신상 정보 보호를 위해
모자이크 처리하였습니다.

2) 이체하기

다른 사람의 통장으로 이체를 해 보겠습니다. 보안카드와 휴대폰이 필요합니다.

01 [이체]를 선택한 후 [출금계좌번호]를 클릭합니다. [비밀번호]를 입력한 후
[이체금액]을 입력합니다.

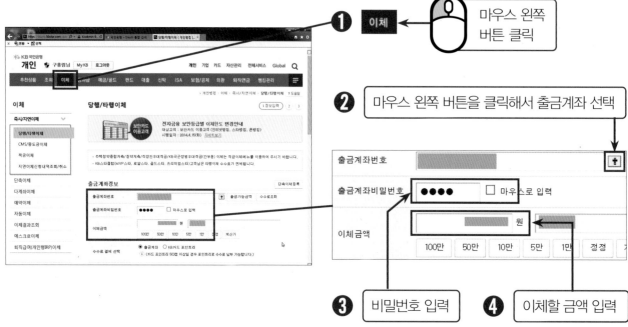

02 [입금은행]의 🕆를 클릭한 후 은행 목록에서 입금할 은행을 선택하고 [입금계좌
번호]를 입력합니다. [받는분 예금주]를 입력한 후 [확인]을 클릭합니다.

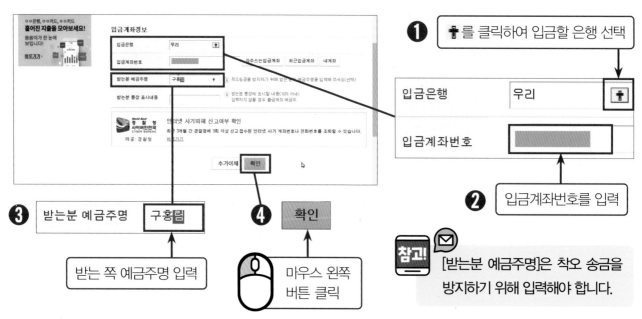

03 보안카드를 보면서 [보안매체 비밀번호 입력]란에 보안카드에 있는 비밀번호
를 입력한 후 [확인]을 클릭합니다.

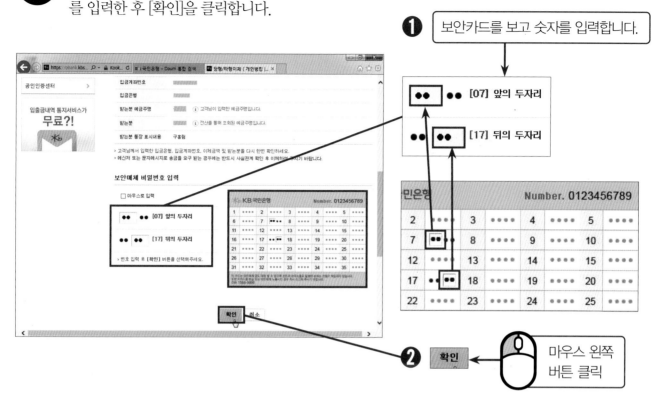

❶ 보안카드를 보고 숫자를 입력합니다.

04 [전자 서명 작성] 창이 나타나면 인증서 암호를 입력한 후 [확인]을 클릭합니다.

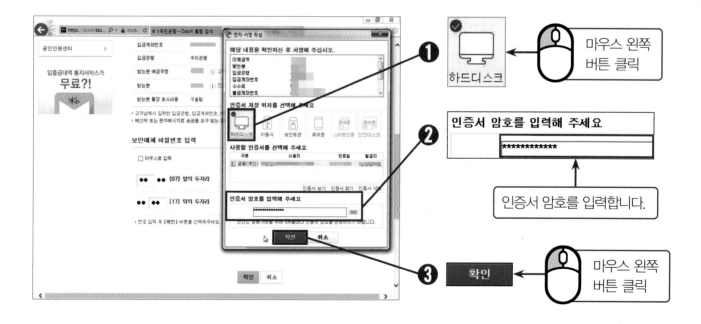

정상적으로 이체되었다는 메시지가 나옵니다.

정상적으로 이체완료 되었습니다.

타행계좌로의 이체는 입금은행의 사정에 따라
해당계좌 입금은 다소 지연될 수 있습니다.

06 스크롤바를 클릭하여 위로 드래그한 후 [로그아웃]을 클릭합니다.

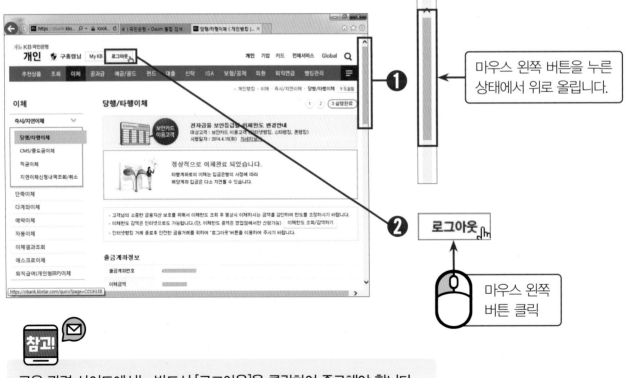

마우스 왼쪽 버튼을 누른
상태에서 위로 올립니다.

로그아웃

마우스 왼쪽
버튼 클릭

참고!

금융 관련 사이트에서는 반드시 [로그아웃]을 클릭하여 종료해야 합니다.

07 정상적으로 로그아웃이 되었으면 [확인]을 클릭합니다.

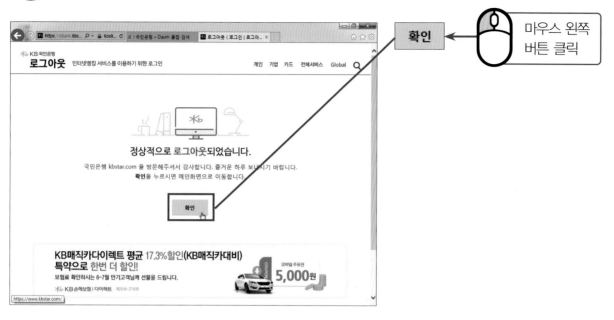

확인 → 마우스 왼쪽 버튼 클릭

팁! 사용자 암호가 3번 오류 났을 때

01 사용자 암호를 3회 이상 잘못 입력하면 다음과 같은 메시지가 나타나는데 [개인고객 사용자암호 3회 오류해제 바로가기]를 클릭합니다.

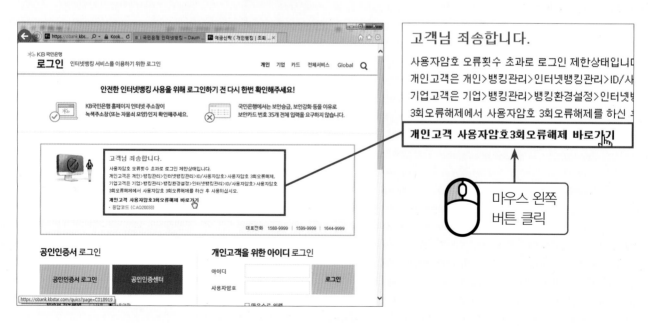

고객님 죄송합니다.

사용자암호 오류횟수 초과로 로그인 제한상태입니다.
개인고객은 개인>뱅킹관리>인터넷뱅킹관리>ID/사
기업고객은 기업>뱅킹관리>뱅킹환경설정>인터넷
3회오류해제에서 사용자암호 3회오류해제를 하신

개인고객 사용자암호3회오류해제 바로가기

마우스 왼쪽 버튼 클릭

02 [ID]와 [생년월일]을 입력하고 [사용자암호를 모르는 경우]를 클릭합니다.

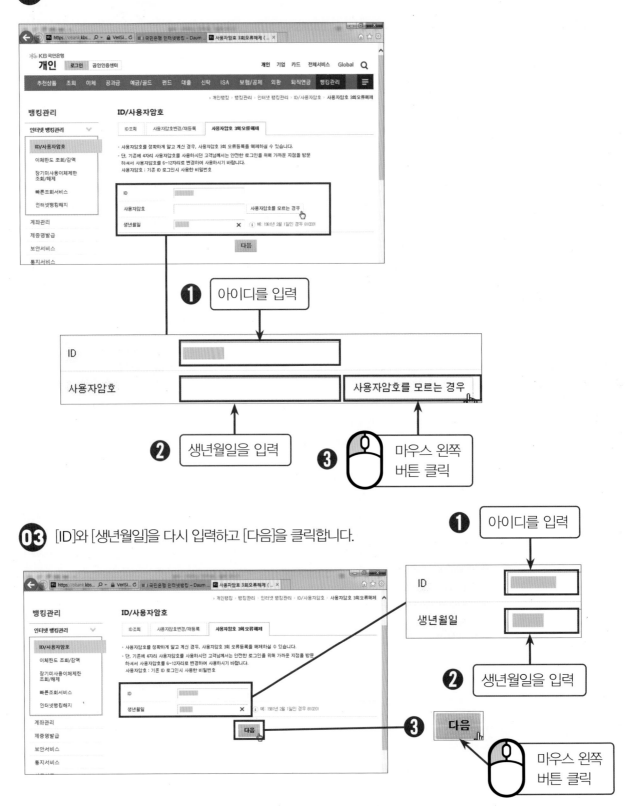

① 아이디를 입력

ID

사용자암호   사용자암호를 모르는 경우

② 생년월일을 입력   ③ 마우스 왼쪽 버튼 클릭

03 [ID]와 [생년월일]을 다시 입력하고 [다음]을 클릭합니다.

① 아이디를 입력

ID

생년월일

② 생년월일을 입력

③ 다음   마우스 왼쪽 버튼 클릭

04 입력한 내용을 확인하고 [다음]을 클릭합니다.

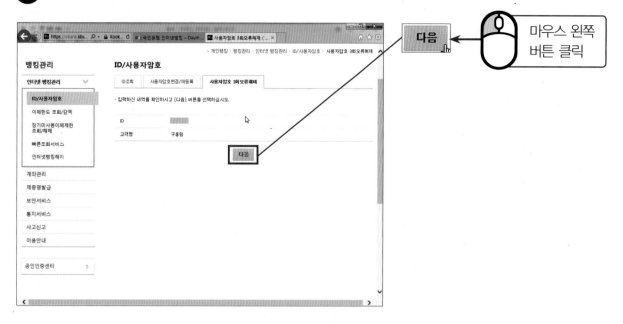

마우스 왼쪽
버튼 클릭

05 [입출금 계좌번호], [계좌비밀번호], [새로지정할 사용자암호], [새로지정할 사용자암호
확인]을 차례로 입력합니다. [보안매체 비밀번호 입력]을 차례로 입력한 후 [다음]을
클릭합니다.

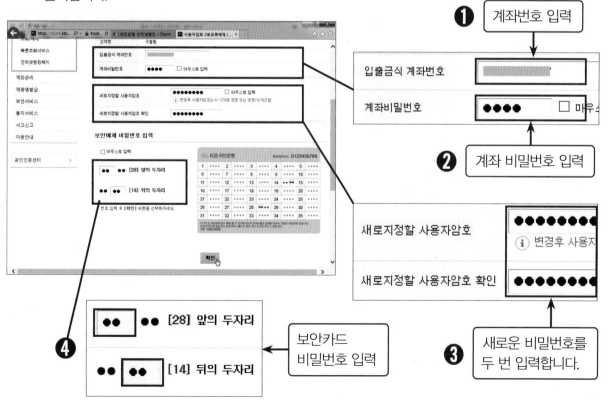

❶ 계좌번호 입력

❷ 계좌 비밀번호 입력

❸ 새로운 비밀번호를
두 번 입력합니다.

❹ 보안카드
비밀번호 입력

[28] 앞의 두자리

[14] 뒤의 두자리

06 오류등록이 해제되었다는 메시지가 나타나면 [확인]을 클릭합니다.

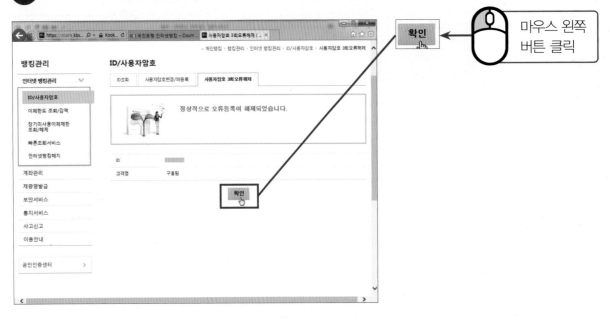

마우스 왼쪽
버튼 클릭

07 [로그인]을 클릭하여 다시 접속을 시도합니다.

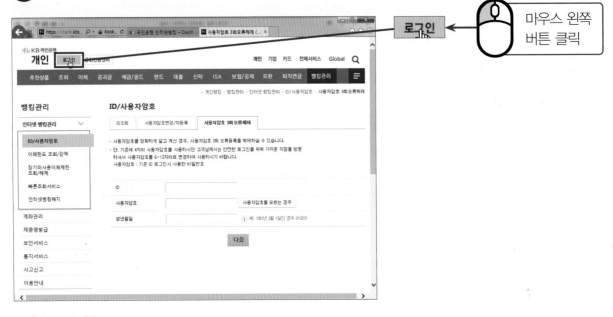

마우스 왼쪽
버튼 클릭

제14장

우리은행 인터넷 뱅킹 사용하기

우리은행의 인터넷 뱅킹에 가입하고
은행 잔고 조회와 이체를 해 보겠습니다.

Section 01 준비 사항

인터넷 뱅킹을 위해서는 몇 가지 준비해야 할 사항이 있으며, 은행에서 아이디와 비밀번호를 만든 후에는 잘 기억하고 있어야 합니다.

① 신분증과 도장을 가지고 우리은행에 가서 인터넷 뱅킹 가입 신청을 합니다.

② 가입 신청 시 작성한 아이디와 비밀번호를 잘 기억합니다.

③ 보안카드를 받아가지고 옵니다.

④ 인터넷에 접속하여 가입 신청을 합니다.

팁! 인터넷 뱅킹 시 주의 사항

〈보안카드〉

보안카드는 인터넷 뱅킹을 할 때 반드시 있어야 하며 어떤 경우에도 보안카드를 타인에게 보여 주거나 숫자를 불러 주면 안 됩니다.

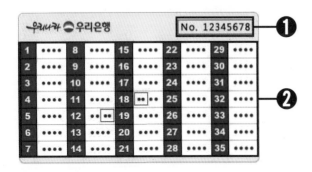

❶ 보안카드 일련번호

❷ 보안카드 정보

인터넷 뱅킹으로 이체할 때는 반드시 보안카드에서 숫자 4자리(2자리씩 2번)를 입력해야 합니다.

예를 들어 18번 앞 2자리, 12번 뒤 2자리처럼, 앞에 2자리를 입력하고 후에 뒤 2자리를 입력합니다.

Section 02

공인인증서를 하드디스크에 발급받기

인터넷 뱅킹에 가입하려면 컴퓨터에서는 공인인증서를 받아야 합니다. 공인인증서를 받으려면 전화기(휴대폰)와 은행에서 받은 보안카드가 있어야 합니다.

공인인증서는 전자상거래(은행, 인터넷 쇼핑, 금융 등) 시 신원을 확인하고, 문서의 위조, 변조를 방지할 목적으로 국가가 보증하는 공인기관에서 발행하는 전자 인감증명이라고 할 수 있습니다.

01 검색어 입력란에 은행의 이름(우리)을 입력한 후 우리은행을 클릭합니다.

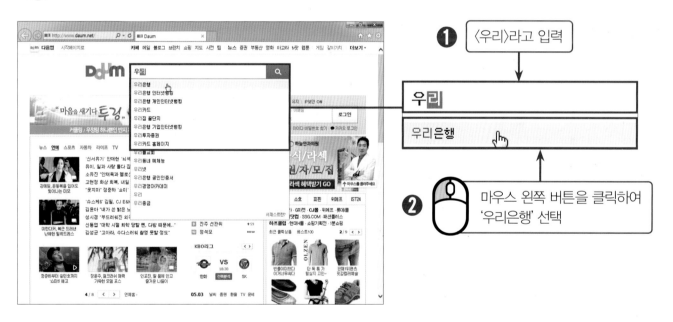

❶ 〈우리〉라고 입력

우리

우리은행

❷ 마우스 왼쪽 버튼을 클릭하여 '우리은행' 선택

검색 결과에서 은행의 홈페이지를 클릭합니다.

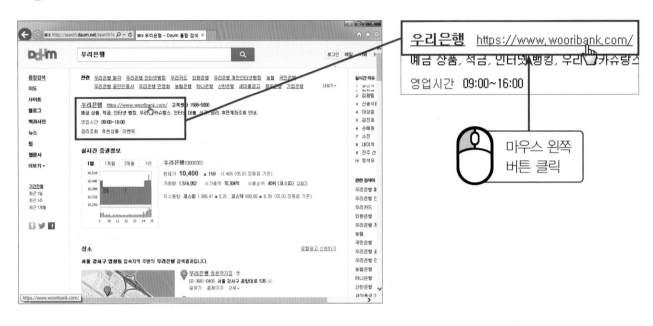

우리은행 https://www.wooribank.com/

예금 상품, 적금, 인터넷뱅킹, 우리 카슈랑스

영업시간 09:00~16:00

마우스 왼쪽
버튼 클릭

03 [공인인증센터]를 클릭한 후 [개인]을 클릭합니다.

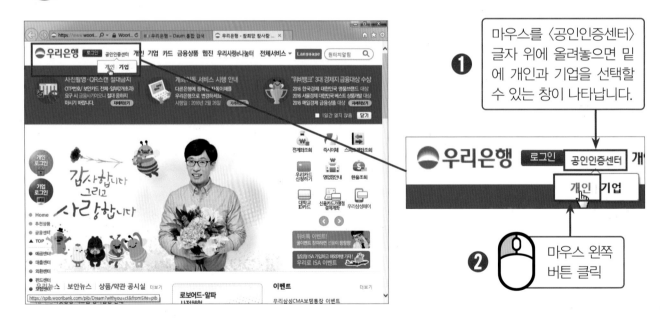

마우스를 〈공인인증센터〉
글자 위에 올려놓으면 밑
에 개인과 기업을 선택할
수 있는 창이 나타납니다.

❶

우리은행 로그인 공인인증센터 개

개인 기업

마우스 왼쪽
버튼 클릭

❷

안내 사항을 읽어 본 후 ([닫기 ⊗])를 클릭합니다.

마우스 왼쪽
버튼 클릭

참고!

주의 사항은 가급적 읽어 보는 것이 좋습니다.

05 [공인인증서 발급/재발급]의 [발급/재발급]을 클릭합니다.

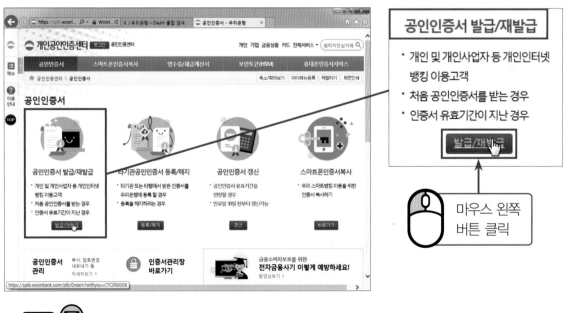

공인인증서 발급/재발급

· 개인 및 개인사업자 등 개인인터넷
  뱅킹 이용고객
· 처음 공인인증서를 받는 경우
· 인증서 유효기간이 지난 경우

발급/재발급

마우스 왼쪽
버튼 클릭

참고!

공인인증서의 사용 기간은 1년이며 1년 이내에 [공인인증서 갱신]을 하면 됩니다.
사용 기간이 만료된 후에는 [공인인증서 발급/재발급]을 신청하면 됩니다.

06 [인증서의 종류 선택]에서 [개인 은행 / 신용카드 / 보험용 공인인증서]를 클릭합니다.

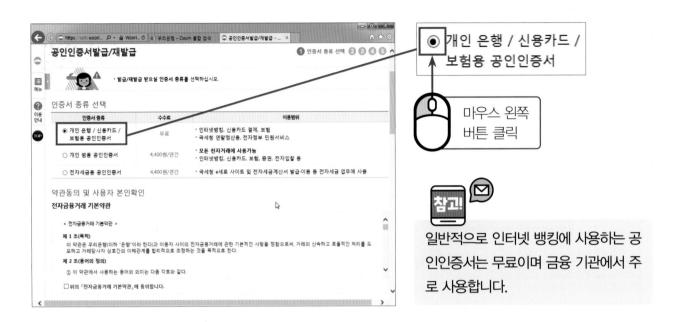

개인 은행 / 신용카드 / 보험용 공인인증서

마우스 왼쪽 버튼 클릭

참고!

일반적으로 인터넷 뱅킹에 사용하는 공인인증서는 무료이며 금융 기관에서 주로 사용합니다.

07 오른쪽의 스크롤바를 클릭하여 아래로 내린 후 [전체약관에 동의합니다]를 클릭(☑)한 후 [확인]을 클릭합니다.

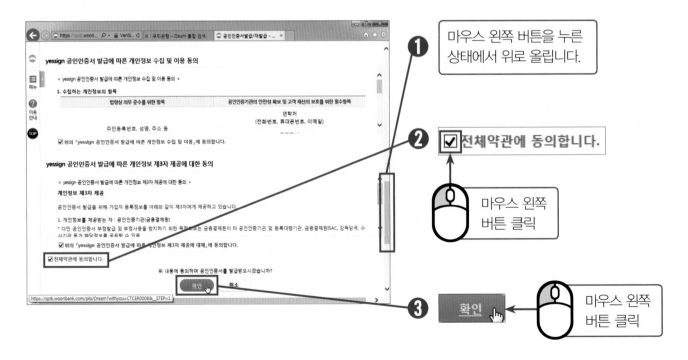

❶ 마우스 왼쪽 버튼을 누른 상태에서 위로 올립니다.

❷ ☑ 전체약관에 동의합니다.

마우스 왼쪽 버튼 클릭

❸ 확인

마우스 왼쪽 버튼 클릭

개인정보 수집 및 이용에 관한 내용에 동의하는 것으로, 반드시 동의해야 다음 단계로 갈 수 있습니다.

08 보안프로그램 설치 페이지가 나타나면 [전체설치]를 클릭한 후 [실행]을 클릭합니다.

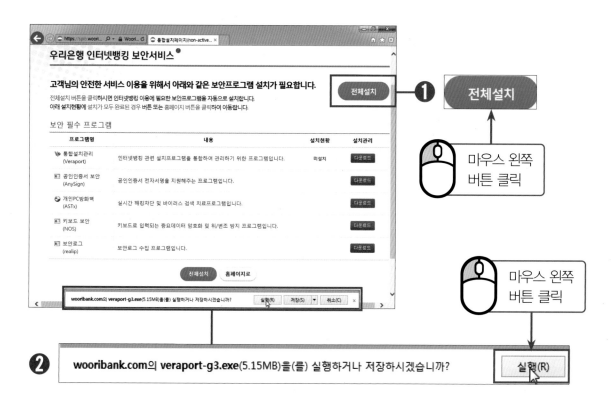

컴퓨터에 따라서 이미 설치되어 있다면 이 창이 나타나지 않을 수 있습니다. 인터넷 뱅킹은 금융 거래이므로 여러 가지의 보안 프로그램을 설치해야 합니다. 컴퓨터에 따라서 설치가 되어 있는 프로그램도 있을 수 있지만 [전체설치]를 클릭합니다.

09 보안 모듈을 설치하겠느냐는 창이 나타나면 [다음]을 클릭합니다.

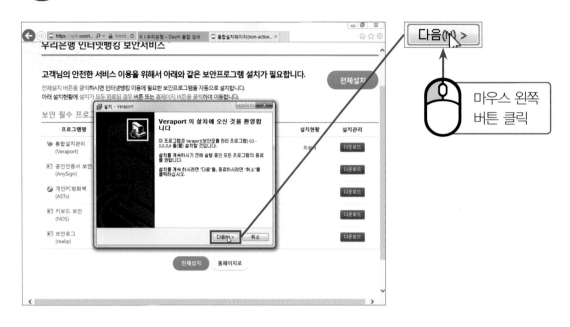

10 안랩의 트랜잭션을 설치하겠느냐는 창이 나타나면 [다음]을 클릭합니다.

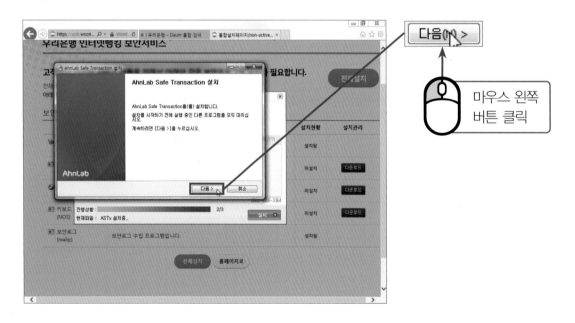

11 트랜잭션 설치 창이 나타나면 [동의함]을 클릭합니다.

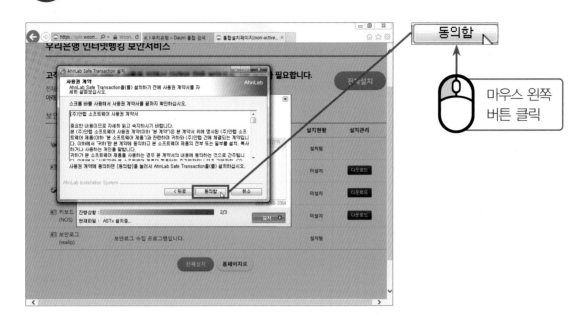

12 설치를 마쳤다는 창이 나타나면 [마침]을 클릭합니다.

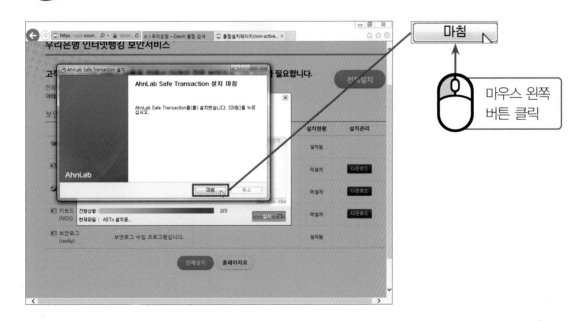

13 온라인 보안 프로그램을 설치하겠느냐는 창이 나타나면 [설치]를 클릭합니다.

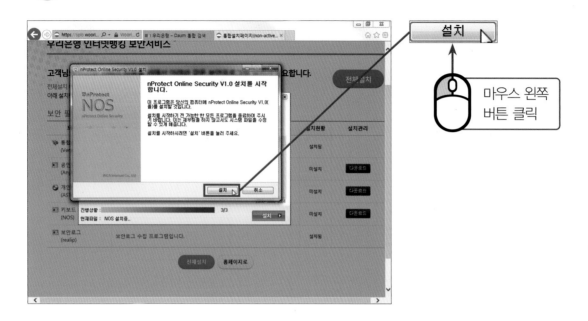

14 보안 프로그램 설치가 완료되었다는 창이 나타나면 [확인]을 클릭합니다.

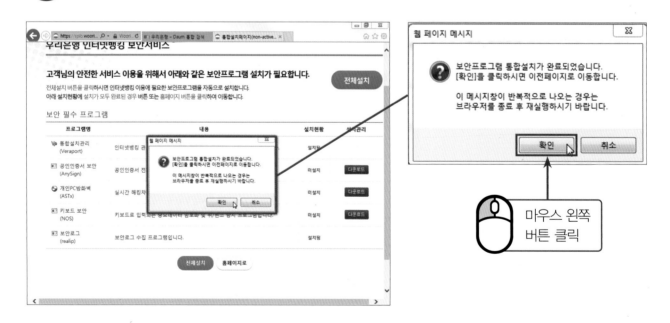

15 [이용자 ID]와 [주민등록번호]를 입력한 후 [확인]을 클릭합니다.

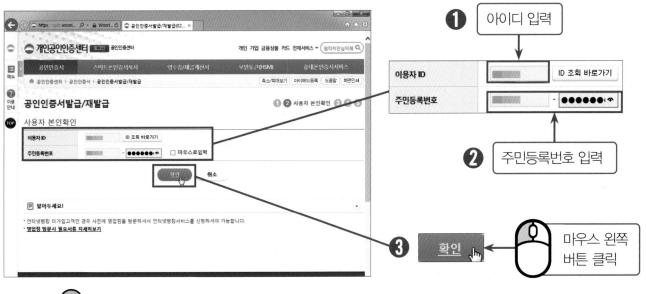

[이용자 ID]는 은행에서 인터넷 뱅킹에 가입할 때 작성한 아이디를 입력합니다.
컴퓨터에 따라서는 **06**번 인증서 종류 선택 화면이 한 번 더 나올 수 있습니다.

16 [추가인증수단 선택]에서 [2채널인증(전화승인)]을 클릭한 후 전화번호 승인을
신청할 전화번호를 선택한 후 [전화번호 승인요청]을 클릭합니다.

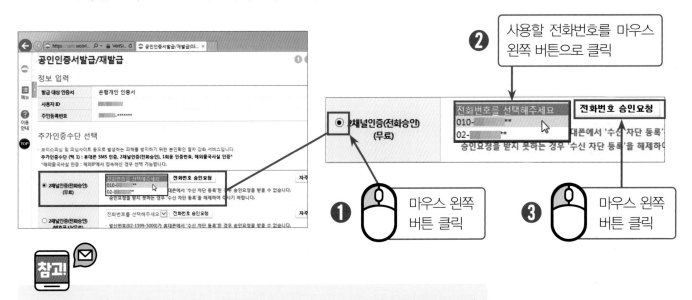

선택한 전화번호로 전화가 오면 승인 번호를 눌러서 다시 확인을 하는 것입니다.

17 전화승인 진행안내 문구가 보이면서 전화가 옵니다. 전화 음성을 듣고 숫자를 전화기에 입력한 후 [전화승인완료]를 클릭하고 다음 단계로 진행한다는 창이 나타나면 [확인]을 클릭합니다.

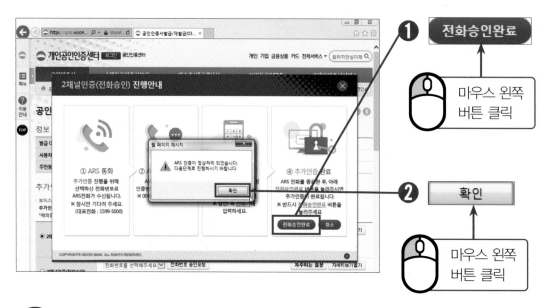

18 보안카드를 보면서 보안카드 일련번호와 보안카드 정보 입력에 필요한 숫자를 입력한 후 [확인]을 클릭합니다.

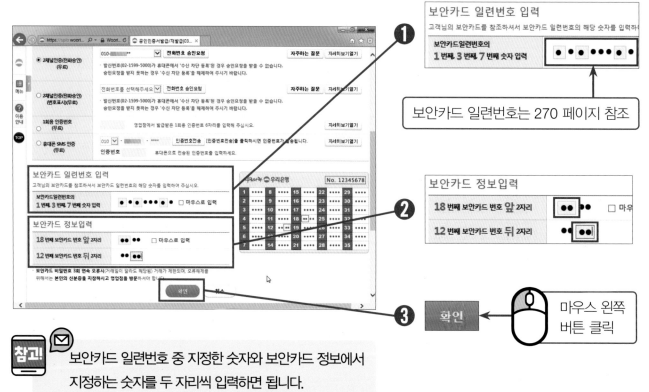

참고! 보안카드 일련번호 중 지정한 숫자와 보안카드 정보에서 지정하는 숫자를 두 자리씩 입력하면 됩니다.

19 [출금계좌번호]를 입력한 후 [계좌비밀번호]를 입력하기 위해 [마우스로 입력]
을 클릭합니다.

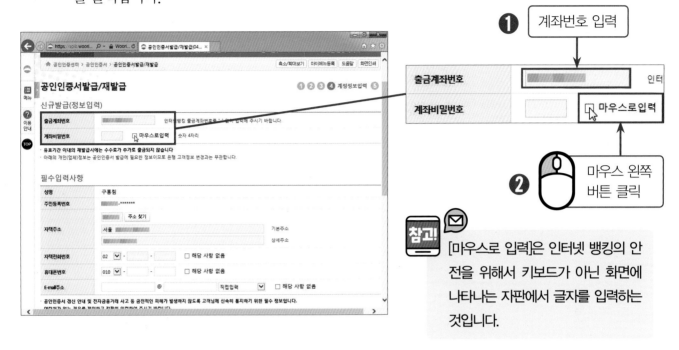

참고! [마우스로 입력]은 인터넷 뱅킹의 안전을 위해서 키보드가 아닌 화면에 나타나는 자판에서 글자를 입력하는 것입니다.

20 화면에 나타나는 자판에서 계좌 비밀번호를 차례로 클릭하여 입력한 후 ⊗를
클릭하여 자판을 닫습니다(정보 보호를 위해 모자이크 처리하였습니다).

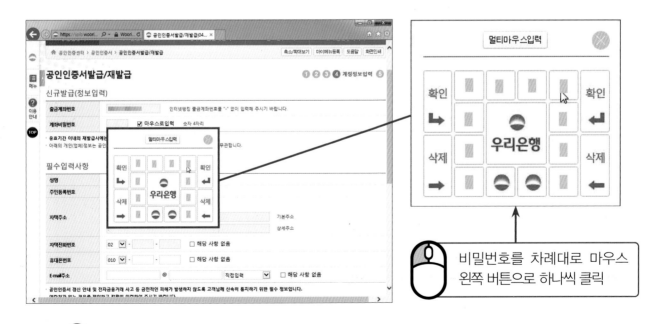

비밀번호를 차례대로 마우스 왼쪽 버튼으로 하나씩 클릭

참고! 자판의 배치는 일반적인 자판의 배치와 다르기 때문에 잘 보고 천천히 클릭해야 합니다.

주소를 입력하기 위해서 [주소 찾기]를 클릭합니다.

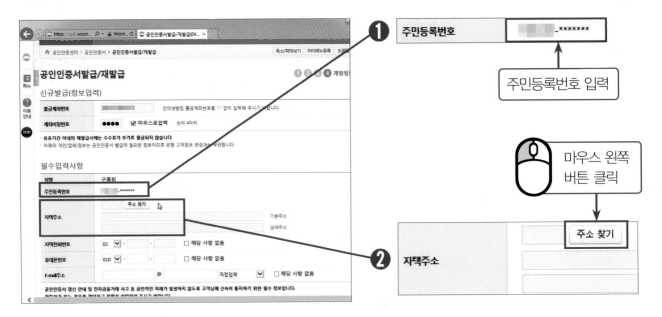

22 동(읍/면/리)명 입력란에 동 이름을 입력한 후 [검색]을 클릭합니다.

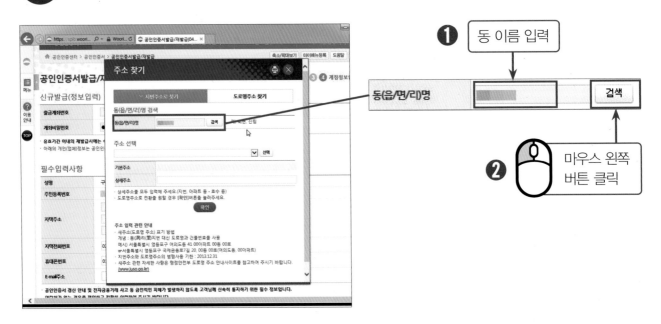

23 [주소 선택]의 ✔를 클릭하여 자신의 주소를 선택합니다.

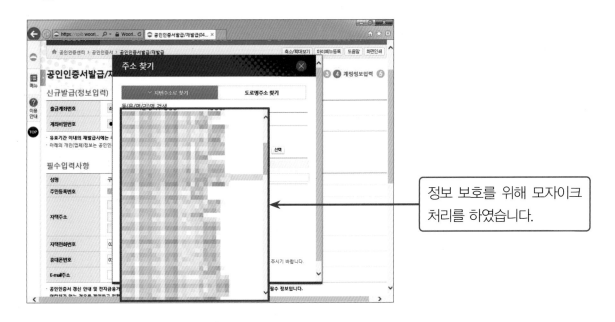

정보 보호를 위해 모자이크 처리를 하였습니다.

24 [선택]을 클릭하면 [기본 주소] 입력란에 기본 주소가 입력됩니다. [상세 주소] 입력란을 클릭하여 상세 주소를 입력한 후 [확인]을 클릭합니다.

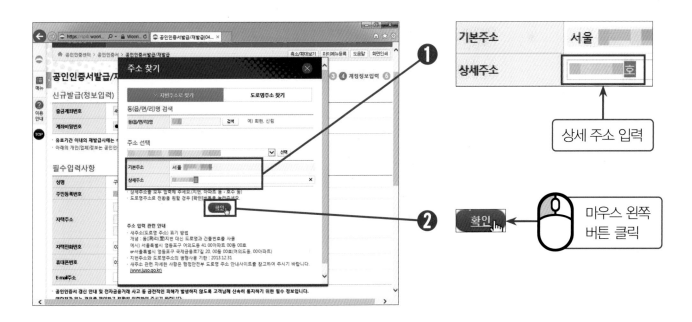

상세 주소 입력

마우스 왼쪽 버튼 클릭

25 정확하게 입력된 자신의 주소를 선택(◉)한 후 [확인]을 클릭합니다.

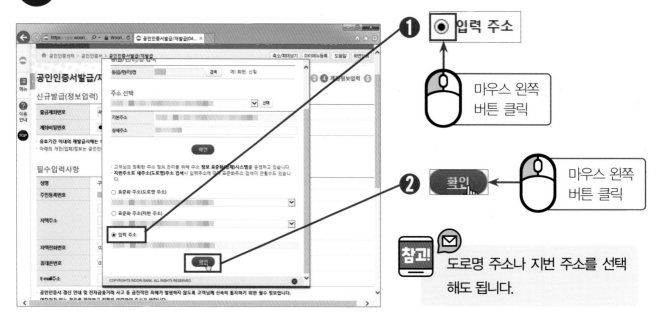

① ◉ 입력 주소

마우스 왼쪽 버튼 클릭

② 확인

마우스 왼쪽 버튼 클릭

참고! 도로명 주소나 지번 주소를 선택해도 됩니다.

26 [자택전화번호]나 [휴대폰번호]를 입력한 후 [E-mail주소]를 입력합니다.

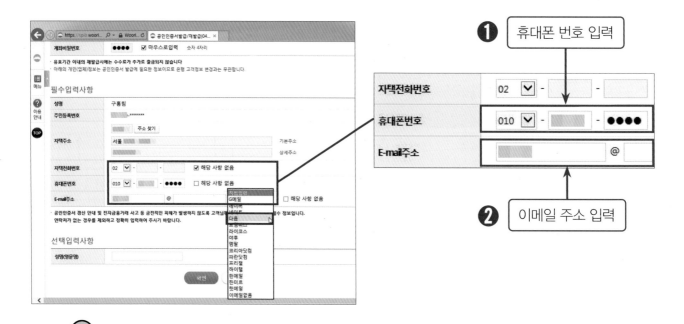

① 휴대폰 번호 입력

② 이메일 주소 입력

참고! 휴대폰 번호나 자택 전화번호가 없는 경우 [해당 사항 없음]을 클릭합니다. 전화번호를 입력하면 은행에서 고객들에게 서비스하는 내용을 문자로 알려 줍니다. [E-mail 주소]는 현재 사용하는 이메일 주소를 입력하면 됩니다.

27 [성명(영문명)]을 클릭하여 영문 이름을 입력한 후 [확인]을 클릭합니다. 영
문 성명은 선택 사항이므로 입력하지 않아도 됩니다.

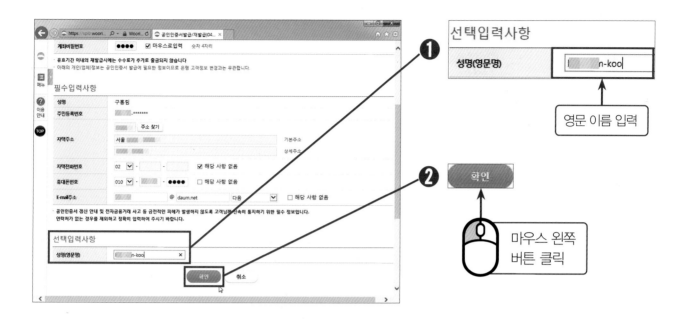

28 입력한 내용이 맞는지 확인한 후 [확인]을 클릭합니다.

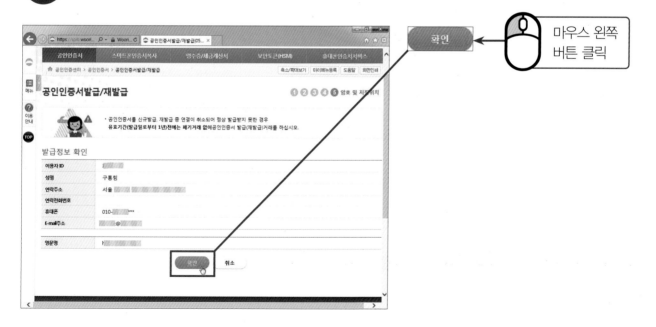

29 공인인증서 저장 안내가 나타나면 내용을 읽어 본 후 [확인]을 클릭합니다.

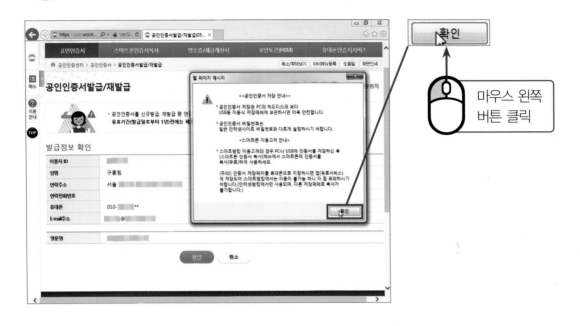

마우스 왼쪽
버튼 클릭

30 공인인증서를 저장할 저장 매체를 선택한 후 [확인]을 클릭합니다.

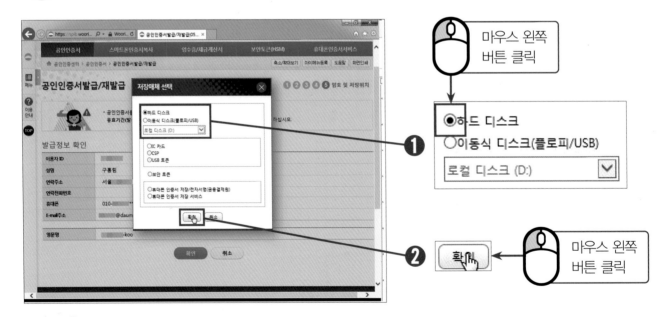

마우스 왼쪽
버튼 클릭

① ⦿하드 디스크
○이동식 디스크(플로피/USB)
로컬 디스크 (D:)

② 확인
마우스 왼쪽
버튼 클릭

참고! 여기서는 [하드 디스크]에 저장하는 것을 선택했습니다. 만일 자기의 PC가 아니라면
[이동식 디스크]를 클릭하여 USB에 저장해도 됩니다.

31 [인증서 암호 입력] 창이 나타나면 [인증서 암호]를 클릭하고 암호를 입력한 후 [인증서 암호 확인]란을 클릭하여 암호를 한 번 더 입력하고 [확인]을 클릭합니다.

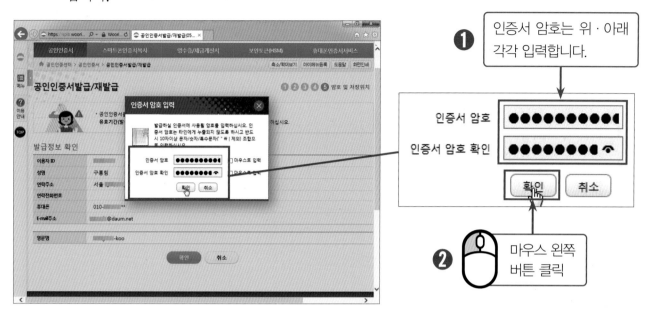

① 인증서 암호는 위 · 아래 각각 입력합니다.

② 마우스 왼쪽 버튼 클릭

참고! 인증서의 암호는 영문, 숫자, 특수 문자를 섞어서 10자 이상이 되어야 하며 잊어버리지 않도록 주의해서 만들어야 합니다.

32 인증서를 발급받았다는 메시지가 나타나면 [확인]을 클릭합니다.

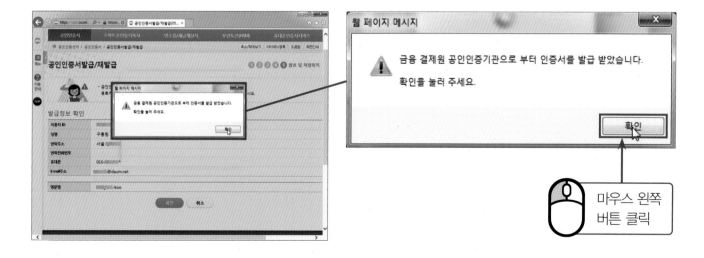

웹 페이지 메시지

금융 결제원 공인인증기관으로 부터 인증서를 발급 받았습니다.
확인을 눌러 주세요.

확인

마우스 왼쪽 버튼 클릭

인증서 발급이 완료되면 [확인]을 클릭합니다.

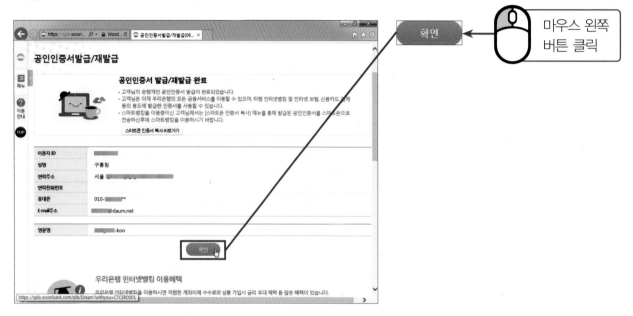

마우스 왼쪽
버튼 클릭

하드디스크에 인증서가 발급되었습니다.

거래 내역 조회하고 이체하기

인터넷 뱅킹을 이용하여 통장 거래 내역을 조회한 후 이체해 보겠습니다. 이체를 한 후에는 해당 계좌를 자주 사용하는 입금 계좌로 등록해 보겠습니다.

1) 거래내역 조회하기

01 [로그인]에서 [개인뱅킹]을 클릭합니다.

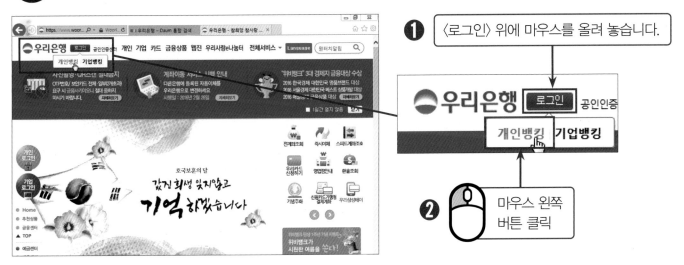

❶ 〈로그인〉 위에 마우스를 올려 놓습니다.

❷ 마우스 왼쪽 버튼 클릭

02 [공인인증서 로그인]을 클릭합니다.

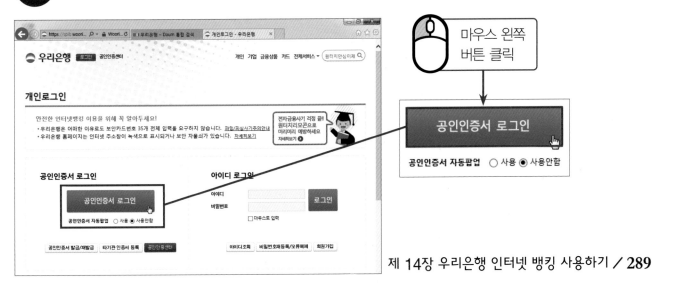

마우스 왼쪽 버튼 클릭

03 공인인증서가 있는 디스크를 선택합니다.

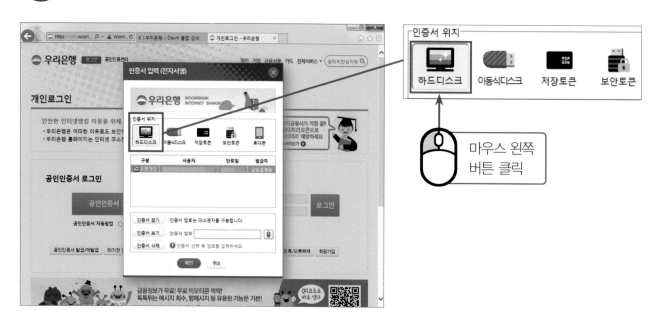

04 [인증서 암호] 입력란을 클릭한 후 암호를 입력하고 [확인]을 클릭합니다.

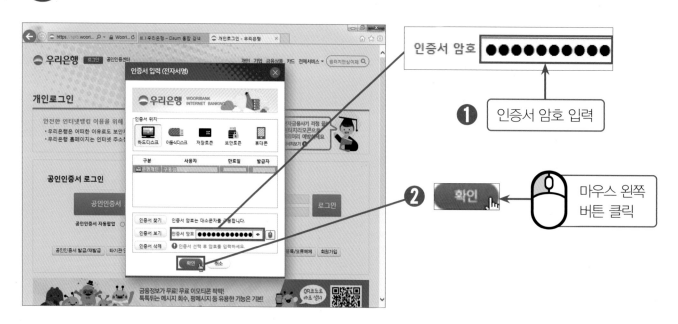

05 [주의 안내]를 읽어 본 후 [닫기(✕)]를 클릭합니다.

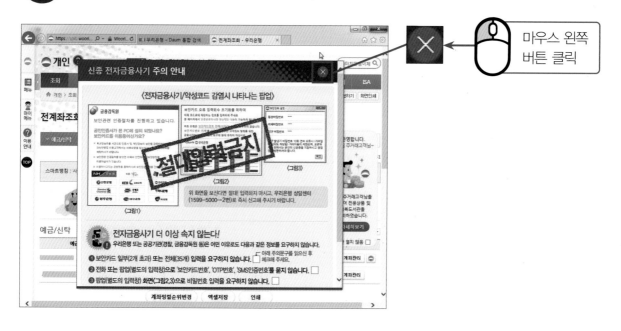

마우스 왼쪽
버튼 클릭

06 잔액을 조회할 계좌의 [조회]를 클릭한 후 조회할 기간을 선택합니다.

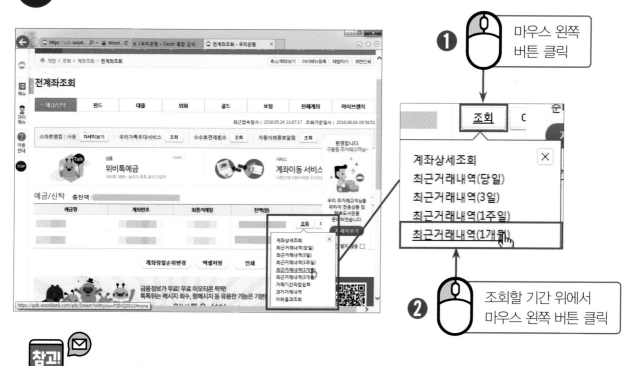

❶ 마우스 왼쪽
버튼 클릭

❷ 조회할 기간 위에서
마우스 왼쪽 버튼 클릭

참고!

잔액의 조회는 입금 내역이나 출금 내역만 구분해서 조회할 수 있습니다.

07 선택한 기간 동안의 거래 내역이 보입니다.

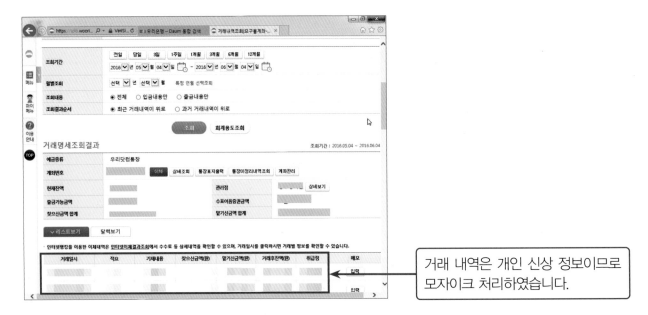

거래 내역은 개인 신상 정보이므로 모자이크 처리하였습니다.

2) 계좌이체하기

내 통장에서 일정 금액을 다른 통장으로 이체해 보겠습니다.

01 [이체]에서 [즉시이체/예약이체]를 클릭합니다.

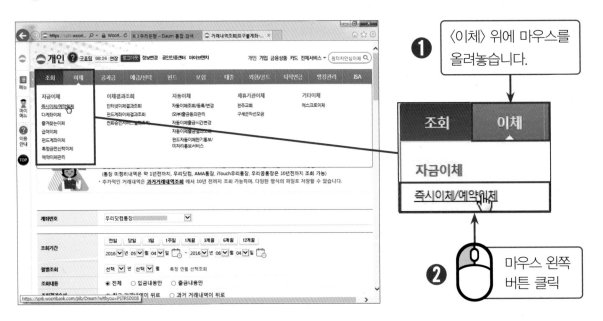

❶ 〈이체〉 위에 마우스를 올려놓습니다.

❷ 마우스 왼쪽 버튼 클릭

[계좌비밀번호], [이체금액]을 입력합니다.

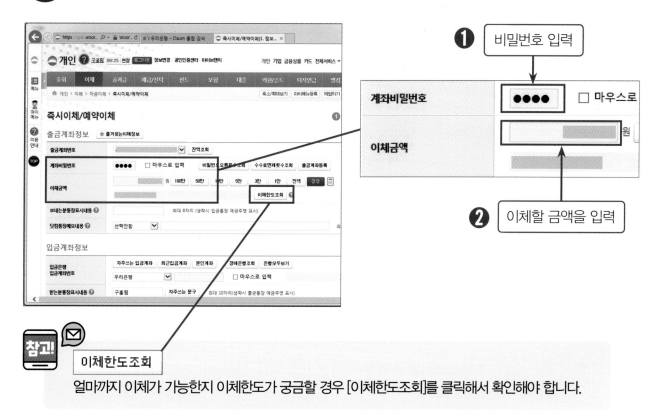

❶ 비밀번호 입력

계좌비밀번호 [●●●●] ☐ 마우스로

이체금액 [   ] 원

❷ 이체할 금액을 입력

참고!

이체한도조회

얼마까지 이체가 가능한지 이체한도가 궁금할 경우 [이체한도조회]를 클릭해서 확인해야 합니다.

03 [입금은행 입금계좌번호]의 ∨ 를 클릭하여 입금할 은행을 선택합니다.

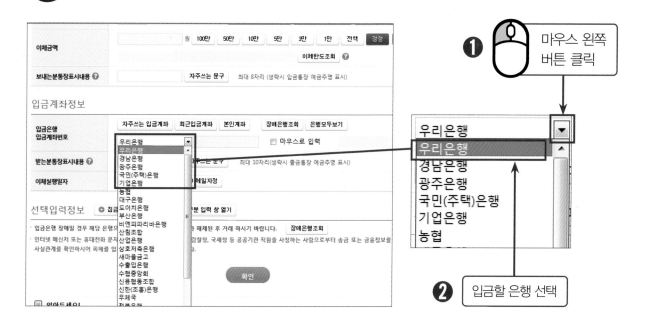

❶ 마우스 왼쪽 버튼 클릭

우리은행	▼
우리은행	
경남은행	
광주은행	
국민(주택)은행	
기업은행	
농협	

❷ 입금할 은행 선택

내용이 맞는지 확인한 후 [확인]을 클릭합니다.

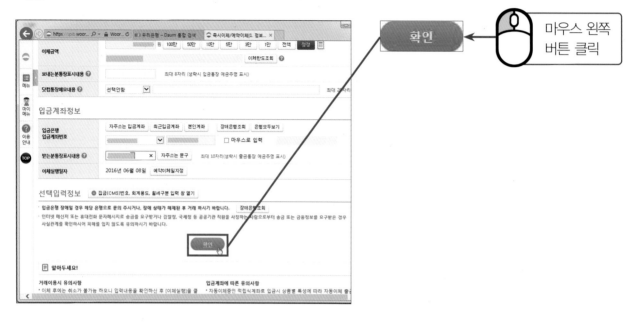

참고! 특별히 받는 사람의 통장에 표시할 문구(예 : 6월 회비 홍길동)가 있다면 [받는분통장표시내용]을 클릭하여 입력합니다.

05 [이체정보확인]을 한 후 [이체실행]을 클릭합니다.

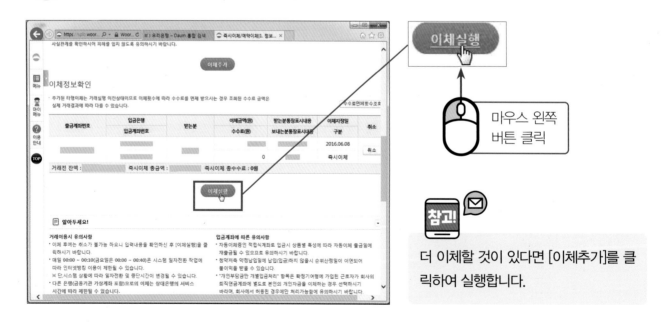

참고! 더 이체할 것이 있다면 [이체추가]를 클릭하여 실행합니다.

06 [보안 수단 입력]란에 보안카드에 있는 번호를 차례로 입력한 후 [인증서 암호]를 입력하고 [확인]을 클릭합니다.

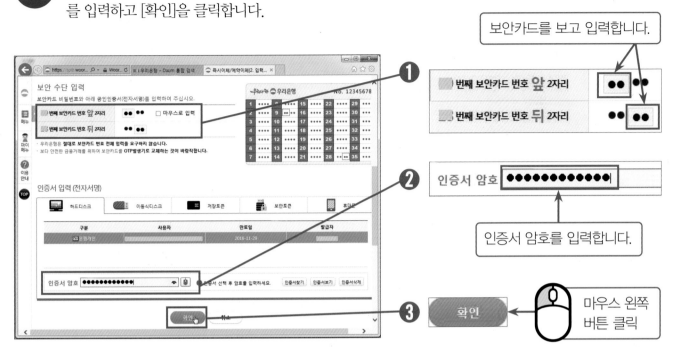

보안카드를 보고 입력합니다.

인증서 암호를 입력합니다.

마우스 왼쪽 버튼 클릭

참고! 보안카드 정보에서 지정하는 숫자를 두 자리씩 입력하면 됩니다.

07 안내문이 나타나면 [닫기(⊠)]를 클릭합니다.

마우스 왼쪽 버튼 클릭

자주 쓰는 입금 계좌로 등록하기

회비나 공과금처럼 자주 이체해야 하는 계좌를 등록해 놓으면 계좌번호를 일일이 입력하지 않아도 등록한 목록에서 선택해서 사용할 수 있습니다.

01 이체 결과를 확인한 후 [자주쓰는입금계좌등록]을 클릭합니다.

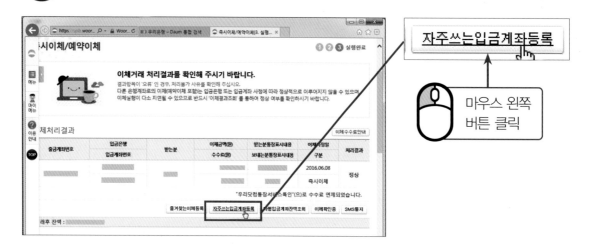

자주쓰는입금계좌등록

마우스 왼쪽
버튼 클릭

02 [입금계좌명]을 입력하고 [휴대폰 번호]를 입력한 후 [확인]을 클릭합니다.

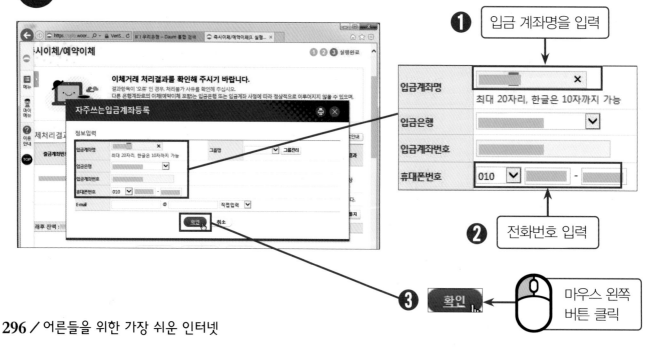

❶ 입금 계좌명을 입력

입금계좌명 ☐ ✕
최대 20자리, 한글은 10자까지 가능

입금은행 ▼

입금계좌번호

휴대폰번호 010 ▼ ☐ - ☐

❷ 전화번호 입력

❸ 확인

마우스 왼쪽
버튼 클릭

입금 계좌명은 누구에게 어떤 용도로 입금하는지 간단하게 적어 놓으면 됩니다.

03 [정보확인]을 한 후 [확인]을 클릭합니다.

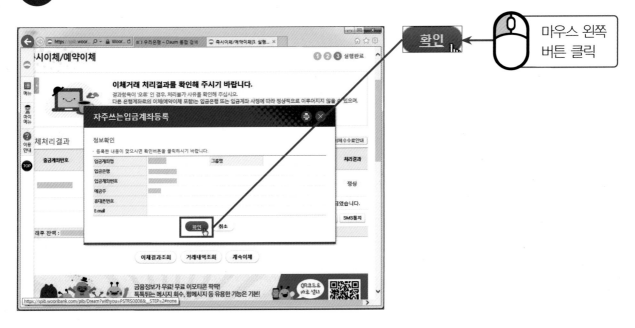

마우스 왼쪽
버튼 클릭

04 [자주쓰는 입금계좌관리] 창이 나타나면서 등록한 입금 계좌가 보이면 [닫기
(×)]를 클릭합니다.

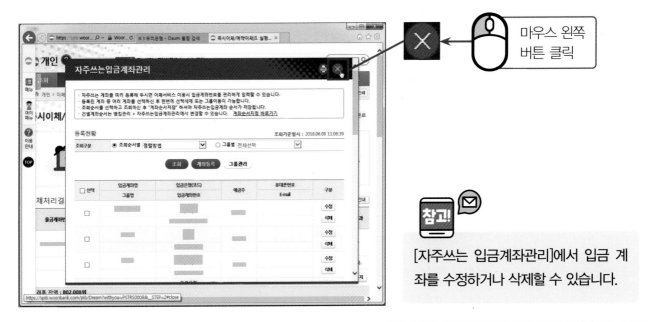

마우스 왼쪽
버튼 클릭

[자주쓰는 입금계좌관리]에서 입금 계
좌를 수정하거나 삭제할 수 있습니다.

05 [로그아웃]을 클릭합니다.

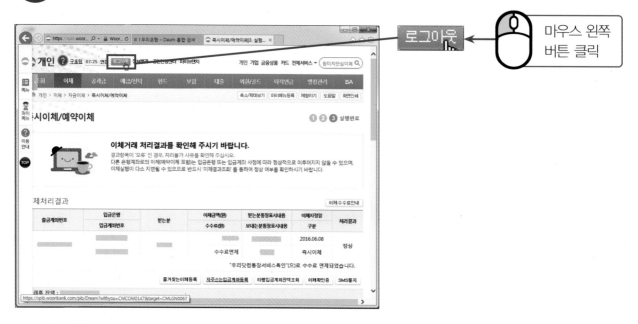

마우스 왼쪽
버튼 클릭

인터넷 뱅킹 후에는 반드시 [로그아웃]을 클릭하여 종료해야 합니다.

06 인터넷 뱅킹을 종료하겠느냐는 메시지가 나타나면 [확인]을 클릭합니다.

마우스 왼쪽
버튼 클릭

제 15장

주민등록 등본, 초본 발급받기

프린터기와 공인인증서만 있으면 현재 있는 곳에서

주민등록 등본이나 가족관계 증명서 등을 바로 출력할 수 있습니다.

Section 01

주민등록 등본 발급받기

인터넷을 이용하여 주민등록 등본을 프린터로 출력해
보겠습니다.

01 인터넷 검색창에 '주민등록등본인터넷발급'이라고 입력한 후 [검색]을 클릭
합니다.

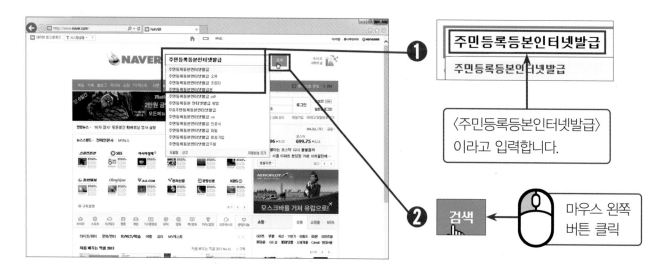

〈주민등록등본인터넷발급〉
이라고 입력합니다.

마우스 왼쪽
버튼 클릭

02 [민원24 주민등록등본(초본) 교부]를 클릭합니다.

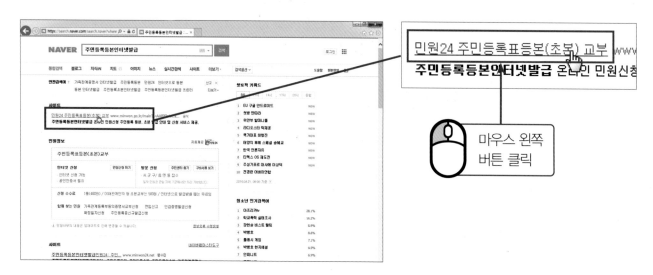

민원24 주민등록표등본(초본) 교부

주민등록등본인터넷발급 온라인 민원신청

마우스 왼쪽
버튼 클릭

03 보안 소프트웨어를 설치하겠느냐는 메시지가 나타나면 [설치]를 클릭하고
[확인]을 클릭합니다.

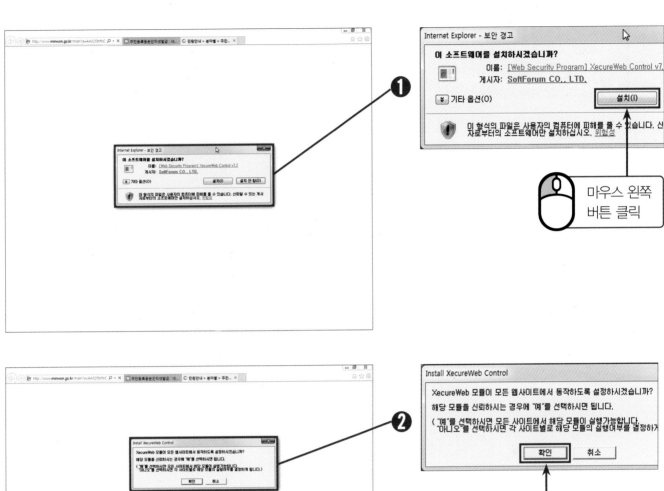

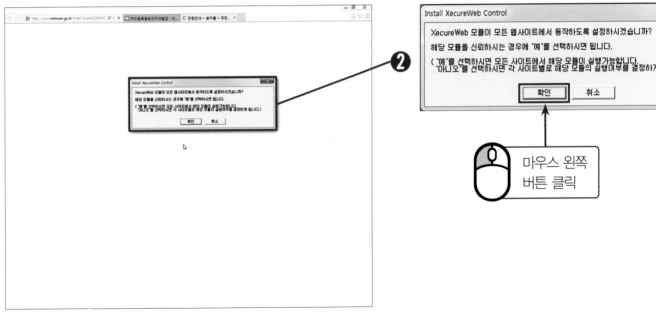

참고! 보안과 관련된 기능이므로 반드시 설치해야 합니다. 컴퓨터에 따라서 설치 후
다시 접속해야 하는 경우도 있습니다.

내용을 읽은 후 [신청하기]를 클릭합니다.

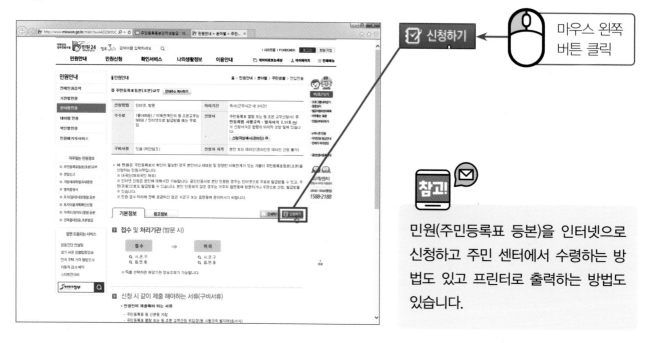

마우스 왼쪽
버튼 클릭

참고!

민원(주민등록표 등본)을 인터넷으로
신청하고 주민 센터에서 수령하는 방
법도 있고 프린터로 출력하는 방법도
있습니다.

05 추가 기능을 설치하겠느냐는 메시지가 나오면 [실행]을 클릭합니다.

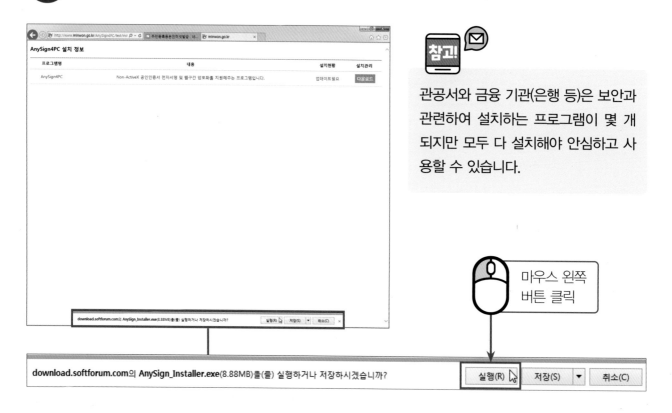

참고!

관공서와 금융 기관(은행 등)은 보안과
관련하여 설치하는 프로그램이 몇 개
되지만 모두 다 설치해야 안심하고 사
용할 수 있습니다.

마우스 왼쪽
버튼 클릭

| download.softforum.com의 **AnySign_Installer.exe**(8.88MB)을(를) 실행하거나 저장하시겠습니까? | 실행(R) | 저장(S) ▼ | 취소(C) |

설치가 완료되면 [확인]을 클릭합니다.

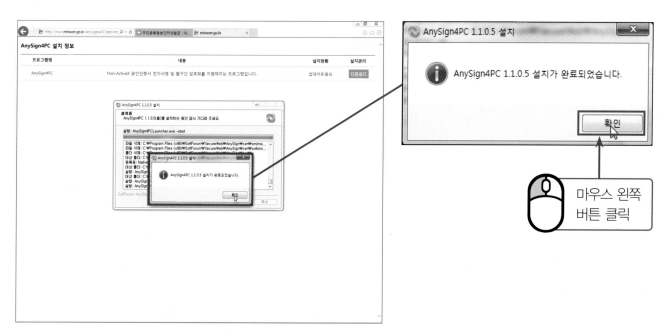

마우스 왼쪽
버튼 클릭

07 보안 프로그램을 설치해야 한다는 메시지가 나오면 [확인]을 클릭합니다.

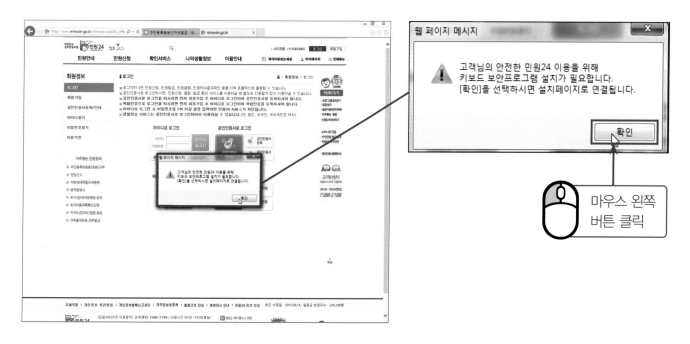

마우스 왼쪽
버튼 클릭

08 보안 프로그램 [다운로드]를 클릭한 후 [실행]을 클릭합니다.

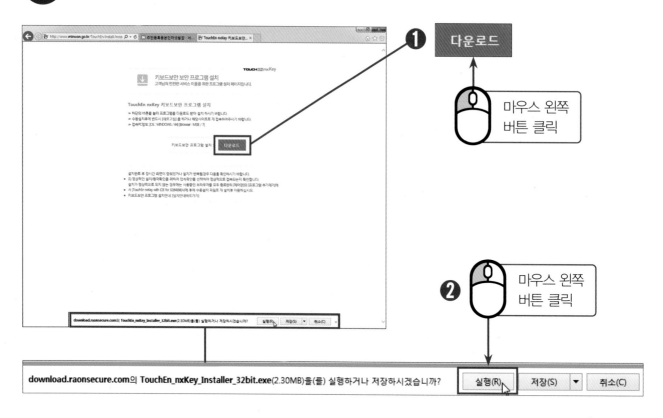

download.raonsecure.com의 **TouchEn_nxKey_Installer_32bit.exe**(2.30MB)을(를) 실행하거나 저장하시겠습니까? | 실행(R) | 저장(S) | ▼ | 취소(C)

09 프로그램의 설치가 끝나면 [확인]을 클릭합니다.

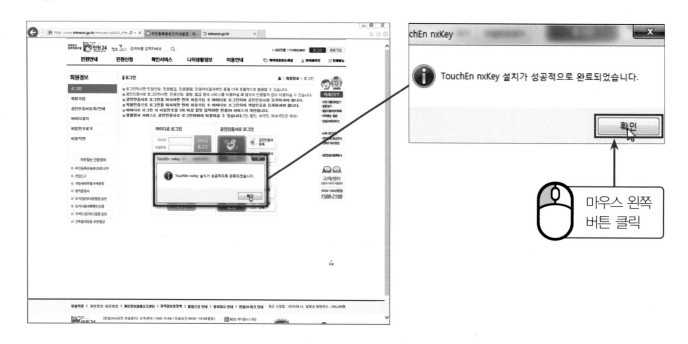

❿ 가입하지 않고 [비회원 로그인]을 클릭합니다.

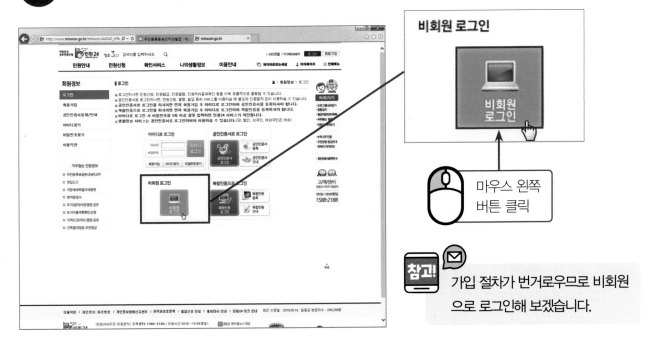

비회원 로그인

마우스 왼쪽
버튼 클릭

참고! 가입 절차가 번거로우므로 비회원
으로 로그인해 보겠습니다.

⓫ [성명] 입력란을 클릭하여 이름을 입력하고, [주민등록번호] 입력란을 클릭
하여 주민등록번호를 입력한 후 [주소검색] 버튼을 클릭합니다.

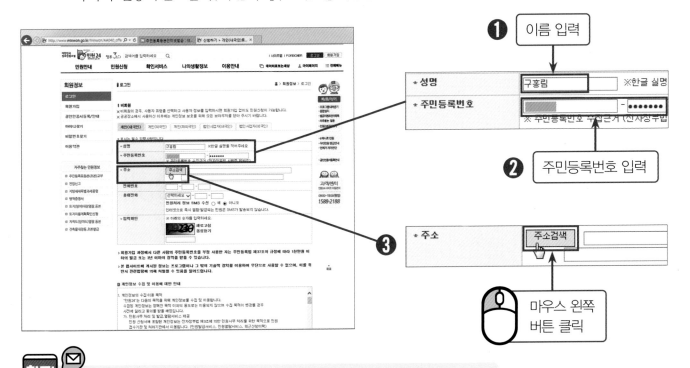

❶ 이름 입력

★ 성명　　　　　구홍림　　※한글 실명

★ 주민등록번호　　　　　　　-　●●●●●●

※ 주민등록번호 수집근거 (전자상거래

❷ 주민등록번호 입력

★ 주소　　　　　주소검색

마우스 왼쪽
버튼 클릭

참고! 주민등록번호의 뒷자리는 ・로 표시되니 천천히 정확하게 입력해야 합니다.

⑫ [주소 검색] 창에서 [시도]의 ∨를 클릭하여 자신이 거주하는 시도를 선택한 후, [시군구]의 ∨를 클릭하여 시, 군, 구를 선택합니다. 주소를 입력하고 [검색]을 클릭하여 나타나는 검색 결과에서 자신의 주소를 선택합니다.

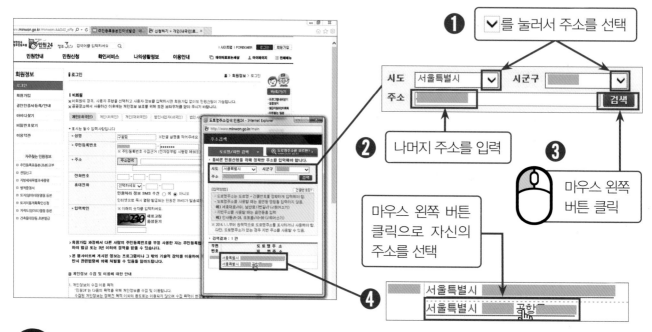

❶ ∨를 눌러서 주소를 선택

❷ 나머지 주소를 입력

❸ 마우스 왼쪽 버튼 클릭

마우스 왼쪽 버튼 클릭으로 자신의 주소를 선택

❹

⑬ [전화번호] 입력란을 클릭하여 전화번호를 입력한 후 [입력확인]의 숫자를 입력합니다.

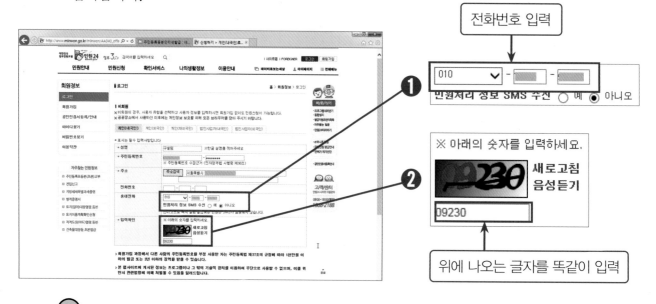

전화번호 입력

※ 아래의 숫자를 입력하세요.
새로고침
음성듣기

위에 나오는 글자를 똑같이 입력

참고! 글자가 제대로 보이지 않는다면 [새로고침]을 클릭하여 새로운 숫자를 볼 수 있으며, 스피커가 있다면 [음성듣기]를 클릭하여 숫자를 음성으로 들려 줍니다.

14 개인정보 수집과 고유식별정보 수집에 동의를 클릭(☑)한 후 [확인]을 클릭합니다.

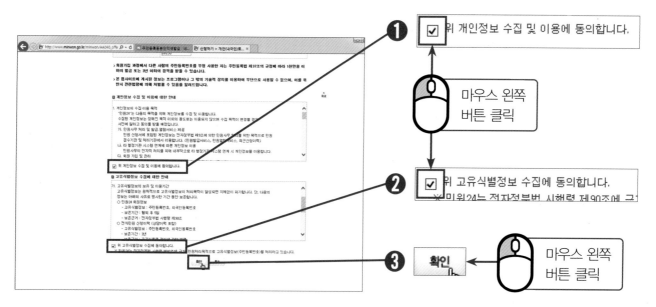

참고! 개인정보 수집과 고유식별정보 수집에 동의해야 다음 단계로 넘어갈 수 있습니다.

15 암호를 저장하겠느냐는 질문이 나오면 [이 사이트의 경우 저장 안 함]을 클릭합니다.

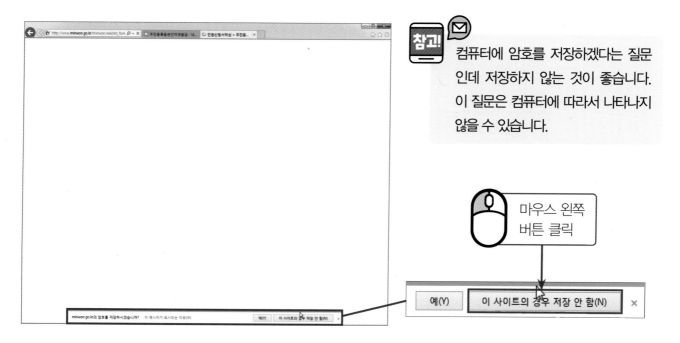

참고! 컴퓨터에 암호를 저장하겠다는 질문인데 저장하지 않는 것이 좋습니다. 이 질문은 컴퓨터에 따라서 나타나지 않을 수 있습니다.

16 보안과 관련한 소프트웨어를 설치하겠느냐는 질문이 나오면 [설치]를 클릭
합니다.

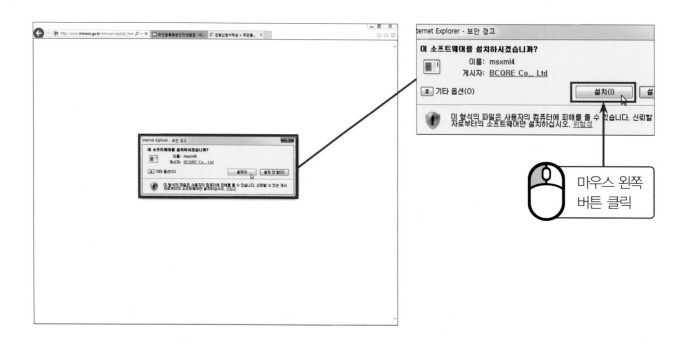

17 민원24 민원발급프로그램3.0을 설치하겠느냐는 질문이 나오면 [설치]를 클릭
합니다.

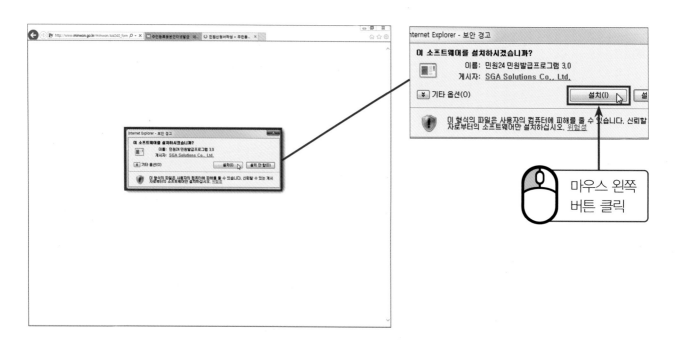

18 프로그램 설치가 완료되면 [확인]을 클릭합니다.

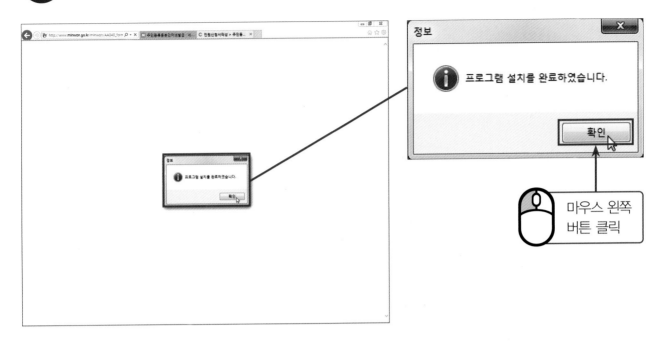

마우스 왼쪽
버튼 클릭

19 민원 발급 가능한 프린터 목록이 나타나면 프린터를 클릭한 후 [민원신청계속]
을 클릭합니다.

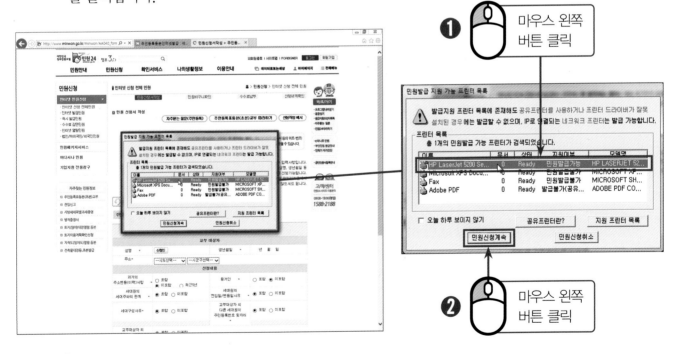

❶ 마우스 왼쪽
버튼 클릭

❷ 마우스 왼쪽
버튼 클릭

참고! 구형 프린터이거나 보안이 제대로 되지 않는 프린터는 발급이 불가능합니다.

신청 내용을 선택하거나 확인한 후 [수령방법]의 검색을 클릭하여 수령방법
을 확인합니다.

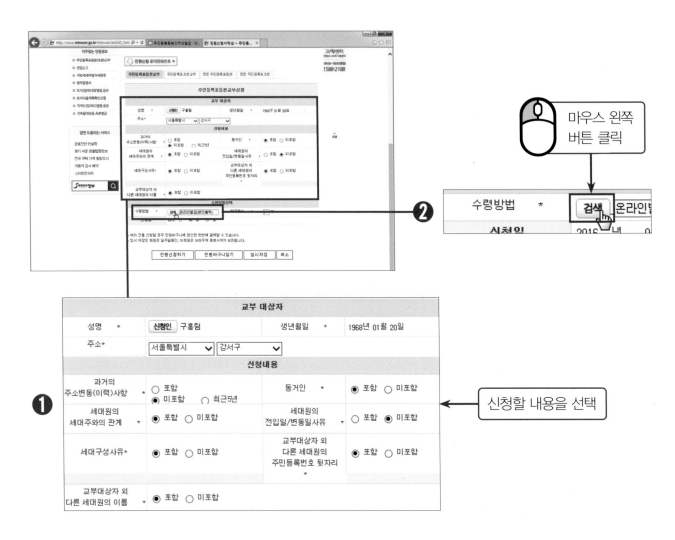

마우스 왼쪽
버튼 클릭

| 수령방법 | * | 검색 | 온라인발 |

신청할 내용을 선택

수령방법을 누르면 다음과 같은 화면이 나옵니다. 여기서 본인이 원하는 수령방법을
선택하고 [닫기]를 클릭합니다.

수령방법	
우편수령	일반보통우편
	등기보통우편
온라인발급	온라인발급(본인출력)
	온라인발급(제3자제출)

수령방법 선택

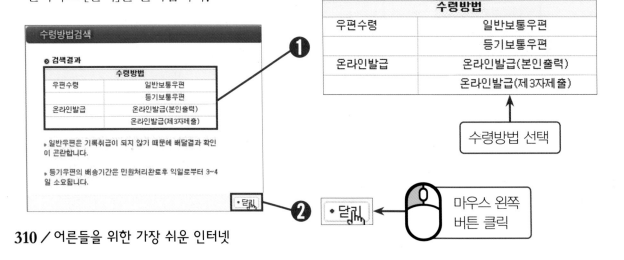

마우스 왼쪽
버튼 클릭

21 [발급부수]를 입력한 후 [민원신청하기]를 클릭합니다.

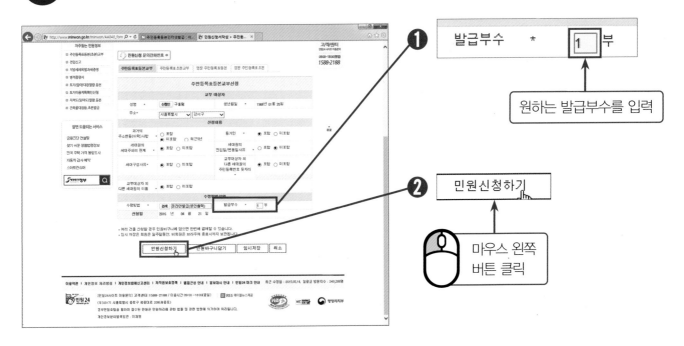

발급부수 ＊ [1] 부

원하는 발급부수를 입력

② 민원신청하기

마우스 왼쪽
버튼 클릭

22 서명에 사용할 인증서를 선택하라는 창이 나타나면 인증서가 있는 드라이브
나 디스크를 선택한 후 [인증서 암호]를 입력하고 [확인]을 클릭합니다(공인
인증서 발급은 13, 14장을 참고하세요).

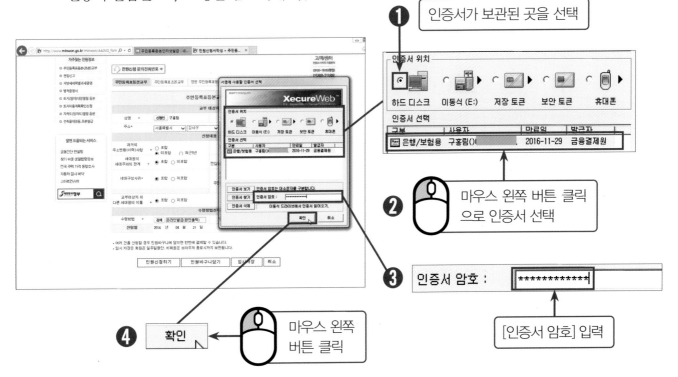

① 인증서가 보관된 곳을 선택

하드 디스크   이동식 (E:)   저장 토큰   보안 토큰   휴대폰

인증서 선택

구분	사용자	만료일	발급자
은행/보험용	구홍림()ㅣ	2016-11-29	금융결제원

② 마우스 왼쪽 버튼 클릭
으로 인증서 선택

③ 인증서 암호 : ***********

[인증서 암호] 입력

④ 확인   마우스 왼쪽
버튼 클릭

23 [온라인 신청민원]에서 [문서출력]을 클릭합니다.

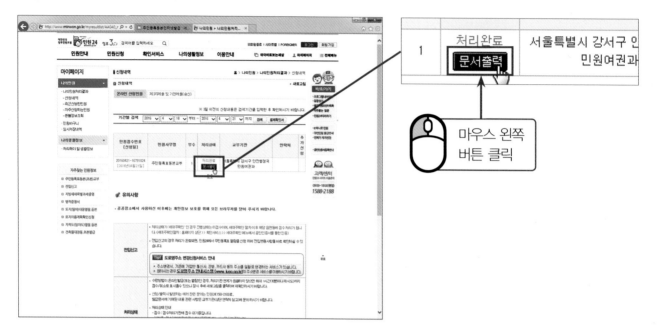

마우스 왼쪽
버튼 클릭

24 새로운 창이 열리면 [인쇄하기]를 클릭하고 [프린터 선택] 창에서 인쇄가 가
능한 프린터를 클릭한 후 [인쇄]를 클릭합니다.

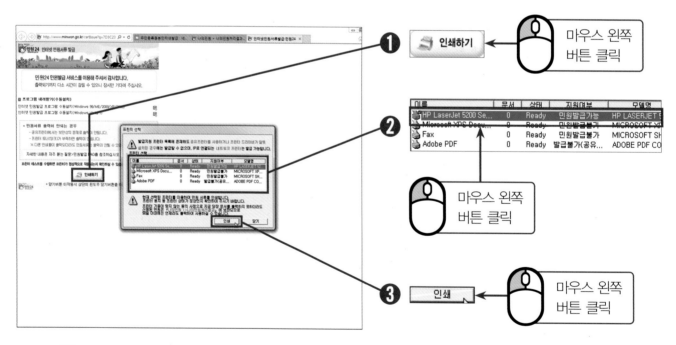

① 인쇄하기

마우스 왼쪽
버튼 클릭

②

마우스 왼쪽
버튼 클릭

③ 인쇄

마우스 왼쪽
버튼 클릭

참고! 프린터의 종류가 구형이거나 프린터 드라이버가 잘못된 경우에는 인쇄가 되지 않을 수 있습니다.

제 16장

등기부 등본 열람 (발급)하기

인터넷을 이용하여 대법원 인터넷등기소에서 등기부 등본을 열람해 보겠습니다.

등기부 등본 열람은 휴대폰으로 소액결제를 합니다.

Section 01

등기부 등본 열람하기

인터넷 등기소에서 등기부 등본을 열람해 보겠습니다.

01 검색어 입력란에 '등기부'라고 입력하면 '등기부등본열람'이 나타나는데 이를
선택한 후 [검색]을 클릭합니다.

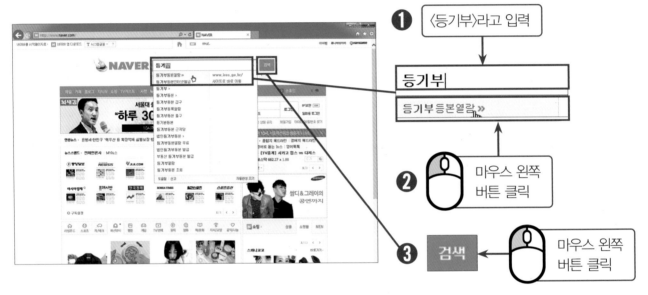

02 '대법원 인터넷등기소'를 클릭합니다.

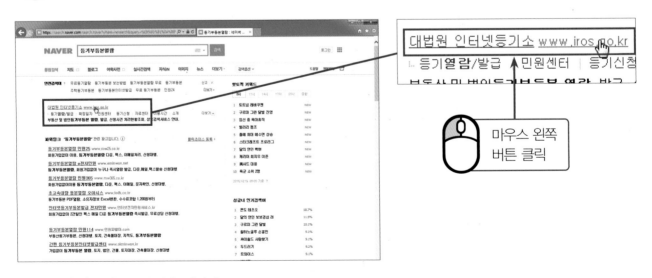

보안 관련 소프트웨어를 설치하겠느냐는 메시지가 나타나면 [설치]를 클릭
하고 [확인]을 클릭한 후 [설치]를 클릭합니다.

 세 개의 창이 순서대로 나타납니다. 사용자의 컴퓨터에 따라서 이 내용이 나타나지 않을 수 있습니다.

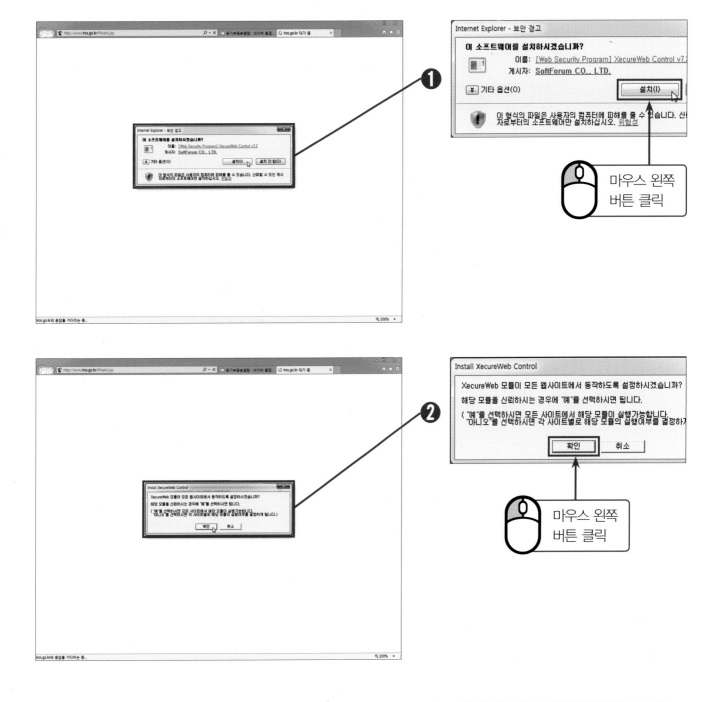

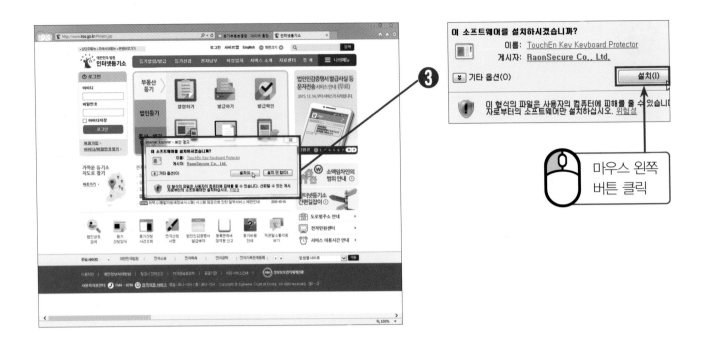

마우스 왼쪽
버튼 클릭

04 [열람하기]를 클릭합니다.

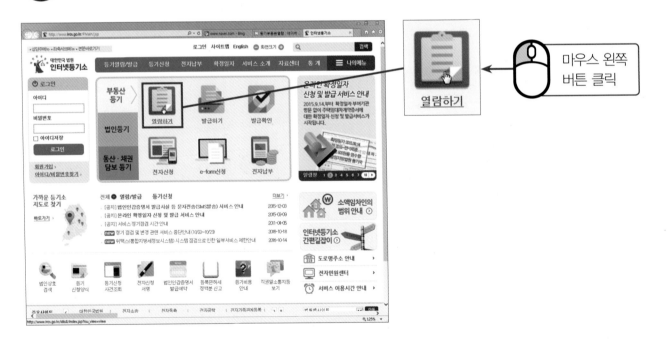

마우스 왼쪽
버튼 클릭

열람하기

05 소프트웨어를 설치하겠느냐는 메시지가 나타나면 [설치]를 클릭합니다.

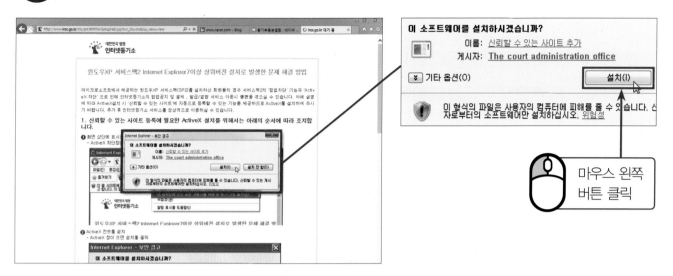

참고! 사용자의 컴퓨터에 따라서 이 메시지가 나타나지 않을 수 있습니다.

06 신뢰할 수 있는 사이트에 추가하겠느냐는 메시지가 나오면 클릭(☑)한 후
[확인]을 클릭합니다.

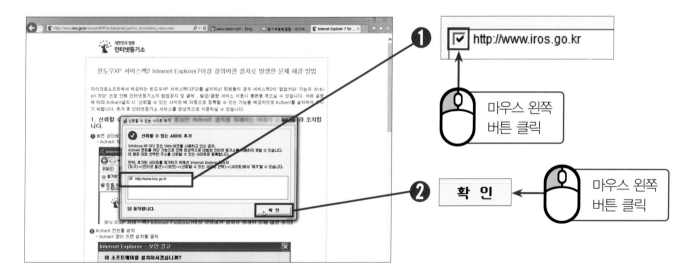

참고! 사용자의 컴퓨터에 따라서 이 메시지가 나타나지 않을 수 있습니다.

보안 소프트웨어를 설치하겠느냐는 메시지가 나타나면 [설치]를 클릭하면
설치가 차례로 진행됩니다.

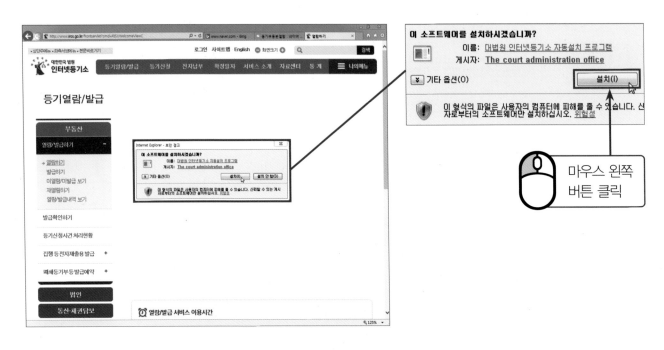

마우스 왼쪽
버튼 클릭

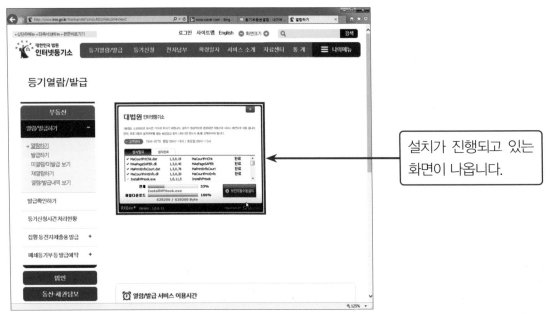

설치가 진행되고 있는
화면이 나옵니다.

08 [주소] 입력란에 열람하려는 부동산의 주소를 입력하고 [검색]을 클릭합니다.
검색 결과에서 [선택]을 클릭합니다.

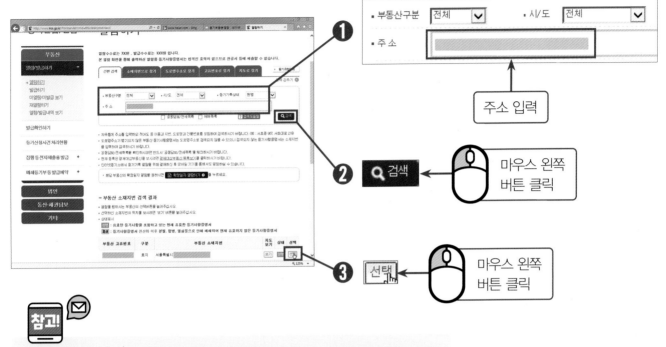

검색 결과가 여러 개가 있을 경우 보고자 하는 결과의 [선택]을 클릭합니다.
또는 정확한 위치를 확인하기 위해 [보기]를 클릭해서 위치를 확인합니다.

09 소유자의 이름이 나오면 다시 한번 [선택]을 클릭합니다.

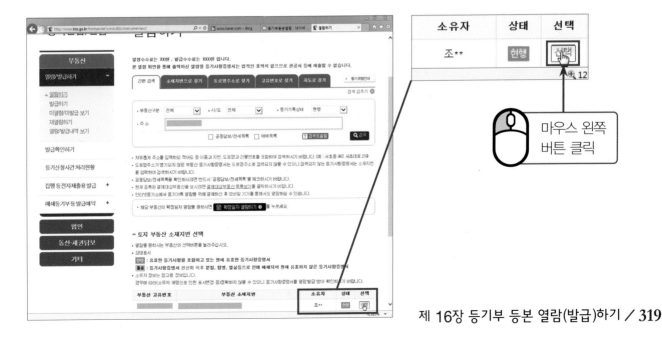

⑩ 등기기록 유형을 선택(◉)한 후 [다음]을 클릭합니다.

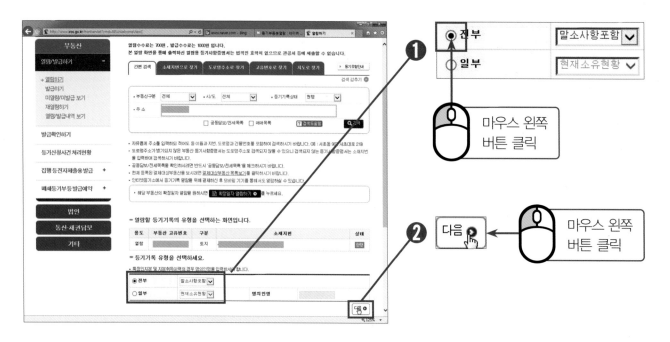

⑪ 주민등록번호 공개 유형을 선택(◉)한 후 [다음]을 클릭합니다.

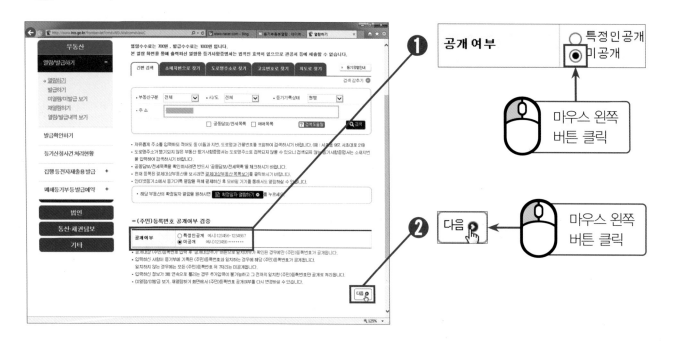

⓬ [결제대상부동산]에서 [결제]를 클릭합니다.

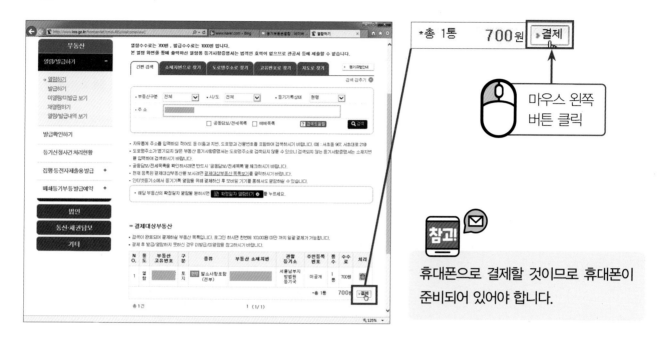

*총 1통　700원 ▸결제

마우스 왼쪽
버튼 클릭

참고!

휴대폰으로 결제할 것이므로 휴대폰이
준비되어 있어야 합니다.

⓭ 결제를 위한 로그인 화면이 나오면 비회원으로 로그인에서 [전화번호]를 입력
하고 [비밀번호]를 입력한 후 [비회원 로그인]을 클릭합니다.

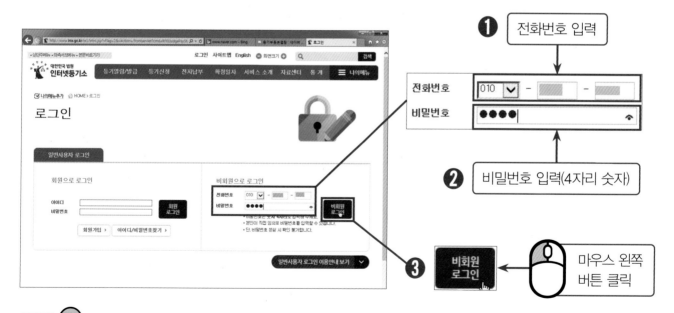

❶ 전화번호 입력

전화번호 [010 ▼] - ▨▨▨ - ▨▨▨
비밀번호 ●●●●

❷ 비밀번호 입력(4자리 숫자)

❸ 비회원 로그인

마우스 왼쪽
버튼 클릭

참고!

비회원 로그인은 등기소에 가입하지 않고 전화번호만으로 쉽게 결제를 할 수 있는 시스템
입니다. [비밀번호]는 4자리 숫자로 입력하면 되므로 잘 기억하고 있어야 합니다.

전화번호와 비밀번호에 대한 안내문이 나오면 읽어 본 후 [확인]을 클릭합니다.

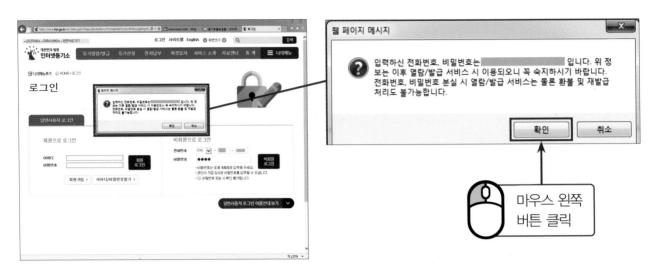

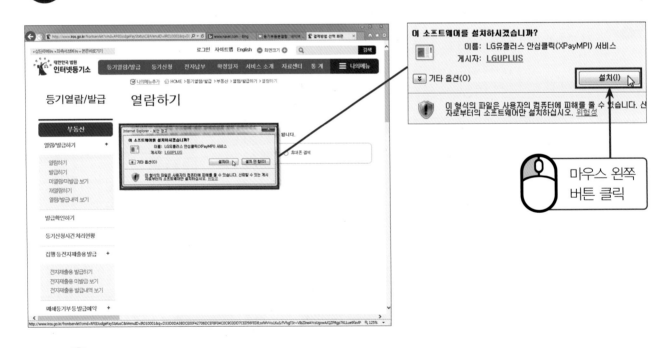

16 결제 방법은 [휴대폰 결제]를 클릭합니다.

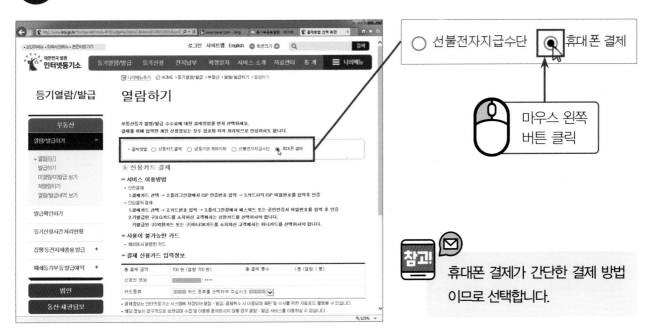

○ 선불전자지급수단 ● 휴대폰 결제

마우스 왼쪽
버튼 클릭

참고! 휴대폰 결제가 간단한 결제 방법
이므로 선택합니다.

17 [휴대폰 번호]를 입력하고 [이동통신사]를 선택한 후 [명의인 생년월일−성별]
을 입력하고 [인증]을 클릭합니다.

❶ 전화번호 입력

신청인 정보	010- : ****
휴대폰번호	010 ∨ −
이동통신사	SK 텔레콤 ∨ →
명의인 생년월일−성별	− 1 *****

❷ 통신사 선택

❸ 주민등록번호 입력

❹ 인증

마우스 왼쪽
버튼 클릭

참고! 명의인 생년월일−성별은 생년월일은 1980년 01월 25
일 생일 경우 '800120'이라고 입력한 후 성별에 남자면
'1'을 여자는 '2'를 입력합니다.

18 휴대폰으로 인증번호를 보냈다는 메시지가 나타나면 [확인]을 클릭합니다.

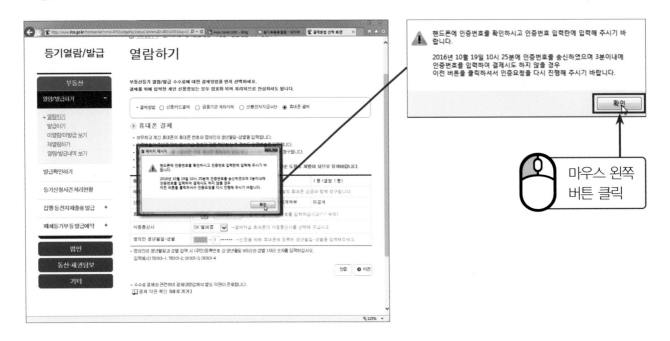

마우스 왼쪽
버튼 클릭

19 [인증번호]를 입력한 후 [완료]를 클릭합니다.

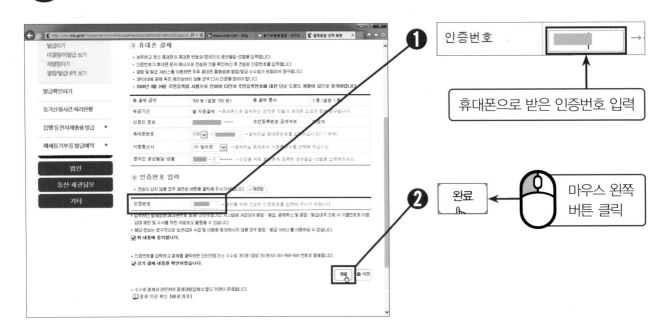

① 인증번호

휴대폰으로 받은 인증번호 입력

② 완료

마우스 왼쪽
버튼 클릭

20 결제에 관한 내용이 나오면 내용을 읽어 본 후 [확인]을 클릭합니다.

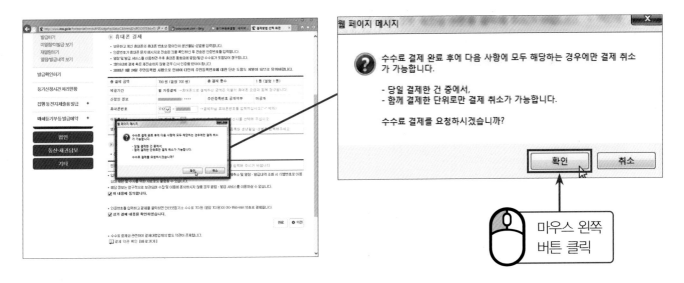

21 결제에 성공했다는 메시지가 나오면 [확인]을 클릭합니다.

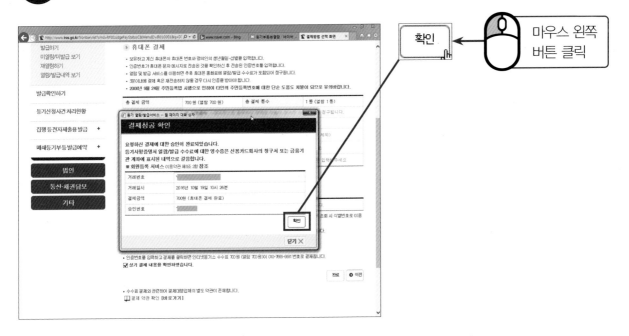

[열람]을 클릭하면 새로운 창이 열리면서 내용이 보입니다.

인덱스

어른들을 위한 가장 쉬운
인터넷

어른들을 위한 가장 쉬운
인터넷

어른들을 위한 **가장 쉬운**
인터넷